业务敏捷

企业的数字化转型之道

第2版

[英] 尼尔·珀金 (Neil Perkin) 著
彼得·亚伯拉罕 (Peter Abraham)

李欣洋 译

BUILDING
THE AGILE BUSINESS THROUGH
DIGITAL TRANSFORMATION
Second Edition

中国原子能出版社　中国科学技术出版社
·北　京·

Building the Agile Business through Digital Transformation 2nd edition by Neil Perkin and Peter Abraham, ISBN: 9781789666533
© Neil Perkin and Peter Abraham, 2017, 2021
This translation of Building the Agile Business through Digital Transformation 2nd edition is published by arrangement with Kogan Page.
Simplified Chinese translation copyright © 2024 by China Science and Technology Press Co., Ltd, and China Atomic Energy Publishing & Media Company Limited.
All rights reserved.

北京市版权局著作权合同登记　图字：01-2022-1376

图书在版编目（CIP）数据

业务敏捷：企业的数字化转型之道：第 2 版 /（英）尼尔·珀金（Neil Perkin），（英）彼得·亚伯拉罕（Peter Abraham）著；李欣洋译.—北京：中国原子能出版社：中国科学技术出版社，2024.3
书名原文：Building the Agile Business through Digital Transformation, Second Edition
ISBN 978-7-5221-3018-7

Ⅰ.①业… Ⅱ.①尼…②彼…③李… Ⅲ.①企业管理—数字化—研究 Ⅳ.① F272.7

中国国家版本馆 CIP 数据核字（2023）第 193540 号

策划编辑	方　理	责任编辑	马世玉　陈　喆
文字编辑	陆存月	版式设计	蚂蚁设计
封面设计	潜龙大有	责任印制	赵　明　李晓霖
责任校对	冯莲凤　邓雪梅		

出　　版	中国原子能出版社　中国科学技术出版社
发　　行	中国原子能出版社　中国科学技术出版社有限公司发行部
地　　址	北京市海淀区中关村南大街 16 号
邮　　编	100081
发行电话	010-62173865
传　　真	010-62173081
网　　址	http://www.cspbooks.com.cn

开　　本	710mm×1000mm　1/16
字　　数	266 千字
印　　张	20.5
版　　次	2024 年 3 月第 1 版
印　　次	2024 年 3 月第 1 次印刷
印　　刷	北京盛通印刷股份有限公司
书　　号	ISBN 978-7-5221-3018-7
定　　价	79.00 元

（凡购买本社图书，如有缺页、倒页、脱页者，本社发行部负责调换）

致谢

本书能得以出版，要感谢撰稿人、受访者、出版商，以及为本书出谋划策的所有伙伴的支持、理解和耐心。我们在此特别感谢：拉塞尔·戴维斯（Russell Davies）、法里斯·雅科波（Faris Yakob）、加雷斯·凯（Gareth Kay）、马可·瑞安（Marco Ryan）、邓肯·哈蒙德（Duncan Hammond）、伊娃·阿佩尔鲍姆（Eva Appelbaum）、戈尔德·莱昂哈德（Gerd Leonhard）、约翰·科尔曼（John Coleman），他们基于自己的个人经历为本书提供了深远的见解。

在本书的出版过程中，很多朋友通过采访、书信和社交媒体等方式与我深入交流，分享了他们的观点和见解，我们在此特别感谢：约翰·威尔希尔（John Willshire）、蒂姆·卡斯特尔（Tim Kastelle）、凯文·凯利（Kevin Kelly）、马克·拉希雅（Mark Raheja）、特雷西·福洛斯（Tracey Follows）、巴德·卡德尔（Bud Caddell）、梅尔·艾克森（Mel Exon）、本·马尔本（Ben Malbon）、蒂姆·马尔本（Tim Malbon）、西蒙·沃德利（Simon Wardley）、亚伦·迪格南（Aaron Dignan）、大卫·卡尔（David Carr）、亚当·摩根（Adam Morgan）、汤姆·古德温（Tom Goodwin）、安东尼·梅菲尔德（Antony Mayfield）、托比·巴恩斯（Toby Barnes）、斯科特·布林克尔（Scott Brinker）、安贾利·拉玛钱德兰（Anjali Ramachandran）、迈克·布雷肯（Mike Bracken）、戴夫·斯诺登（Dave Snowden）、维克多·纽曼（Victor Newman）、马特·埃德加（Matt Edgar）、保罗·格雷厄姆（Paul Graham）、布莱恩·索利斯（Brian Solis）、马丁·贝

利（Martin Bailie）、约翰·巴特尔（John Battelle）、艾米丽·韦伯（Emily Webber）、汤姆·卢斯莫尔（Tom Loosemore）、诺亚·布里尔（Noah Brier）、斯科特·加拉赫（Scott Gallacher）、杰玛·格里夫斯（Gemma Greaves）、查尔斯·莱德比特（Charles Leadbeater）、迈克尔·萨哈塔（Michael Sahota）、贾森·弗里德（Jason Fried）、本·汤普森（Ben Thompson）、史蒂文·安德森（Steven Anderson）、乔纳森文·洛维特–杨（Jonathan Lovatt-Young）、詹姆斯·海科克（James Haycock）、约翰·科特（John Kotter）、斯图尔特·布兰德（Stewart Brand）、查尔斯·杜希格（Charles Duhigg）、丽塔·冈瑟·麦格拉斯（Rita Gunther McGrath）、马克·安德森（Marc Andreessen）、克雷·克里斯滕森（Clay Christensen）、雷·库兹韦尔（Ray Kurzweil）、查尔斯·汉迪（Charles Handy）、罗伯特·科拉姆（Robert Coram）、史蒂文·约翰逊（Steven Johnson）、阿图·葛文德（Atul Gawande）、埃里克·里斯（Eric Ries）、吉姆·柯林斯（Jim Collins）、卡罗尔·德维克（Carol Dweck）、史蒂夫·布兰克（Steve Blank）、戴夫·麦克卢尔（Dave McClure）、罗杰·马丁（Roger Martin）、理查德·鲁梅尔特（Richard Rumelt）、劳伦斯·弗里德曼（Lawrence Freedman）爵士、艾米·埃德蒙森（Amy Edmonson）、丹·平克（Dan Pink）、本·霍洛维茨（Ben Horowitz）、西蒙·斯涅克（Simon Sinek）、拉兹洛·博克（Laszlo Bock）、卡罗琳·韦伯（Caroline Webb）、阿什利·弗里德莱因（Ashley Friedlein）、蒂姆·哈福德（Tim Harford）、本·萨蒙（Ben Salmon）、塞斯·戈丁（Seth Godin）、BJ.加拉格尔·哈特利（BJ Gallagher Hateley）、沃伦·H.施密特（Warren H. Schmidt）、迈克尔·克罗（Michael Crowe）、大卫·阿曼诺（David Armano）、米瑞格·伊思兰（Mirage Islam）、奇普·希思（Chip Heath）、丹·希思（Dan Heath）、本·帕斯克（Ben Pask）、尼尔·埃亚尔（Nir Eyal）、弗雷德里克·卢克斯（Frederic Lloux）等。

我们由衷地感谢科根出版社（Kogan Page）出版我们的这本书，希望它能给你的工作带来一点帮助。感谢我们的家人一直以来的守候和陪伴！也许这份名单整理得并不完整，若有遗漏的地方，敬请谅解。在此感谢所有对本书有所付出的人！

目录 CONTENTS

引言　001

如何使用这本书　001
什么是敏捷业务　002

第一部分 PART1　敏捷业务

第1章　变革的关键力量　007

变革无情地加速掠过　008
竞争对手的转变　010
消费者的改变　015
公司的转变　016
挑战的关键是变化的速度　019

第2章　数字化革命如何颠覆商业　022

技术的生命周期　024
商业被颠覆的原因：模糊区和敏捷业务　026

第3章 是什么阻止了你的改变   028

组织设计运作缓慢　　028

寻求机会　　029

为什么组织会变得具有"黏性"　　030

为什么好的创意会引发冲突　　033

规模扩大造成的傲慢症　　036

防止过时的信念和"有毒的假设"　　038

一板一眼的计划等同于"暴政"　　039

边际思维　　042

文化和行为　　043

第4章 数字化转型是什么   046

敏捷业务如何成为数字化转型的基础　　046

敏捷业务成熟度模型　　047

敏捷业务公式　　050

敏捷性背景模型　　051

第二部分 PART 2 快速

第5章 在"模糊地带"创新   055

定义快速　　055

更灵敏、更快捷地工作　　060

在"模糊地带"创新　　062

通过不断创新让企业加速　063

更多的尝试带来更多的机会　068

边际创新和突破式创新　069

优化 vs 转型　070

转型的温跃层　071

选择可迭代、更迅捷的方法　073

瀑布式开发存在的问题　074

三类问题　075

复杂场景需要紧急的解决方案　077

第6章 敏捷和适应性方法论　**080**

设计思维　080

敏捷　081

精益　084

敏捷业务的原则　086

构建学习型企业文化　087

系统性"幸存者偏差"的危险　090

学会忘却　092

固定型和成长型心态　092

嵌入式反思时间　093

第7章 敏捷创新的过程　**098**

授权创新　098

重构商业模式——选择轻资产还是重资产　107

为未来创造可能　110

创新的根本是商业化　116

以数字原生企业方式进行扩展　122

收购是拓展的另一途径　128

建立支持性证据，加快创新进度　129

关键性步骤　130

第三部分 PART 3 焦点

第8章 愿景和目标的作用　137

定义焦点　137

"紧迫性"的反面案例——诺基亚的故事　139

组织思想、目标和愿景　141

目标和利益之间的联系　143

着眼长远目标　146

第9章 敏捷策略和计划　149

好战略的关键因素　149

随机应变战略和深思熟虑战略　151

愿景和迭代的平衡　153

"计划延续偏见"的影响　156

对于行动的偏见　159

以客户为中心的组织　160

敏捷业务成熟度　163

"P"代表优先级　166

将策略看作一种不断演变的算法　　172

发现 – 驱动计划　　174

战略与执行的结合　　176

第10章

五个问题　　176

战略和战术树　　178

OKRs——让团队与你同行　　179

"冲刺"为变革带来驱动力　　182

敏捷规划具有层叠性和节奏性　　184

利用"当前现实树"找到问题的根源　　186

复杂性偏见和刻舟求剑　　188

重点运用数据　　189

DIKW：从数据中提取价值的基本方法　　194

技术是变革的障碍　　196

技术是变革的推动者　　197

敏捷性预算　　199

灵活的预算和市场预测　　200

关键点　　201

第四部分 PART 4 灵活性

敏捷结构和资源分配　　207

第11章

定义灵活性　　207

敏捷结构和资源分配　　209

并发运行、同地协作的工作　211
业务内包和外包的动态平衡　213
集中与分散、专家与通才　216
小团队"撬动"产业大变革　217
"两个比萨"团队　220
自组织、多学科团队　222
组建多学科团队　224
小型团队和资源动态管理　225

第12章 规模化敏捷　227

管理核心团队和依赖关系　231
整合多学科小组　234
找到先锋、定居者、城市规划者的最恰当组合　236
敏捷决策——更扁平的结构、更高效的决策　240
敏捷管理和数字化董事会　242

第13章 建立高效的企业文化　244

敏捷不仅仅是一个过程，它还定义了一种文化　244
什么是数字原生文化　245
企业文化推动企业快速前进　249
如何打造高绩效团队　250
创建合作共赢的企业文化　253
学习的机会　256
快速学习模式："看一遍、做一遍、教一遍"　257
信任和"生产中的非正式性"的重要性　257

请阅读我的"用户手册" 260

构建组织灵活性：自主、专精和目的 261

第14章

员工敬业度问题 261

将战略、文化与"员工动机"相结合 262

自主 263

专精 266

目的 269

数字原生人才 271

第15章

聘请杰出人才 271

孔雀、企鹅和烘焙师 273

重新定义数字时代的有效领导力 274

关键点 276

第五部分 PART 5 开启转型之旅

转型的五个维度 279

第16章

第一维度：个人 279

第二维度：原则 291

第三维度：过程 293

第四维度：练习 297

第五维度：速度　　303

保持敏捷　　308

现在该做什么　　313

引言

> 火是万物的本源，永恒是一种幻觉，因为万事万物都处于永恒的变化中。
> ——赫拉克利特（Heraclitus，约公元前 500 年）

欢迎来到不可预测的、日新月异的世界。在当今的商业环境中，如何才能做到真正的业务敏捷？其中很重要的一点是，我们需要在数字化的世界里如鱼得水，这不仅是竞争的优势和成功的驱动力，也是业务得以生存的重要原因。

◆ 如何使用这本书

本书分为五个部分：

第一部分：敏捷业务，我们将阐述敏捷性、颠覆性产生的背景，以及商业在数字化转型中遇到的障碍。

第二部分：快速，我们将着重介绍如何应用敏捷性原则为创新和转型赋能。

第三部分：焦点，我们将探讨远景规划、目的设置，以及适应性策略的应用与执行。

第四部分：灵活性，我们将着眼于组织的结构和资源，探讨敏捷性的扩展原则，以及如何构建快速发展的文化。

第五部分：开启转型之旅，我们将所有的内容组合成一个工具包，开始实战，从小处着手，快速扩展业务。

你可以根据业务发展的水平，或在数字化转型中所处的阶段，选择性地阅读本书的各个章节。当然如果你能从头到尾地展开阅读，你将会对敏捷业务有更深刻的理解。重要的是，本书将基本原则、经典案例和实际应用结合在了一起。请记住：从小处着手，如果你能看见它的成效，你需要迅速扩大规模（见图0-1）。

图 0-1　从小处着手，迅速扩大规模

◆ 什么是敏捷业务

敏捷业务不能简单地等同于敏捷方法论。当你在搜索引擎上输入"敏捷业务"时，会弹出很多行业的流行语：设计思维、精益、敏捷……要实现业务敏捷，不能仅局限于理解和遵循这些概念。在当今复杂的商业环境中，我们需要不断审视各个方面的变化，展望未来，包括：技术革新、数据更新、隐私管理、合规管理、客户行为分析、财务不稳定性分析、异常增长分析、定价调整、交货速度升级等。你需要满足客户层出不穷的需求变化，探索商业竞争中新的可能性，忘记那些曾经的辉煌和老套的模式，开启新的篇章。

敏捷业务是数字化转型的基石。我们在本书中讨论的不仅是简单地将数字技术增加到业务中。真正的敏捷来自组织如何产生价值和取得进步，来自团队如何提升效率。我们不仅需要高效地产生价值，还要通过改变现状带来更多实用价值。当我们回首行业近年的起起落落，我们会发现身边充斥着这样的案例：错失良机，业务停滞不前，未能在关键时刻做出改变，对自己的能力过于自信，变得骄傲自满，忽略了日新月异的数字技术带来的可能性，放弃了对自我的挑战和超越等。

本书英文版于2017年首次出版，在英文版第二版中，我们专注于在快速变化的环境下，为敏捷业务规模化应用提供案例，以支持不断升级的数字化业务转型。自那时以来，许多组织开始了它们的敏捷转型之旅，我们共同见证了这个时代对企业敏捷性的最大考验——新冠病毒横扫全球，给各行各业带来了前所未有的冲击和挑战。它打破了行业常规，加速并放大了数字科技带来的影响，也使人们更加关注企业的危机处理能力。企业需要对快速变化的环境做出积极的反应，需要善于应对环境的不确定性，在战略和运营模式上拥有更强的竞争力。

当新冠病毒来袭时，有的企业灵活改变自身的工作方式，能逆风翻盘。麦肯锡全球研究所的一项分析报告调查了7个行业的25家公司，根据它们自己的评估，在运营模式中推行敏捷业务的部门和单位，在运营绩效、客户满意度和员工参与度方面都比未推行敏捷性的部门和组织更好地应对了新冠疫情带来的挑战。参与这项研究的公司高管指出：敏捷实践能帮助团队和企业支持高效、跨职能的工作，面对快速变化的客户需求做出积极调整。它还能调整工作的主次关系、资源配置等，解决层出不穷的新问题，并提出新的解决方案。

然而，在这场变革中，许多组织还处于敏捷转型的初始阶段。对于那些已踏上转型之路的组织来说，它们仍面临着层出不穷的问题。现实情况是，虽然新冠疫情在很大程度上考验着组织的应变能力，但技术驱动的变化将为我们创造一个更加变幻莫测的环境，我们需要有更强的适应力和灵活性。

纳西姆·尼古拉斯·塔勒布（Nassim Nicholas Taleb）在他的著作《反脆弱》（Antifragile）中分析了坚固性和强韧性这两个概念的区别。如果说脆弱意味着你还未采取任何转变就被瓦解，那么坚固性是抵抗已知变化和压力的能力，强韧性是指面对周围环境干扰，通过重新建立系统而尽可能地恢复至原始状态的能力。反脆弱系统是指在面临压力和障碍时，能够通过自身调整得到改善的系统。如果企业抗拒变革，那么当企业经营方式不再适应新的环境变化时，企业会变得脆弱。许多公司可能认为自己兼具坚固性和强韧性。这其中的分水岭在于你何时能成为一个反脆弱的组织，一个不仅能在变革中生存下来，还能在变革中茁壮成长的组织。

德勤（Deloitte）的约翰·哈格尔（John Hagel）和约翰·西利·布朗（John Seely Brown）指出：我们有必要从"可扩展的效率"转向"可扩展的学习"。我们期望达成某个目标，就必须要适应环境的变化，要深刻地意识到：优势正在向那些重视组织学习和有较强适应能力的团队转移，我们不能仅仅通过扩大规模和提高效率来提升竞争力。简单来说，我们需要大规模地提升团队的快速学习能力。许多组织可能在口头上承认敏捷业务的重要性，但事实上，它们并没有调整或改变一些过时的观念，也许它们还在施行严格的等级制度，这种自上而下的制度严重导致决策进展缓慢。当风险来临时，组织将变得不堪一击。

敏捷业务是一种大规模快速学习的业务。它高效、雄心勃勃、反应迅速。它本质上是反敏捷的。这本书旨在帮助企业改变业务模式，以适应一个快速变化、数字化的世界。除了我们自己的观点，书中还列入了一些一线案例，经验丰富的数字化转型从业者介绍了他们对如何实现数字化的观察和思考。我们试图捕捉、提炼和定义可能学到的关键经验教训，以帮助公司转型成为真正的敏捷企业。

第一部分
敏捷业务
PART 1

在第一部分，我们主要介绍敏捷业务产生的背景，我们将为数字化转型设置特定的环境，并定义敏捷组织的关键特征。我们将阐明这些特征的充分必要性，并针对大型组织在数字化转型中遇到的主要障碍进行讨论。

第 1 章
变革的关键力量

在数字化的时代洪流中,数字技术给我们带来了新的挑战和机遇,每个企业都迫切需要高效、灵活地应对不断变化的客户期望。数字技术影响着企业的方方面面,从产品销售到人力资源,从财务管理到公司运营。数字技术正在以前所未有的速度,全方位地重塑整个市场,企业现有的商业模式、竞争优势或已建立的最佳实践将成为过去式。

尽管技术可能是变革的原驱力,但变革远非仅仅与技术有关。如果想了解数字技术带来的真正影响,我们需要研究技术背后人们的行为方式。同理,如果想深入了解如何更好地应对这场数字化变革,我们不仅要考虑应对的策略和措施,还要研究在这场变革中我们的思维、心态和行为。

实际上,在本书中,我们不会把重点放在这些技术变革上。在写本书之前,我们观察到很多诸如"组织需要做出改变来应对数字化时代"之类的高谈阔论,但是它们很少给出实际的建议、模型或解决办法。它们没有告诉读者,如何应对日新月异的竞争环境带来的挑战。

因此,在本书中,我们将关注"如何去做"而不是"为什么要这么做",我们将关注在这场深远和全方位的变革中,我们可以采取哪些实际措施,以在每一个基础环节运营组织,在数字化浪潮中乘风破浪,走出自己的风格。

变革迫在眉睫。我们先围绕引起变革的主要驱动力做一个小结。如图 1-1 所示,组织正处于这场变革风暴的中心,其特征是变革加速,竞争力、客户、公司和环境都在迅速转变。它们持续的变化给我们带来了威胁和风险，同时也给我们带来了新的机遇和挑战。

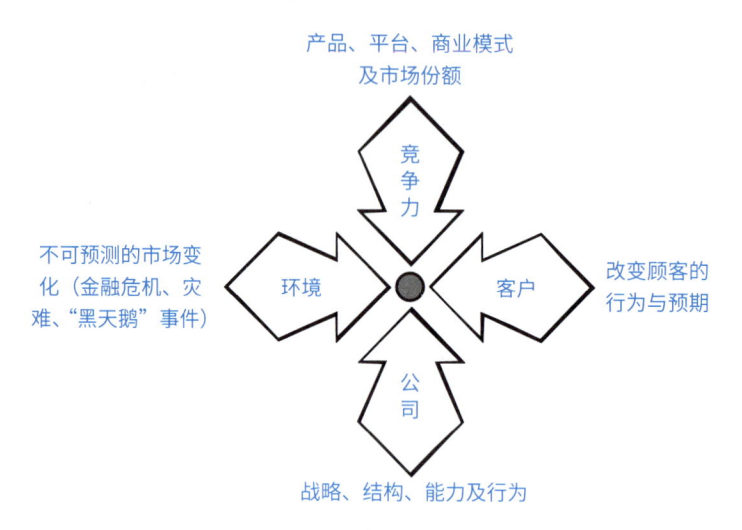

图 1-1 变革的关键力量

◆ 变革无情地加速掠过

2009 年，全球市值最高的一些上市公司包括石油公司［埃克森美孚（Exxon Mobil）、中国石油、荷兰皇家壳牌（Royal Dutch Shell）］，银行（中国工商银行），零售商（沃尔玛），电信企业［中国移动、美国电话电报公司（AT&T）］，制药企业（强生）和快速消费品企业（宝洁）。在全球最具价值的十家上市公司中，只有一家科技公司——微软。十二年后，市场重新洗牌，市值排名前七的全是科技公司：微软、苹果、亚马逊、Alphabet（谷歌的母公司）、阿里巴巴、脸书（Facebook）[1]和腾讯。

日光之下，并无新事。巴克敏斯特·富勒（Buckminster Fuller）在 1938

---

[1] 脸书（Facebook），现已更名为元宇宙（Meta）。——编者注

年提出"少费多用"的观点,描述了技术进步的趋势——用越来越少的钱做越来越多的事,直到最终你可以躺赢。经济学家约瑟夫·熊彼特(Joseph Schumpeter)认为"创造性破坏"是资本主义的本质性事实,每一次大规模的创新都将淘汰旧的技术和生产体系,并建立起新的生产体系。技术的不断发展给这一进程带来新的紧迫感。谷歌技术总监雷·库兹韦尔于 2001 年发表了著名文章《加速回报定律》("The Law of Accelerating Returns"),提出了一个观点:从历史的发展轨迹来看,技术进步呈指数级增长趋势,而非线性增长,由技术进步引起的突破性发展将成为越来越普遍的现象。

数字化几乎给每个行业、组织和部门带来了巨大的冲击和挑战,它以前所未有的规模、范围和速度席卷而来。这意味着企业需要做出广泛、深刻和根本性的转变,在这场变革中,那些转型缓慢的组织因突如其来的挑战而措手不及,被淹没在数字化的浪潮中。

对于大多数组织来说,加速变化意味着需要面对层出不穷的状况,应对各种各样的挑战。组织应对的方式不同,出现的后果和产生的潜在影响也会大相径庭。当组织在经营过程中出现了不稳定因素,例如,在行业中出现了意想不到的新竞争对手,来自各方的竞争加剧,客户期望快速转变,与客户、供应商和合作伙伴关系发生重大转变,产品的生命周期或服务方式就会发生根本性变化。

当周围环境和公司内部出现急剧变化时,作为回应,组织需要将敏捷性提升到新的高度,根据竞争对手、消费者和公司出现的各种变化及时调整方向和策略。对我们来说,这不仅是前所未有的挑战,更是行业要求和组织生死存亡的关键。

◆ 竞争对手的转变

由于云计算服务和基础设施服务的提升，几乎每个行业的进入壁垒都大大降低了，我们可以以更低的成本、更方便灵活地进入市场。基于"资本性支出"（CAPEX-based）与基于"运营性支出"（OPEX-based）的认购模式，更广泛地为颠覆市场、打破行规的创业模式提供投资资金。这让现有的参与者感受到前所未有的挑战和威胁。目前，各行各业正在全球范围内争夺优秀人才。无论是初创企业，还是成熟的大型企业，无论规模大小，都很难找到触及全球受众的优势，因为改良设备、人工智能和预测分析等新科技、新手段的出现已为市场竞争铺平了道路。

数字技术打破了消费者和企业之间的市场平衡。一方面，数字技术和社交平台为企业带来了更多的和消费者面对面接触的机会。另一方面，企业对其品牌认知的控制力度被削弱，企业需要创造、试验和采用新的方式来重新赢得市场份额。定价透明度的提升让产品和服务出现了同质化，也让市场出现了"价格战"，这为企业带来了新的下行压力。企业将数字科技整合到运营和供应链中，这将在时间尺度、效率或成本预算方面为企业带来巨大的潜在优势。直接面向消费者（以下简称"D2C"）和直接交易（D2T）等电子商务模式的出现为企业带来了新的挑战和机遇。

数字化进程为企业赋能，当我们运用软件重新定位市场、锁定特定消费群体时，我们能在一个产品线上迅速扩大规模。当我们应用我们的能力和专业知识时，也更容易以相同的方式进入其他新的领域。这将为其他企业或组织带来"横向创新"的新挑战，使组织在迅速扩大规模之前更难以较短的时间识别出其他的潜在竞争对手。亚马逊开始向医药行业进军，而优步从配送服务优食（UberEats）中获得的营业收入超过了网约车服务。"横向创新"带来的影响是：各行各业整合资源，行业之间的界限日益模糊，产品和服务需要重新定位，这也要求每一家企业做出更积极的反应。

克里斯·迪克森（Chris Dixon）说，我们现在处于他所称的互联网的"部署阶段"。技术革命会在两个阶段（安装阶段和部署阶段）爆发。每一场革命的早期阶段都以金融泡沫为典型特征，金融泡沫推动新技术以电掣雷鸣的速度席卷而来，随之而来的是不可避免的崩溃，然后是行业复苏，接着是一段漫长的生产增长时期，这段时期将技术更广泛地"部署"到其他行业和整个社会。

迪克森说：如果一个公司开发出一项能为整个行业带来价值的新技术，该公司将在市场中占据不可动摇的地位。它可以将这项新技术出售给同行，或绕过现有的公司构建一个完整的体系，直接向消费者提供产品或服务。

有意思的是，有的科技公司不会把开发的软件卖给其他公司。它们正试图从上到下重塑整个行业，占领市场。

这是一个强有力的组合。当伟大的想法、宏伟的雄心、杰出的人才、前所未有的全球市场准入以及比以往任何时候都低的准入门槛这诸多有利条件结合到一起时，"横向创新"拥有着无限潜力。企业高管将面临突然爆发且快速演变的各种各样的挑战。

优势性质的转变

几乎每个组织都会发现，在不断变化的环境中探索前行就像靠着一块浮板在波涛汹涌的大海上冲浪。有的组织或企业还在套用那些固定模式。但在新的时代，我们需要一种新的策略，我们将其称为"数字原住民"策略。它们能对快速变化的市场做出更积极、更快速的反应。

哥伦比亚大学商学院教授丽塔·冈瑟·麦格拉思在《瞬时竞争力》（*The End of Competitive Advantage*）一书中，将这种新的策略描述为战略目的改变。如果试图获得可持续的竞争优势，我们需要利用一系列短暂的竞争优势，并将这些短暂的竞争优势结合起来形成长期优势。麦格拉思研究了 10 家市值超过 10 亿美元的企业，这些企业在 2000 年至 2009 年期间保持了比全球 GDP 平均增长率高出 5% 的净收入增长，她详细研究了它们的组织战略。以此为基础，麦格拉思开发了一个有用的框架来实现更敏捷的组织战略，这与本书中讨论的许多主题遥相呼应：

（1）**持续重组**：从极端的重组项目转向"持续变形"的过程，需要与核心稳定性、企业愿景等要素结合起来，同时在运营、结构和执行中激发团队活力。企业可通过灵活分配人才来加速这一进程，切记不能狭义定义人员角色。

（2）**健康的脱离方式**：与其坚持一项优势到最后，不如采取更系统、更频繁、更正式的方式尽早脱离，并将学到的最新知识应用到业务中去。

（3）**支持敏捷性的资源分配**：关键性资源应在中央管理之下，而不是被地方业务单位所控制。组织应围绕机会，而不是将机会压缩到现有结构中。获得资本和利用外部能力是关键，组织不一定要自己拥有或创造一切。

（4）**创新能力**：从偶发的创新行为转变为持续的系统性创新。创新需要与现有的业务相分离。通过分项管理和财政预算，以及在核心增长和全新计划中采取平衡资源的投资方法，鼓励更高阶的实验和从失败中总结经验。

（5）**领导能力**：为了应对在战略过程中出现的持续转变，领导者需获取更广泛的支持，组织应以人才为导向，而不能苛求完美。领导者需在确保方向正确的前提下，快速做出决定。

我们正处在组织战略分化的阶段。对传统根深蒂固的依赖会成为企业前进路上的重大障碍。有的企业希望能尽可能长时间地从可持续的竞争优势中获取最大价值，即使这种竞争优势正在日益减弱。在这种情况下，围绕可持续优势不断优化的系统、战略和流程将成为一种负担，它们过时、不灵活以及缓慢的运作方式阻碍着企业的发展。

企业需要远离固化的模式、流程，例如：为创新设定一个局限的场景，为员工定义狭隘的角色划分，施行严格的规划流程，在战略评估后裁员等。这些固化的模式会极大地降低员工的积极性，并引起团队成员的不满。相反，当企业围绕一个聚焦的愿景，不断追求新市场、新技术，力求创新和能力的改进时，将极大地鼓舞团队士气。

如果说，在当前的商业和消费环境中前行如同在迷雾笼罩、波涛汹涌的大海上冲浪，那么我们需要学会在机遇的浪潮中破浪前行。麦格拉思指出，在历史上，战略和创新曾被认为是两个独立的学科：

> 战略是指在一个定义明确的行业中找到一个有利的位置，然后利用长期竞争获取优势。创新是指创建新的业务，且与业务的核心活动相分离。

为了在这个瞬息万变、优胜劣汰的商业世界中占据有利位置，企业需要具备更大的适应性，需要将组织变革、战略和创新整合到一起。现在每家公司都需要像初创公司一样思考问题。"数字原住民"企业在扩大规模的过程中，付出了巨大的努力以保持企业的灵活性和敏捷性，它们保持着初创企业的文化。

那么，从组织战略的角度来看，这到底意味着什么呢？2014年6月，波士顿咨询集团（Boston Consulting Group）重新审视了其经典的市场增长率–相对市场份额矩阵（也称为波士顿矩阵）。该矩阵由波士顿咨询集团创始人布鲁斯·亨德森（Bruce Henderson）在1970年提出，他将增长率和市场份额标在 2×2 的矩阵图上，分析产品或子公司增长速度和市场份额。波士顿矩阵结合财务信息和生命周期，将产品或子公司划分为四类："明星""现金牛""问题""瘦狗"。这也是众多商学院战略教学的一个关键组成部分。

许多大型组织已经运用波士顿矩阵来绘制公司竞争力（份额）与市场吸引力（增长）矩阵，它们在投资和资源决策中借助该矩阵来做分析。高份额可以带来持续的高回报，最终在规模和经验的驱动下降低成本效率，高增长则表明市场将吸引优秀的领导者。

面对由技术驱动和其他因素引起的市场快速变化和不确定性，波士顿咨询集团表示，企业需要"不断更新其优势，在产品和业务部门之间加快转移资源的速度"。此外，市场份额不再是持续业绩的直接预测因素，竞争优势越来越多地来自其他因素，例如企业的适应能力。

波士顿咨询集团将每一家美国上市公司绘制到矩阵的一个象限中，发现公司在矩阵象限的流通速度比前几年更快（将2008—2012五年期与1988—1992五年期做对比）。事实上，关注一些最大的企业集团，你会发现，在2012年，任何业务部门在一个象限内所处的平均时间不到两年（只有少数特别稳定的行业例外）。

企业在矩阵中的分布也发生了变化，相对市场份额和持续竞争力之间的关系破裂。"现金牛"在总利润中所占的份额更小（比1982年低25%），比例也更低，企业在"现金牛"阶段的寿命缩短（在迭代更快的行业，在"现金牛"阶段的寿命缩短了约55%）。

不出所料，波士顿咨询集团接着指出，矩阵在现今仍然适用，但须采取更灵活的方式。企业应注重"战略试验"，以获得更大的适应能力。这可能意味着企业需要在"问题"象限内进行更多的实验，以更快、更经济、更系统的方式让有发展前景的产品成为"明星"。这也可能意味着"明星"以更快的速度被清理出局，"现金牛"以更快的速度被淘汰，"瘦狗"的价值被最大限度地压榨。

◆ 消费者的改变

科技的进步使交互设计的可能性大增，客户的期望也在与日俱增。我们习惯了在亚马逊上一键购物，或加入他们的付费会员制度（Prime），享受更多会员福利。当我们被这样无缝连接、巧妙设计、按需定制的客户体验宠坏时，我们会要求在其他地方也能享受这样的待遇。

亚当·摩根和马克·巴登（Mark Barden）在《美丽的约束》（A Beautiful Constraint）一书中，将这一现象以及消费者期望值的"不合理"上升生动地描述为"优步的孩子"（Uber's children）。

当今，越来越多的企业将产品升级为服务。客户会根据最细微的服务差别来定义品牌差异，让人记忆犹新的客户体验成为评判其他一切的基准，即使这样的体验并没有与客户直接关联。因此，虽然服务设计和创新已成为品牌差异化和企业获取优势的驱动因素，但品牌的竞争环境变得更加广泛，消费者的期望也变得更加具有挑战性，围绕客户期望不断创新的优势也变得空前巨大。

一波又一波的科技创新（台式机、手机、越来越丰富的人工智能、人机交互）与客户产生深度连接。想要赢得市场，企业需要将目光投向最新、最顶尖的智能应用程序。随着数字技术的发展，服务供应商、合作伙伴、开发商和客户之间可以利用科技平台建立新的合作模式。数据在平台流动，整个市场的动态变化可以共享。企业与客户产生交互的好处是能获取客户数据，了解客户的真实需求，从而可利用数据分析为客户定制个性化的服务体验，为企业创造新的竞争优势。

潜在客户的需求变化可能并没有我们想象的那么丰富，但围绕客户的需求以及我们选择满足这些需求的方式确实会带来本质的变化，并最终影响企业的走向。所以，技术进步很重要，但理解围绕它的潜在行为及其变化更加重要。

◆ 公司的转变

以数据为操作系统

根据迈克尔·帕默尔（Michael Palmer）的说法，邓韩贝（dunnhumby）的创始人及董事长克莱夫·汉比（Clive Humby）2006年在向美国国家广告商协会（Association of National Advertisers）写的信中，首次描述"数据是一种新的石油"。他写道：

> 数据如同石油一样具备开采价值，但如果它未经提炼，是不能真正为我们所用的。它必须被转化成气体、液体、塑料、化工品等。当它转变为一个有价值的实体时，才能推动有利的商业活动。因此，我们必须对数据进行分解和分析，才能使其具有价值。

克莱夫·汉比的分析预见了行业的现状：当今，很多企业、组织收集了大量的数据，却未能从中提炼出等比例的有用价值。数字技术影响着我们生活的方方面面，数据将成为组织运营系统的新核心，从快速原型设计、产品开发到智能制造（以及所谓的"第四次工业革命"），数据为各个领域的智能决策和结果优化提供了动力。国际数据公司（IDC）曾预测：到2020年，全球将有超过59 ZB（十万亿亿字节）的数据被创建、捕获、复制和消费；到2025年，这一数字将上升到175 ZB。

大数据所谓的"3V"——容量（volume）、多样性（variety）和速度

（velocity）的快速增长，给多个领域的企业带来了新的挑战。为客户提供一项服务将发展为服务设计，数据的熟练收集、分析和应用，定制无缝对接的客户体验等。这将真正成为企业产品差异化和竞争优势的来源。随着这种优势的增加，软件在几乎所有产品类别中的重要性、潜力和力量也凸显出来。

这改变了企业的业务运作模式。以前，产品发布后，客户想要产品更新，就需要购买更新换代的产品。但现在，客户购买一个新产品后，企业将提供持续的服务，保证产品性能增强、修复和更新，就像我们的智能手机操作系统不断更新一样。企业与客户产生无所不在的紧密连接，这为产品持续的改进、修复、更新和优化创造了机会（和需求）。数据收集、可视化服务、个性化服务和服务推荐帮助实现了持续的客户交互，这挖掘了提升产品服务的潜力。实时数据采集和交互支持，为企业聚合了每一位消费者的信息，也模糊了顾客真实世界和虚拟世界的消费体验。

高德纳（Gartner）企业著名的信息分析成熟度模型揭示了价值的逐渐增长，从基本的描述性分析（发生了什么）开始，到诊断分析（为什么会发生），再到预测分析（将发生什么），最后到规范性分析（如何使其发生）。随着组织能力的提升，每个级别都会增加一些细微差别，但随着企业成熟度的提升，新的优势也应运而生。

就像技术重新平衡了公司与客户之间的权力关系一样，越来越容易访问和更松散耦合的微服务架构（通常基于云传输的应用程序编程接口服务）的出现，正在推动人们从单一软件转向更灵活、更敏捷、更可扩展的服务。曾经这些强大的软件和服务非常昂贵、复杂，只有那些能够大量投资的企业才能使用；而如今最小的初创公司都可以涉足。曾经被锁在防火墙后面的强大数据源现在可以被访问，以推动新的观点和新的服务。

从线性价值链向动态、网络化生态系统的转变，是我们这个时代的关键业务转变之一。在这种生态系统中，数据、信息和价值更容易在各方之间流动。然而，这种转变需要新的方法、新的伙伴关系，并保持更加开放的态度。随着数据日益成为驱动组织运营的动力，企业不仅需要通过工具和仪表盘，还需要通过模型、流程和工作方式来获取优势，这种能力不仅是企业繁荣的关键，还是企业生死存亡的关键。

人才的影响力增强

拥有优秀的员工一直是企业成功的核心，当科技如龙卷风一样袭来，更突显了人才的重要性。那些能够吸引并留住优秀数字人才的公司，与那些不能吸引并留住人才的公司之间，业绩差异将空前巨大。简而言之，拥有优秀的人才是重中之重。

数字技术已经将权力转移到公司内部的个人和小团队身上，他们可以提出和执行非凡的想法，并通过远程专家团队来实现巨大的变化。优秀人才是企业发展的关键，将拉大平庸企业和杰出企业的差距。优秀人才也在挑选企业，他们会考察公司的背景，也会考虑工作的地点。他们更倾向于选择能够在家办公或离家近的办公地点，这一比例将越来越高。他们比以往任何时候都更加关注工作和学习的环境，以及合作伙伴和学习对象。公司口碑和品牌价值变得更加"透明"，这意味着企业将无处可藏。当优秀的人才来到你的企业，企业的文化和环境将成为你能否吸引他们或留住他们的关键因素。

各个层次的有才能的人才能为公司带来真正的影响，他们推动更广泛的业务，并为企业创造竞争优势。但是他们只有在真正能获得更大的自由、灵活性、使命感和授权的文化和环境中才能发挥作用。他们期待能够和志同道合的人一起成长，期待向行业中最优秀的人学习。在一个以跨职能协作和快速行动为导向的环境中，领导者需要有通用技能和专业知识，并且将硬技能和软实力（如同理心）相结合，真正授权实现高效管理团队。

◆ 挑战的关键是变化的速度

很多时候，公司都在追赶着消费者。营销技术专家、作家、博客主斯科特·布林克尔（Scott Brinker）在他关于"马尔泰克定律"（Martec's Law）的思考中，很好地描述了这一困境，他将其描述为"21世纪管理挑战的典范"。当技术变革以指数级速度进行时，组织变革却依赖于那些转变相对缓慢的因素（态度、思维、结构、行为和文化），因此往往以对数速度进行（见图 1-2）。

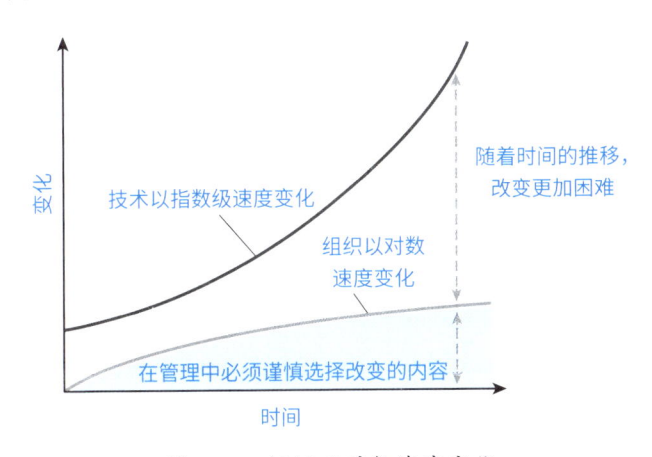

图 1-2　组织以对数速度变化

这两条曲线之间不断扩大的差距，或许是我们这个时代在领导、管理和组织方面面临的关键挑战。公司吸收、反应、适应和掌握技术革新的能力是其在现代社会成功的关键。但大多数公司输在速度上，它们要用较长的时间来适应环境，领导者决策不够果断，机会重组的过程太慢，识别价值所在和创新以实现价值增长的周期太过漫长。因而大部分企业的组织敏捷性和工作结构需要进行范式转换。我们需要一种新的企业战略，将团队执行力与企业的战略目标有效结合。

然而，在我们开始迈向更敏捷的业务之前，我们需要理解数字颠覆的方式，以便我们能识别潜在的危险和机会，并在一切为时已晚之前做出积极回应；开发一种通用的方式，来理解数字技术在业务中的真正含义，以便我们能根据清晰的愿景，有方向性地去执行；准备好处理那些导致惰性、阻止改变发生的障碍。

一线案例

戈尔德·莱昂哈德，未来学家和作家：数字化转型的未来

"数字化转型"这个词被频繁使用，却少有机会成为现实。它已经成为一种表达方式，暗示着为未来做好准备，但我们却很少在思想上有任何深刻的变化。为使当今的企业能在迫在眉睫的数字化转型中生存下去，我们必须改变思维方式，在科技中注入人性的温暖。这不仅对我们的工作带来重要影响，也对教育、退休带来深刻改变，让我们重新定义出生、生活和死亡的概念。这意味着我们必须将数字化转型进行下去。

数字化转型意味着我们必须重新承担起主导责任，在技术彻底改变我们之前改变技术。数字化不能成为大规模裁员、失业、社会契约被破坏、文化崩塌和资源战争的工具。曾经盛极一时的共享经济正在离我们远去。生活在资源有限的地球上，我们必须从社会、文化、伦理和环境出发，重新思考人与技术的关系。

道德在商业活动中占据着重要位置，追求暴利的时代已经一去不复返，我们正在进入数字伦理时代。如今，在科技的协助下，任何企业或品牌如有跨越道德底线的商业行为，都将受到经济制裁。经济上的不满情绪通常归结为消费者对定价不当（价格过高）或质量低劣（产品有害）的反应。当世界网络化趋势不可阻挡时，经济上的不满情

绪将变得越来越普遍。

  关于数字化转型的讨论需要超越对效率的关注，转向更广泛的人文主义。我们喜欢谈论技术呈指数级增长，而缺乏人文关怀。技术不仅在每个市场上消除了中间商，它也正在拆除公共生活和私人生活、经济生存和道德繁荣之间的高墙。未来不是天堂，也不是好莱坞式的反乌托邦。我想未来是以人为本的。它和今天一样，只是改变的速度将更快，人与人的连接也更加紧密，任何一种过时的思潮都会被无情地鞭笞。

  转型意味着差异，而不仅仅是改善。我们需要人类学和算法的结合。人类的创造力和同情心远远超越了机械的价值。我们可能是历史上最后一代过有机生活的人。在与技术紧密结合之前，我们应该利用剩下的每一分钟，如同发展经济那样，寻求道德发展。未来的 20 年将比之前的 300 年更多地改变人性。

第 2 章
数字化革命如何颠覆商业

当今，数字化转型颠覆传统行业的案例在各行各业不断上演：数据在医疗保健行业中催生变革；用户的实时输入和增强现实在地图和导航系统领域引发革命；算法日益成熟，算法与媒介生态相互作用，对生产消费全方位渗透；自动化和人工智能在客户服务中的应用比例日益上升；数字3D打印技术在制造业和建筑业中扮演越来越重要的角色。似乎我们所看到的每一个方面，都出现了细微之处，提示我们数字是如何推动许多不同行业的业务、收入来源、成本和运营发生根本转变。

生产、消费及相关技术革命与大数据理念的深度融合，加速推进产业发展及商业模式创新。

数字技术带来的变革既广泛又深刻，影响着各个部门和组织的职能。那么，数字技术为何以及如何从根本上扰乱了如此多的企业和市场呢？

战略大师迈克尔·波特在他1985年出版的畅销书《竞争优势》(Competitive Advantage)中提出了价值链的概念，以描述企业的经营活动。他认为，价值链是一家公司为了以产品或服务的形式向市场提供价值而进行的一系列活动。

一个组织本质上是一系列组成部分，通过交易成本形成价值链。这涉及基本活动（内部后勤、生产作业、外部后勤、市场和销售、服务等）与辅助活动（基础设施、人员、技术、采购等）。企业的竞争优势是其交易成本的总和或平均值。公司通常在某些组成部分拥有巨大优势，但在其他组成部分则落后，但它们基于可持续竞争优势的理念，致力于持续提高效率和标准化，将其作为核心，以降低特定组成部分的交易成本。

如果竞争优势来自成本优势和/或差异化，数字化可以为其中之一或为两者提供新动力。随着企业的发展，增加资源和成本，以为股东提供持续回报的压力很可能导致产品提价的需求。这种需求可能通过优化商品和服务来合理化。然而，当一个数据赋能的新竞争者进入市场，它可能遵循帕累托原则，仅用20%的投入就得到80%的产出。它能为客户带来全新的商品体验，产生巨大的破坏性威胁。

波士顿咨询集团总经理、作家菲利普·埃文斯（Philip Evans）在TED上发表了题为"数据将如何改变商业"的演讲，指出：随着数字化进程推进，在某些领域有可能实现零边际成本，这意味着交易成本直线下降到接近于零，比如网站会员或订阅服务、数据下载或云访问、视频和音乐，甚至培训课程等，只要你拥有基础设施，又无须生产产品，网络帮你做到了这一点，降低你的成本，帮助你触达更多人群。

埃文斯认为，当价值链中的某一部分急剧下降时，它可以改变整个行业的游戏规则，通常（但不总是）将打破整个价值链。尤其当某部分暴跌时，它将引发新的竞争优势或新的价值链关系。埃文斯说：

> 曾经是垂直整合、本质上相似的竞争对手之间的寡头垄断竞争正在演变……从垂直结构到水平结构……交易成本的直线下降削弱了将价值链连接在一起的黏合剂，并使它们得以分离。

这与"颠覆"理论何其相似。哈佛商学院教授克莱顿·克里斯坦森（Clayton Christensen）认为，当一个产业的核心技术（或价值链中产业的核心、对保护资本化至关重要的部分）"可延展"时，颠覆的时机就成熟了。

克里斯坦森以教育为例，说道：如果把老师比作一项技术，在2000年这项技术还"不可延展",因此"颠覆的时机"还不够成熟。当诸如慕课（MOOCs）这样的网络公开课开始大规模涌现时,大量的数字化学习资源可以共享,甚至斯坦福大学课程材料也可以在网上订购。学习资源空前丰富,学习方式多元化发展,以及大数据、人工智能的支持,使得每个人的学习都可以量身定制。未来,教育将演变出各种各样完全不同的形态。连续创业家、作家、纽约大学斯特恩商学院教授斯科特·加洛韦（Scott Galloway）关注到高等教育体系受到的冲击,尤其是在新冠疫情影响下加速,就此写了多篇文章。他还在网络平台（section4）上推出了自己的课程,清楚地展示了如何充分利用这一机会。

◆ 技术的生命周期

发明就像冲浪,你必须在正确的时间赶上浪潮。

——雷·库兹韦尔

著名的未来学家、谷歌公司工程主管雷·库兹韦尔将一项技术（或基于一项新技术的发明）的生命周期描述为一条"S 曲线"（见图 2-1）：先慢

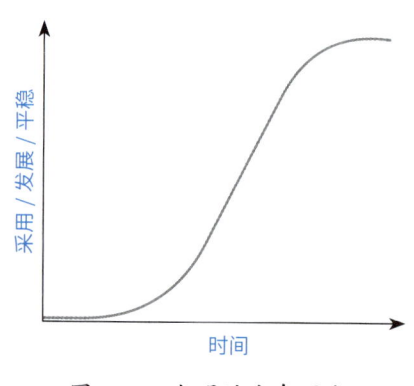

图 2-1 发明的生命周期

后快的采用，之后是发展，直至平稳。为了合理地规划创新的节点，你需要理解发明的整个生命周期。

库兹韦尔描述了一项技术发展的七个关键阶段：

（1）**前兆：**新技术的促成因素已经到位（有远见的人甚至可以对目标或操作模式进行描述），但新技术还欠火候。

（2）**发明：**在这一阶段，做决定的速度和时间通常起到关键作用。

（3）**发展：**发明很可能是作为一个"笨拙且不切实际的设计"来到这个世界的，你需要对发明进行改进。

（4）**成熟：**这个阶段通常涵盖了技术生命周期的大部分时间。这项技术已经成为日常生活中不可分割的一部分，而且似乎永远不会被取代。

（5）**冒名顶替者：**这个阶段将出现潜在的颠覆性新竞争对手。他们攻击现有技术，并声称自己有能力取代现有技术，他们确实可能在某些方面做得更好，但由于缺乏突出、决定性优势而面临失败。入侵者的失败增强了对原有技术的信念，企业认为原有技术将会无限期地在行业竞争中生存下去。

（6）**过时：**当新来者掌握了现有技术缺乏的决定性优势，原有技术将面临被淘汰的局面。

（7）**淘汰：**最后的安息之地。

库兹韦尔关于"创新需要经历的各个阶段"（前兆、发明、发展和成熟），让我们联想到熊彼特对技术变革过程的定义。他将技术变革分为三个关键阶段：发明（创意），创新（将新创意转化为可销售的产品和流程，或商业化），扩散（采用或扩大规模）。在这些阶段中都存在着经常被忽略的部分，但是从组织的发展考虑，每个部分的挑战都值得去尝试，因为我们需要在这三个阶段都游刃有余。

◆ 商业被颠覆的原因：模糊区和敏捷业务

库兹韦尔使用 S 曲线来描述技术的生命周期，而第一个提到 S 曲线的是查尔斯·汉迪，他在《空雨衣》(The Empty Raincoats)中说道：S 曲线是帮助我们理解系统前进轨迹的一种方式，它证明我们有必要对系统进行重大的、定期的改造和改变。当一项现有技术看起来表现最好时，颠覆往往就会发生。虽然不同的产品对应不同的曲线，但每条曲线通常都是以"尝试和探索"为初期阶段，然后是快速增长期，随后是平稳期，最终进入下降周期。

由于新技术或新模型引入市场而导致的新曲线与 S 曲线交叉，对企业而言既是挑战，也是机遇（见图 2-2）。许多组织会避免变革，直到危机出现或颠覆明显（B 点）时才试图亡羊补牢，但往往为时已晚。到那时，资源可能已经耗尽，竞争地位已经被削弱，领导信誉已经受损，新的或创造性思维已经枯竭。如果企业选择在 A 点开始改变，会为自己赢得时间，同时也将面临一系列挑战。企业需要经历一段过渡时期，优化旧系统的同时构建新系统，并且需要发展起潜在的有竞争优势的业务，改变工作方式或

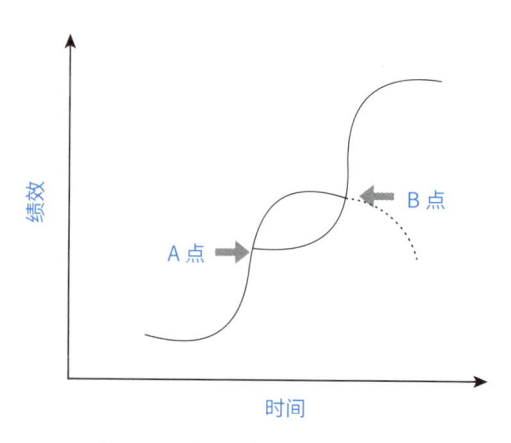

图 2-2 新曲线与 S 曲线交叉

变更企业文化。改变只需要一个开始。正如查尔斯·汉迪所言：当你站在 A 点，你可能会回头沿着曲线看到曾经的成功和增长；但你也可以往前看，当曲线上升到 B 点时，将是拐点。你需要打开你的思路，跟随市场趋势，运用 S 曲线来帮助你决策，从 A 点开始导航，迎接下一个高峰。有时候，即使事情看起来进展顺利，你也需要"持续的再创造"，这是游戏规则。

分享两个相关的比喻。戴夫·斯诺登描述了一种微妙的平衡关系。他告诉我们应该明白什么时候应专注于新事物，什么时候该停止对旧事物的执着，就像你需要明白什么时候最适合冲浪一样：

> 退潮时更容易进入。你当然不想被困在海滩上，但你要尽量减少进入大海时耗费的能量。

第二个比喻来自克莱顿·克里斯坦森，针对企业对创新需求的反应常常过于缓慢，他描述道：

> 如果一家公司一直忽视对新业务的投资，直到需要新的收入和利润来源时才开始投资，那就为时已晚。这就像当你需要乘凉时，你才开始想着去种树一样。小树苗不可能一夜之间长成参天大树，它们需要多年的耐心培养。

不仅仅是个别公司，有可能整个行业都犯了这样的错误。这是几乎所有企业都会面临的关键挑战。就像在耐力运动中，我们需要准备完美的赛前餐，在填满糖原储备之外，也满足人体各种营养需求。

在变革来临前，我们要未雨绸缪，带领团队做好充分的准备，并运用这些曲线的变化，在下一个浪潮中乘风破浪。

第 3 章
是什么阻止了你的改变

◆ 组织设计运作缓慢

当我们开始迈向更加敏捷的业务时,我们有必要停下来思考:是什么原因导致了我们的组织停滞不前?当我们决定要改变时,会遇到什么潜在阻碍?

我们通过大量访谈,总结出阻碍变革的诸多原因,其中技术、战略和与人相关的问题出现频繁。这些原因包括:

技术和数据:过时、不灵活的系统、破旧的信息技术(IT)基础设施、系统集成和数据连接困难。

短期主义:专注于短期目标和优先项目,阻碍了更大、更长期的项目的发展,同时也影响了改变的发生。

人才:吸引和留住优秀数字人才是众多企业面临的挑战。

遗留的方法:固有的一些行为习惯、决策、流程等导致行动缓慢,这些根深蒂固的习惯很难改变。

组织孤岛:组织内部存在政治阻力,各部门竞争,各成一派。

优先排序:问题在于如何最好地分配有限的资源,通常是由于缺乏行业知识或整体的判断能力,不能确定短期收益或利益。

文化和结构:组织中文化的抑制效应。根深蒂固的一些行为模式或僵化的组织结构阻碍了改变的发生。过多的微观管理影响了团队的创新能力。

需要改变企业文化，以便更灵敏、更快捷地工作。

上述七项内容反映了组织文化和企业在实践中面临的一些基本问题。正如埃里克·施密特（Eric Schmidt）和乔纳森·罗森伯格（Jonathan Rosenberg）在《重新定义公司：谷歌是如何运营的》（How Google Works）一书中所描述的：如今大多数公司的经营目标都是让风险最小化，而不是让自由和高效达到最大化。信息被囤积，而非共享，决策权掌握在少数人手中，企业数字化转型的最大绊脚石不是技术，而是组织设计。在他们看来，"失败是昂贵的代价，深思熟虑是一种美德。他们的组织运营设计已经被时代所淘汰"。

换句话说，组织缓慢的工作进度拖延了改革的进程。如果一个组织利用既定的工作流程扩大规模，组织内部会产生难以抵消的内在惯性。随着公司规模的扩大，企业把目标更多地转向效率和优化，而不是突破性创新。这些既定的工作流程，会更加深刻地嵌入组织文化中。随着公司规模扩大，在公司内部发展起等级制度，公司将会围绕着这些既定的工作流程或模式，把更多的关注投向内部，而对外部的关注相应减少。惯性会随着时间的推移而增强。

◆ 寻求机会

正如我们前面所强调的，敏捷业务需要在专注利用现有优势的同时去探索新的机会，提升运营效率的同时持续地学习。真正的敏捷是要找到更好的方法来实现确定的结果，同时也要让企业接受新的想法和可能性，并不断构建新的业务（见图3-1）。

作为一个组织的领导者，你的任务是改变你的领域，你需要速战速决，同时也需要创造出新的可能性和差异化服务（见图3-2）。

平常业务　　　建立新的业务

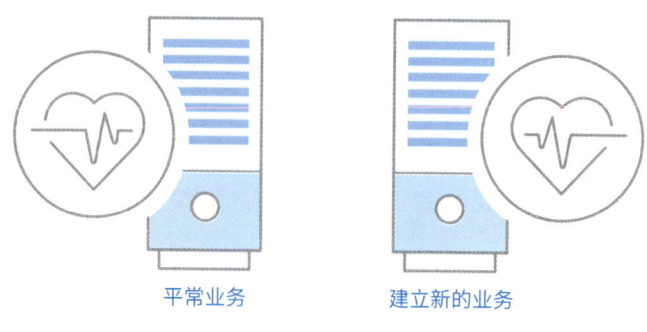

图 3-1　最初的 90 天——识别机会

◆ 为什么组织会变得具有"黏性"

为什么组织和个人抗拒改变？为什么组织规模越大，改变越困难？关键在于，随着时间的推移，组织文化会植入人们的思想，它不可妥协，让改变更难以实现。正如维克多·纽曼教授在《强大的组织：战略知识管理》（*Power House: Strategic Knowledge Management*）中所描述的"黏性组织"，如果企业围绕着与某种特定技术相关的解决问题的经验和过程，发展起了一种企业文化，那么人与人之间的关系和行为模式也会围绕着它发展起来，并且这种企业文化为了保持组织稳定，将阻碍变革的发生。

企业或个人通过多年的经营，树立了良好的形象、声誉、影响力，也积累了社会资本和关系资本，它们将会成为变革的重大障碍。正如创新专家马特·埃德加所言，一方面，初创公司的大部分时间都在建立和打破新的关系和联系。创新在充满了"可能性"的土壤里蓬勃发展。另一方面，大型企业"因错综复杂的关系交织在一起。对于相互熟悉的团队成员来说，完成工作，甚至是一些新的工作，无非是沿着既定的轨迹前进"。

在这种情况下，创新需要从可预测的阶段转移到另一阶段，在这种既定的环境中，创新能够发生的唯一方式是"在新参与者的干预下，打破原

"速赢"和"差异化"

先解决基础问题，然后转向差异化的客户体验或商业模式

闪亮的"新"业务
- 战略性的选择
- 高风险
- 长期影响
- 缓慢财务影响

在差异化中创新

平常业务"核心"
找出那些我们可以改变的内容，以便解决基本问题

向前一步
差异化

速赢
追赶和保持

在平常业务核心中寻求创新

在你的数据库中寻找客户行为的变化，寻找"痛点"

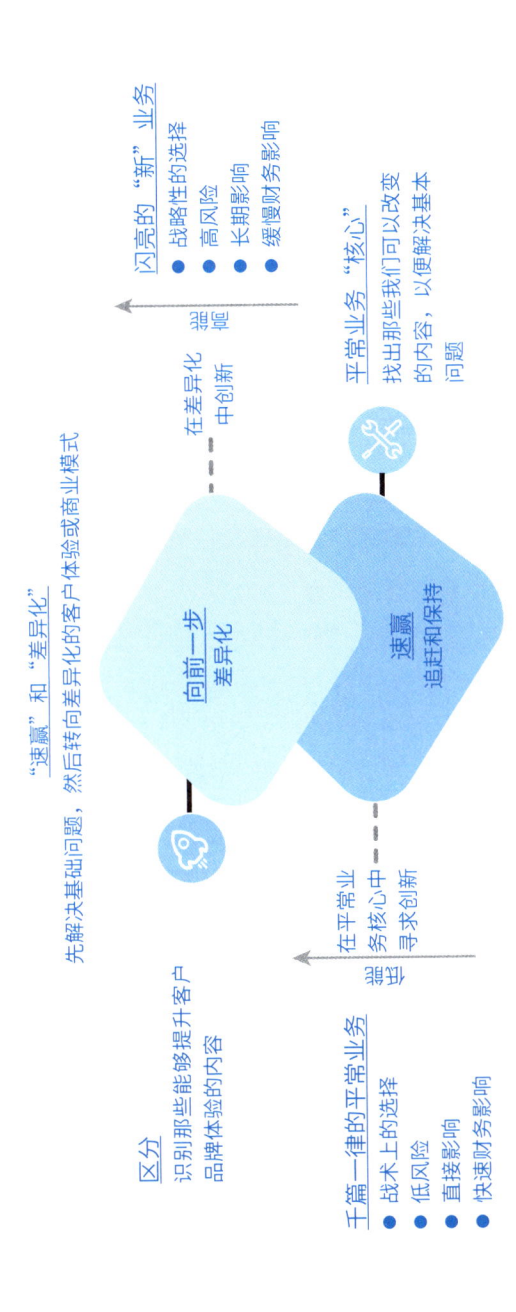

区分

识别那些能够提升客户品牌体验的内容

千篇一律的平常业务
- 战术上的选择
- 低风险
- 直接影响
- 快速财务影响

图 3-2 识别机会

来源：Wearecrank Limited

有平衡，重新调整组织结构"。因此大公司会对新参与者持开放的态度，或者有意识地破坏现有关系，以促成建立新的关系。

常见的情况下，我们会固执己见，认为原有技术是绝对唯一的存在。人们不愿意承认失败。特定的行业术语，或在企业内部开发的术语和缩略语，作为描述特定技术、属性或实践的简写方式，会让人们加强对可能已经过时的技术的保护。正如维克多·纽曼所言：

> 强大的文化不断演化出新的行为，以阻止变化，维护社会稳定，维护基于现有模式和相互关系资本积累而形成的权力结构。资本关系越强大，组织的"黏性"就越强，对当前结构和嵌入技术的知识产品的保护就越强。一个组织的黏性越强，它就越倾向于关注它能解决的问题，而不是它需要解决的问题。

关系资本会对改变的发生产生潜在影响。当业务或技术发生改变时，公司内部的价值关系也会改变。团队的激励或报酬方式会影响变革的发生。以不愿采用新技术的高管为例，当他们认为新技术影响到他们的季度奖金时，他们会迟迟不愿意推广这项新技术。对于销售团队而言，他们对新技术持谨慎态度，只因为这项新技术会让其他团队也能分得一杯羹。对其他团队而言，也许他们已经习惯了旧的工作方式，即使新的技术开始推广，他们还是会继续使用过时的那一套系统。

根深蒂固的行为模式会抵制改变的发生，在组织中也产生了一种内在惰性，一种习惯性行为也应运而生。这些习惯往往是潜在的和不被人关注的，但它们可能是人们做出决定和采取行动的强大驱动因素。这种习惯性思维和行为不仅会被忽视，而且难以改变。罗马诗人奥维德（Ovid）曾说："没有什么比习惯的力量更强大。"也许他说出了问题所在。杜克大学的研究人员在一项研究中预计：习惯，而非有意识的决策，决定了我们每天做出的高达 45% 的选择。

◆ 为什么好的创意会引发冲突

我们中的许多人都曾经历过这种真实的沮丧：我们想出了一个非常优秀的想法，相信它在我们的业务中自然而然地具有巨大的潜在价值，但却发现周围的人并不如此看待，导致我们必须艰难地努力争取支持、驱动力和热情。然而，一个引人注目的商业案例，无论多么严谨和可靠，可能仍然不足以轻易被其他人认定为极具吸引力、简洁性或在常识层面极具说服力。

在这样的情况下，你需要保持不灭的信心和斗志（尤其当你的想法是一个潜在的颠覆性创意时），你需要有孤军奋战的决心和勇气，不达目的誓不罢休。套用休·麦克劳德（Hugh MacLeod）的话来说：好的想法会破坏企业内部关系的平衡，因此往往会遭到抵制。

"循规蹈矩"有其内在的力量。对大多数人而言，面对风险时，他们宁可避免损失发生，也不会为了利益铤而走险（有研究表明，在某些情况下，损失在心理上造成的影响可能是收益的两倍）。当我们投入了大量的时间、精力才建立了现有的结构、关系或系统时，如果我们认为变革将对这一切造成威胁，我们就会从心理上抵制变革。这导致了一种厌恶风险的文化，以及在评估中对潜在收益和可见损失产生偏见，这将成为改革路上的巨大障碍。

有的公司会组织一些类似创意比赛的活动，但是由于组织内部政治斗争，或提交创意的人被认为没有该项目的领导资质，或糟糕的反馈机制，人们提出的创意没有得到应有的关注和反馈。他们因此感到失望、沮丧，甚至失去斗志。

一个优秀的创意从想法到落地需要越过重重障碍。首先，创意本身会给工作者增加工作压力，会让本已紧张的资源更捉襟见肘。另外，这个创意会经历不断地修改、调整、试验。最重要的一点：这一切行动的背后需要得到关键决策者的支持。决策者并非创意的孕育者，要得到他们的支持也是一项巨大的挑战。

在全球有 600 多个创新单元，它们也被称为孵化园、加速器、数字实验室或创新实验室等。然而，它们与初创公司的合作，十有八九并不能产生商业回报，这样的投资回报比例让人望而生畏。初创企业应从小规模起步，同时尽可能地利用母公司的资源（资本、品牌、声誉、渠道市场、行业现有的价值链和供应链、值得信赖的合作伙伴、专业知识、专业技术、法律产品等）。这些资源能让初创公司赢在起跑线上，同时初创公司也可以促进母公司的业务、息税前利润和市值的增长，还可能对重塑核心业务起到关键作用。

对企业而言，关键的挑战是将创意从实验室推向市场。如果企业并不擅长市场推广和营销，那么之前的所有工作都将白费，沦为硅谷企业家史蒂夫·布兰克所说的"创新剧场"，而非真正意义上的创新。

弗兰克·马特斯（Frank Mattes）和拉尔夫-克里斯蒂安·奥哈尔（Ralph-Christian Ohr）博士在他们的《扩大企业创业：将创新概念转化为商业影响》（Scaling-Up Corporate Startups: Turn Innovation Concepts into Business Impact）一书中，介绍了企业创新将面向三个主要方向。

优化核心：利用现有业务，开发产品的卖点。该流程使用现有的业务模型和技术，这是一种渐进式创新。以汽车行业为例，在之前的车型基础上定期推出新款。这样的创新将对企业产生较短时间的影响（一般为 1~2 年）。

重塑核心：企业适应新的且经过验证的技术和商业模式，并以此扩大规模生产。这是利用新的且已知的概念进行创新，这也是一种渐进式创新。以电信行业 5G 移动技术为例，对业务的影响周期为 2~5 年。

创建新业务：发现并验证新业务。对公司、行业或世界来说都是全新的技术和商业模式，通常会使用设计思维、敏捷或精益的探索方式。这是一种探索性、非渐进式的创新。对业务的影响周期为 2~5 年。

弗兰克·马特斯和拉尔夫·克里斯蒂安·奥哈尔博士将创新过程描述为 4 个关键步骤：

创意：基于有意义的见解，有前途的价值主张和想法，通过新产品、新服务、新的业务模型和流程获取价值。

验证：通过敏捷构建—测量—学习的方法，开发、测试、重置、细化和测试创新概念。

扩大规模：经过验证的创新概念被扩大，整合运用到实体业务中。

增长：利用现有的企业资源（品牌、渠道等）和经过验证的方法，新的业务单元推动业务增长。

他们坦言：在这 4 个过程中最具挑战性的部分是扩大规模。这是因为团队必须将创意概念与实际相结合，以敏捷的方式在限定的范围内工作。企业往往缺乏这方面的经验，他们会对早期业务抱有不切实际的期望，或者不愿意对不确定的概念进行投资。对必要的关键因素缺乏兴趣会阻碍进一步的创新和进步。初创企业有可能在发展或转变为小型企业之前，将这个不确定性的创意扼杀，而业务敏捷性也因此降低。企业实体建立在强大的、有一定生产规模的、可重复的流程上，并且企业会尽量规避风险，将错误发生的可能性降到最低。这可能迫使初创公司像当初为产品定位市场和建立业务一样，花同样多的时间和精力来保护自己。

大型企业如果能在"扩大规模"阶段提供开放、自由的探索空间，就能有效地提升效率，扩大产业优势，提升品牌影响力。

◆ 规模扩大造成的傲慢症

随着公司规模的扩大，企业易滋生傲慢情绪，在外部的好奇心与内部的专注力、不安与自满之间很难找到平衡。

当企业规模扩大并占据了市场主导地位时，企业常会有所松懈，缺乏紧迫感。规模的不断扩大和效率的提升是内部政治、官僚主义、集权管理的催化剂，企业会从对外部的探索转向对内部的关注。骄傲自大会导致倾听和分析能力降低，这将导致企业错失机会，并扼杀创新的能力。

这和阿里·德赫斯（Arie de Geus）在其著作《生命型组织》（The Living Company）中所述的恰好相反。他在书中列出了公司长寿的秘诀：对环境持续地学习和适应能力，对实验和不同观点持宽容态度，保持强烈的有凝聚力的认同感，善于管理资源和提高组织的灵活性。

渥太华大学特尔弗管理学院对加拿大电信巨头北电网络有限公司（Nortel Network Inc.，以下简称"北电"）的破产进行了全面研究，这是一个值得让人反省和深思的案例。

研究人员采访了北电48%的高管，他们从1997年到2009年（北电申请破产）期间在北电任职。研究人员也采访了在此期间与之合作的53家企业的高管。

尽管北电直线衰落，研究人员却发现公司的衰落有着错综复杂的原因，这是一个长期且复杂的过程。当被问及北电最大的管理失误时，该研究的主要参与者乔纳森·卡勒夫（Jonathan Calof）说：

造成失败的原因主要有三。首先，20世纪70年代，北电作为市场领导者，开始滋生出一种傲慢的文化，导致公司没有发展出相应的财务激励政策。其次，到了20世纪90年代，企业过于专注于销售增长，以至于失去了创新和解读市场的能力。再次，在科技泡沫破裂后，企业转向关注内部，削减成本，和客户慢慢疏远。

傲慢、不惜一切代价追求增长、一味追求效率而忽略创新——这些问题早已出现。冰冻三尺，非一日之寒！经过长年累月的积累，恶疾已渗入了企业文化，它扼杀了创造力，阻止了新业务的进程。企业的重心也从对外的探索转向对内的关注。

它慢慢变得狂妄自大，以至于在获取知识、快速响应市场需求、接受和了解客户需求方面变得格外困难（主要来源于一种错觉"我们知道得更好"）。

当企业成为行业的引领者时，它们很容易被自负所蒙蔽。当它们过度关注增长时，便容易变得目光短浅，忽略了真正重要的内容。当它们一味追求效率时，便失去了前瞻性思维，把更多的精力放在企业内部的管理中（如评选高级职称、赢得管理者关注和认可等）。而数字技术席卷众多市场，给行业带来颠覆性改变，也放大了这种错位的企业文化所造成的影响。

亚马逊是为数不多的几乎将所有利润都再投入公司的企业之一，其目的是在新的颠覆性领域迅速开拓创新和占据领导位置。其文化的某些部分可能并不完美，但其愿景、目的、价值观和行为已嵌入企业文化中。

◆ 防止过时的信念和"有毒的假设"

随着时间流逝，我们熟悉的操作系统、工作流程和方式已不再适应现在的工作环境。它们是基于之前的竞争对手、资源、客户需求、渠道、市场规模或产品定位的一些假设，也是我们对工作最基础的认知。它们以隐藏的方式，植根于企业文化中。企业会将这些已经过时的理念嵌入到现在的工作和思考中。

我们将其称为"有毒的假设"。它们是最危险的假设，因为它们以悄无声息的方式，潜移默化地植入我们的大脑深处，成为思维惯性的强大驱动力。它们通常基于历史或现有的市场、模型或竞争环境而形成，然后以固化的方式存于我们的思维中。一旦环境发生动态变化（可能以无法预见的方式），我们就会手忙脚乱，无所适从。当公司里有人说"这个方法在这里行不通"，"我们几年前试过这样的方法，但不成功"，或者"我们一直都是这样做的"，这表明你的一些信念或假设可能早已过时。

那么，我们如何保护自己不受"有毒的假设"的侵害呢？我们需要在不断变化的环境中，根据公司经营的需求，重新评估我们对世界的信念和看法。评论家、风险投资家和Y-combinator（创业孵化器）创始人保罗·格雷厄姆曾写道：如何应对快速变化的世界？我们不仅需要完全认同改变（换句话说，积极寻找改变），同时也需要保持动态的、开放的态度。在一个静态的环境中，随着时间的推移，我们会对现有的工作方式越来越有信心。当我们运用这种方式完成了更多的挑战，这样的方式就会一次次得到验证和加强，以至于后期不太可能被改变。同样，我们的观点也是如此。当事物不断变化时，我们不能固守己见。信念之所以过时，是因为它们依据的参照系统发生了改变。正如格雷厄姆所说："当专家们以静止的观念来看待这个世界时，他们也会犯错。"

在不断变化的环境中拥有明确的信念意味着你会积极寻找变化,而不再把世界看作是静态不变的。我们需要专注于市场、客户互动或一些不变的情况(比如研究人的本性,人们对便利、尊贵的消费体验的渴望),这可能是创新的重要来源,同时我们也需要关注动态变化的关键时间节点。

直到不久前,企业都是走在消费者之前的,世界有较强的可预测性,消费者被企业引领着、也接受着更新的信息。但现在消费者以比组织更快、更迅猛的速度发生改变,他们不再等待被告知,而是可以在生活的方方面面做出许多即时决定。

在组织内,我们必须训练自己,不要让惯例或专业知识束缚了我们对未来的看法。在不断变化的世界中,专家意味着不仅要寻找变化,还要以灵活的方式应对变化,避免被自己的专家身份所束缚。如果知识就是力量,那么变化很容易威胁到拥有固化思维的专家,因为知识本身会导致信念根深蒂固甚至更大程度上的僵化。这就是保罗·格雷厄姆所说的"激进的开放思想",面对新的信息或观念,我们需要随时准备好去接受各种挑战。在不断变化的环境中,我们需要认识到,知识的力量和知识的见长来自不断适应变化的能力。格雷厄姆提到的最后一点是关于人的。当未来难以预测,我们应将重点放在人而不是任何观念上,否则,这会沦为一种保护过时观念的方式。伟大的想法来自热情、认真、有独立思想的个体。你能走多远,取决于和谁同行。

◆ 一板一眼的计划等同于"暴政"

在本章的后面部分,我们将以企业处于快速变化的环境为背景,讨论如何从根本上制订更加灵活的计划。不断变化的环境通常被称为 VUCA:不稳定、不确定、复杂、模糊的环境。我们需要谨记:传统意义上一板一眼的计划会对变革产生抑制性力量。

而典型的线性业务规划并不能有效地激发用户体验。漫画家汤姆·菲什伯恩（Tom Fishburne）这样描述道：

> 制订年度计划就如同让国会通过一项法案那样让人煎熬。我们会在制定电子表格、参加各种会议和查看堆积如山的图表上花费大量时间，直到得到我们想要的数据并制订出相应的计划。我们对各种假设进行激烈辩论，当各方相互妥协，最终敲定了方案时，我们却发现这个方案已与真相背道而驰。

这些严格、详细的计划的核心内容存在潜在的重大缺陷：

预测结果错误。让我们面对现实吧！在我们所处的环境中，没有人能预测出下个月将会发生什么，更不用说明年或五年以后了。37Signals的联合创始人戴维·海涅迈尔·汉森（David Heinemeier Hansson）和贾森·弗里德所著的《重来》（ReWork）一书，谈到我们应该把"计划"命名为"猜测"。当我们把"商业计划"称为"商业猜测"，把"财务计划"称为"财务猜测"，把"战略计划"称为"战略猜测"时，事情就变得简单多了。如果你把计划作为你的奋斗目标，当你预测有误时，你的目标从一开始就产生了致命缺陷。

基于错误的假设形成的计划。在我们制订计划时，大多数时候，我们会使用上一年的数据来作为这一年预测的基础。但是上一年的竞争背景、消费者需求和行为会和今年有很大的差别，今年真实的数据会和计划的数据大相径庭。随着时间的推移，你的年度计划看起来要么非常容易达到预期，要么（更有可能）变得越来越遥不可及和不切实际。无论如何，这个计划的基础设计是有缺陷的。

计划"让过去引领未来"。商业规划和许多管理思维一样，倾向于归纳总结（基于直接可观察到的事实）和逻辑推理（逻辑和分析，通常基于过去的证据）。这是我们在商学院接受的教育，也是我们工作的基础。我们习惯在这种舒适的思维模式下开展工作。而引导性思维（在设计中强调未知性，以及想象可能发生的事情）则是另一回事。许多企业盛行聚合性思维（专注于做出选择，屏蔽其他解决方案），而不是发散性思维（专注于创造性选择，多项选择并存）。当我们以不相关的背景或即将过时的信息为参考做出重大决定时，这样的决定注定会产生缺陷。

形成"渐进式增长"的固化思维。我们制订计划通常以前一年的百分比变量为基础。我们会设定 0 到 10% 之间的增幅。成功的标准是我们还做着和以前相同的工作，但比之前稍有起色。我们会将注意力集中在以渐进式增长的方式提升效益或效率。当整个行业都发生颠覆性变化时，我们还在为自己的一点点成就沾沾自喜，这样的盲目自信会为企业带来灭顶的灾难。

事无巨细、一板一眼的计划是企业适应力的大敌。当你的计划越固定、越详细，即兴发挥的难度越大，变更的成本越高，创新的难度也更高。预算应跟上创新的步伐，而不是让创新跟着预算打转。随着情况的改变（这是不可避免的），计划会被修改、重新制订或重新验证。修正和验证的焦点将集中在与最初计划的细微差别上。当最初的计划在本质上就有缺陷，这样的对比也就没有太大的意义。经理们会花较多的时间做各种报表，参加各种会议，以此来证明为什么原计划与现在的工作不再相关。如果原计划在第一时间就已经产生了缺陷，那么这样的对比收效甚微。

我们在过于复杂、周密的计划上花费了大量的时间和精力，它们给团队带来了沉重的负担，扼杀了士气，也浪费了本可以用于真正推动业务创新发展的时间和资源。

◆ 边际思维

> 通往地狱最安全的道路是渐进式的，如同走在平缓的下坡路上，我们会感觉脚下平坦舒缓。这条路上没有急转弯，没有里程碑，更没有路标提示。
>
> ——C.S. 刘易斯（C.S.Lewis）

我们如何避免落入"渐进式增长"的思维陷阱？或者我们如何能避免克莱顿·克里斯坦森在《你要如何衡量你的人生》(*How Will You Measure Your Life*) 中所述的"边际思维"的危险？克里斯坦森说，一家成熟企业的高管在做出投资决定时，面临两种选择——要么承担建立全新业务的全成本；要么利用现有资源，只需承担边际成本。对成熟企业而言，选择边际成本总是优于全成本。他们会在现有产品基础上针对市场做出一些相应的调整。

但对新进竞争对手而言，唯一的选择是全成本（因为他们是新手，事实上，全成本等同于边际成本）。然而，边际思维的陷阱在于，它通常伴随着未知的可能。对于成熟的企业，我们会基于其现有业务的角度做出投资决定，当边际收益低于边际成本时，我们会决定不投资，或减少生产。然而，这其中的陷阱在于，虽然我们很容易看到投资的直接成本，但不投资要承担的风险成本对我们而言却是未知的。我们基于的假设条件是事情保持原样，我们没有考虑到未来会有其他竞争对手加入，他们会带来全新体验的新产品。因为公司目前还有尚被市场认可的产品，我们会因为边际收益较低而减少投资，其造成的影响可能在一段时间内并不明显，但最终和总体上可能会导致公司面临破产的局面。

◆ 文化和行为

正如我们在本书前面提到的，虽然技术很重要，但围绕技术产生的行为方式是变化和敏捷业务的核心。转型为一个更具流动性、适应性和根据环境不断变化的组织，在很大程度上取决于企业人员的技能、态度和行为。要成为真正敏捷的企业，不仅要采用新技术，还要采用新的客户导向的理念和方法。这意味着拥抱新的工作理念。举例而言，我们需要对客户的期望给予积极回应，适应新的工作结构，采用远程管理模式，开启新的激励方法或承担更多的责任。

洞察力和领导力为变革创造了发生的环境，证明了变革的重要性，并引导行为朝着正确的方向发展。文化和行为密不可分。正如文化有助于决定行为，行为也有助于塑造文化。

因此，正如根深蒂固的文化和行为可能是发展路上的巨大障碍，积极向上的文化、全新的实践创新是企业走向敏捷业务的强大力量。业务敏捷性不是"泛泛而谈"，而是"身体力行"。它不是一个术语，而是实际行动。我们需要更具体的指标和结果，设定新的期望，解决已提出的问题，思考未提出的问题以及分析高层领导团队的行为等，这些都是变革取得实质性进展的关键指标。

一线案例

法里斯·雅克布（Faris Yakob），战略与创新咨询公司 Genius Steals 联合创始人，《注意》（*Paid Attention*）作者：人人都期望取得进展，但没人喜欢改变

正如通用电气董事长兼首席执行官（CEO）杰克·韦尔奇（Jack Welch）所描述的那样，世界正在以指数级速度跃进，这让不少企业望而却步。在这场变革中，大多数公司将面临失败、破产的局面。

这意味着越来越多的企业无法适应外部环境的变化，这些变化要么推动企业向前发展，要么将对企业造成摧毁性打击。

为什么企业变革会如此艰难？

有些答案是显而易见的，如创新者面临的困境，这是老生常谈的问题；但有的问题则有待我们去探索，它们在改革中同样占据着重要的位置。在我们的咨询工作中，面对来自不同行业、不同类型的企业客户，我们一次又一次地发现，在变革中他们面临着相同的困境。

官方原因

这些企业的基础设施是在工业时代遗留下来的，在劳动力、分期摊销的设备、软件、系统等方面，企业耗费了巨大的成本。上市公司不可能抛下这些基础设施，抛低股价。华尔街的股东不会坐视不管。因此，企业只有勉力维持，削减成本，以支撑股价的稳定。当工作的流程固定下来，它就不再是指南，而是硬性规定。

更糟糕的是，如果这些公司亟待解决的问题因为新技术的出现而消失了，它们可能被迫尝试更艰难的任务——在政治和文化层面阻碍进步。

舍基原则（Shirky Principle）认为："机构总是试图维护他们所解决的问题。"

非官方原因

公司经常聘请"变革推动者"来引入新想法、新产品和新流程。这相当于对公司宣布了"死刑"判决，因为它会让未来的变革与所有员工形成对立关系。公司在任命其他机构作为变革代理时，隐含着这样一层含义：变革势在必行，但当前的员工没有能力给公司带来变革的力量。这种对立的立场使得合作几乎不可能发生。

公司里普遍存在不正当的激励措施。在董事会层面，他们渴望数据极速增长，这意味着他们会推动变革发生。但推动增长的方式造成了反向激励。荒谬的销售目标让富国银行陷入困境，雇员沦为罪犯，银行声誉受损。❶

我们花费了数周时间为世界最大的电信公司之一制定了商业和通信策略。我们建议通过在线迁移的方式，简化购买流程，并提议关闭掉销售电话服务的呼叫中心（该公司在美国各个州都有这样的服务中心），这本身就能为公司节省数百万美元。客户们在会议上对我们的提议赞赏有加，可是后来这个提议被否决了。我们到最后才发现，老板的奖金基于呼叫中心接听电话的数量，这样的激励政策成为前进路上的障碍。

古德哈特定律（Goodhart's Law）认为："当一个政策变成目标，它就不再是一个好的政策。"

共性的

每家企业的首席执行官都会说，创意可能来自任何地方——至少他们在公开场合会这样表达。但他们都有自己的局限性，对符合他们期望的想法予以支持，而那些超出预期的想法将会被忽略。

乔·奥沃顿（Joe Overton）认为："以公众接受的理念范围在公司内部运作，将成为创新的障碍。"

解决障碍的关键是正确识别这些障碍，但是这在系统内部通常不可能做到。因为在公司内部工作的任何人都会因为各种关系有自己的局限性。无法与其他公司或组织合作的企业很难看到这些障碍背后的原因，它们会裹足不前，直到为时已晚。

---

❶ 富国银行雇员在公司的按揭业务中，对某些住房贷款进行了未经授权的修改，因贷款业务深陷丑闻风波，被指控不正当更改抵押贷款。——译者注

第4章
数字化转型是什么

◆ 敏捷业务如何成为数字化转型的基础

我们如何才能准确地为数字化转型下定义，敏捷业务与之又有什么关系呢？首先，我们必须承认三个基本事实：

（1）**数字化转型不可避免**。不管你认可与否，改变正在发生。你只有积极回应，否则就会因落后而出局。

（2）**数字化转型不仅仅关乎技术**。正如我们在本书中所讨论的，它还涉及企业的方方面面，包括企业的策略、流程、文化、行为和人。

（3）**数字化转型是根本的、全面的变革**。这是对企业运营方式的重塑。如何界定企业的能力？克莱顿·克里斯坦森介绍了一个有效的方法，他将企业的能力划分为三个广泛的领域：资源（包括：有形资源如建筑和员工数量，无形资源如品牌和知识产权）；优先级（企业的价值观、达成共识选择正确的方向、策略）；过程（正式或非正式完成工作的方式）。正如克里斯坦森所言，这是一个很有效的划分方法。这三个方面各自独立，它们非常详尽地涵盖了企业的全部内容。数字化转型也就是在这三个领域寻求创新。

数字化转型和敏捷业务转型涉及企业的方方面面。让我们记住克里斯坦森归纳组织能力的方法，并用一句话来总结：面临数字化时代的挑战，企业需要在资源、优先级和过程这三方面实现数字化转型。

数字化转型需要更深入、彻底的变革，不仅包括企业结构和工作流程的转变，还包括员工的思维方式、行为能力和企业文化的转变。直到这时，数字化转型和敏捷业务转型才会真正开始（见图4-1）。

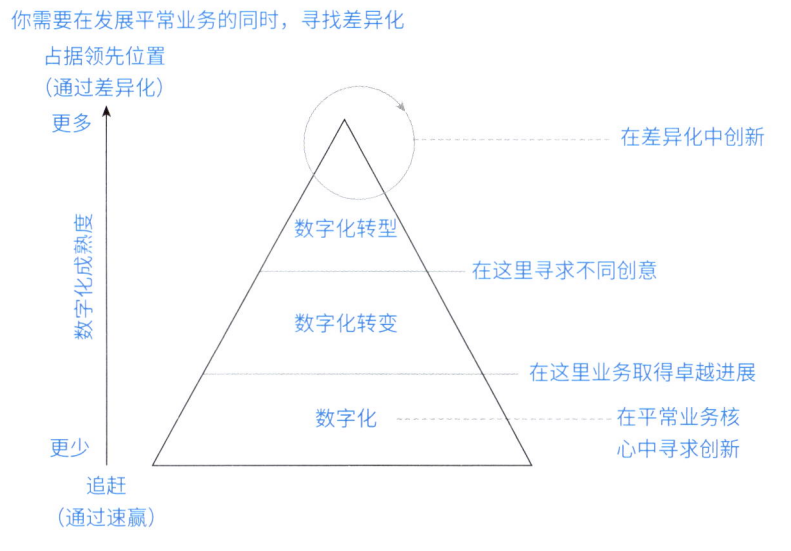

图 4-1 数字化转型和创新

◆ 敏捷业务成熟度模型

无论是初创公司、成长期公司还是大型公司，都需要确定企业在敏捷业务方面的成熟度，或者企业利润增长的来源（见图4-2）。

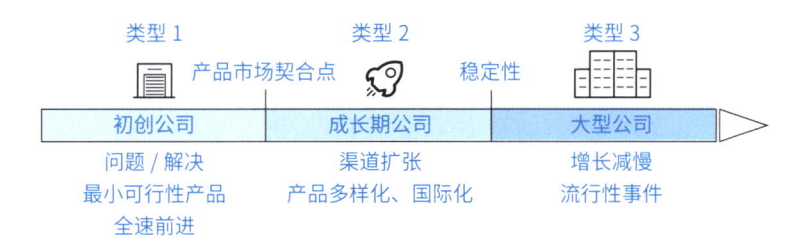

图 4-2 敏捷业务的类型

为了简化理解，我们用表4-1简述了敏捷业务发展的三个关键阶段。

表 4-1 敏捷业务发展的三个关键阶段

所处阶段	表现
早期阶段	创意四处涌现
启用阶段	聚焦业务敏捷性，业务规模扩大
成熟阶段	敏捷业务全面展开

（1）**早期阶段**：这是企业开始数字化转型之前所处的状态。在此阶段，传统的思维和方法仍然占主导地位。

（2）**启用阶段**：这是企业敏捷业务的发展阶段。在这一阶段，企业已经在思维、战略、流程、资源和文化等方面出现了根本转变，但是新的理念和方法并未完全嵌入，其潜在价值并未完全拓展和实现，企业转型之路任重而道远。

（3）**成熟阶段**：在流动的、快速变化的环境中，敏捷业务在公司全面发展，这在组织的文化结构和运作方式中得以反映。

需要注意的是，我们并没有以敏捷业务的开始、结束来定义。敏捷业务是在不断变化的环境中运作的，不断适应新的挑战和机会是企业的常态。我们将在客户、业务方向、计划、流程、资源、战略、愿景和文化等方面，定义敏捷业务的发展成熟程度。

客户

早期阶段——多渠道而非全渠道发展，公司注重效率而非客户需求。

启用阶段——以客户需求为导向，结合销售流程和数据分析，为客户创造高品质的消费体验。

成熟阶段——根据客户反馈迅速调整战略、战术，持续改进和创新，实现与客户需求无缝连接。

计划和流程

早期阶段——严格的瀑布式管理流程（从上至下管理模式），严格的规划方法，瀑布式项目管理，集中控制，产品发行周期较长。

启用阶段——敏捷业务介入，通过测试和学习，快速部署和构建模型，启用数字化运营，带来更高效的管理方式。

成熟阶段——跨职能、跨区域建立敏捷业务，组建小型、灵活的团队，包容不确定性，允许失败，通过快速测试和学习，嵌入数字运营，敏捷业务全面发展。

资源

早期阶段——采用孤立的数据源，分析工具单一，平台老旧，技术受限，知识受限，培训质量差，技能组合呈纵向发展，组织结构按职能划分，彼此孤立，结构僵化不适应环境。

启用阶段——软件作为一种服务，集成技术堆栈、基本建模、预测分析，拥有专家和通才，组建灵活的伙伴关系，通过数据连接和集成数字，建立卓越中心（CoE），建立更流动的结构，提升工作交流与协作。

成熟阶段——以客户为导向的结构和资源，不断重新配置资源，以灵活的适应性结构，围绕机会组建团队，联合数据/技术，规定性分析，授权前线员工，实时决策，拓展知识的深度和广度，加强技术之上的人文层面交流。

策略

早期阶段——数字化转型并非组织的战略或关键业绩指标，企业坚持传统优势、阶段性创新、短期视角。

启用阶段——系统设计的创新，战略、规划流动性增强，采用创新会计制度。

成熟阶段——采用全面彻底的敏捷性、适应性策略，通过系统的嵌入式实验，从传统优势中健康脱离，持有长期投资目标。

愿景

早期阶段——假设保留现有优势，缺乏明确的组织方向或目标。

启用阶段——设定令人信服的愿景和战略目标，企业愿景与企业的优先级/关键业绩指标紧密相连，并严格按照目标贯彻执行。

成熟阶段——清晰的组织目的和愿景贯穿于管理和运营中，策略明确，行动随着环境实时调整，适应性、敏捷性提升。

文化

早期阶段——精确、缓慢、控制性、限制性，注重效率，渐进式改进，自由散漫。

启用阶段——协作精神，以客户为中心，数据驱动，关注人才，挑战权威，主人翁心态，自主权提升，从失败和成功中学习。

成熟阶段——高度流动性/协作性，敏捷文化，"快速和大致正确"的创业精神，团队授权，权威分散，偏向于行动，10倍提升产品价值，嵌入式学习文化。

◆ 敏捷业务公式

全方位的变革需要全方位的响应，我们对组织敏捷性的定义包含了三个关键的基本要素：

（1）**快速**：通过广泛和熟练地应用数字原生流程，提升速度和效率，包括设计思维、敏捷和精益、持续的实验和支持持续测试和学习的文化。以明确的目标和成功指标为基础，再加上详尽的、以客户为中心的创新过程，使创意能够快速产生、验证和商业化。

（2）焦点：保持清晰的愿景和目的，建立敏捷性、适应性策略，与企业运营紧密相连，保持向外探索的能力，提升组织动力。

（3）灵活性：创造一种文化、环境和结构，让小型、跨职能的团队在敏捷业务中快速发展。敏捷性在企业管理中广泛应用，包括在决策和治理中的运用，在生产和协作环境中的应用等。在企业文化中推行授权，提升主人翁意识。

要想真正实现敏捷，每个要素都是必不可少的。速度缓慢，我们就缺乏动力和效率；没有焦点，我们就找不到前进的方向；没有灵活性，我们就缺乏取得成功所必需的有利环境（见表4-2）。

表4-2 敏捷的要素

	焦点	灵活性	=	缓慢
快速		灵活性	=	草率
快速	焦点		=	受压抑
快速	焦点	灵活性	=	可持续

在本书中，我们将依次介绍这些要素，以帮助我们分析论点的组成结构和逻辑关系。这些基本要素并非相互排斥，它们相互组合，是变化的基本组成部分。我们可以将敏捷业务的公式表示为：

$$敏捷性 = （快速 \times 焦点 \times 灵活性）$$

◆ 敏捷性背景模型

利用这个公式，我们将结合前文讨论的核心内容（竞争对手、客户、公司和环境），将敏捷性放入特定的环境中，建立一套实用工具。请对照使用表 4-3，分组讨论，注明关键领域的挑战和机会。

表 4-3 敏捷性背景模型

敏捷业务背景	快速	焦点	灵活性
竞争对手	哪些市场因素会阻碍你快速行动？	你的愿景和战略如何将你与竞争对手区分开来？	该行业是否存在造成惰性的文化因素？
客户	对于不断变化的客户需求和期望，你的组织了解多少？	组织的策略、创新与客户需求的关联程度如何？	组织能够以多快的速度响应不断变化的客户需求或期望？
公司	在你的组织中，产生惰性的主要原因是什么？	组织的执行能力与诱人的愿景和目标的关联程度如何？	企业文化对敏捷行为的支持和推动程度如何？
环境	你能以多快的速度适应新的环境与市场？	你预计定期会发生什么样的变化？	在资源和资产变现上，组织能以多快的速度响应客户的行为变化？

下面将围绕敏捷的三个要素展开讨论。每一部分都将展开一系列简短的论述，从而构成一张敏捷业务的变革蓝图。在最后一部分，我们将把这些要素结合起来，形成一张成为真正的敏捷企业的路线图，指引你一步步构建敏捷业务。

第二部分
快速
PART 2

快速，指快速地移动或快速地发生，或具有快速移动或快速发生的能力。

在这一部分，我们将关注如何应用敏捷思维，为组织变革带来源源不断的动力，并加速变革进程。

第 5 章
在"模糊地带"创新

◆ 定义快速

在组织敏捷性的背景下,我们应该如何定义快速?可以从战略和操作两个角度来分析。

从战略角度来看,理解这一点的最佳框架不是来自商业顾问,而是来自军事战略家。约翰·伯伊德(John Boyd)上校不仅是美国空军有史以来最好的战斗机飞行员之一,也是有史以来最好的军事战略家之一。他是一个特立独行的人,进入五角大楼时,为了推广他的理论和方法,多次与五角大楼方面和军方高层斗争。

20 世纪 60 年代,伯伊德与数学家托马斯·克里斯蒂(Thomas Christie)合作,创立了空战的能量机动理论(EM),该理论将推力、重力、阻力和速度等元素纳入一个公式中,可用于对现有飞机甚至潜在的新型战斗机设计的性能和作战能力进行建模。这一理论彻底改变了战斗机的设计和评估方式。在当时,美国空军高层追求"更大、更高、更快、更远"的战斗机设计方案。这意味着,美国空军一直在制造更大、更重、功能烦琐且操作复杂的战斗机。伯伊德利用他的研究理论分析得出,美国战斗机和苏联米格(MiGs)战机相比,不具备竞争优势,在两军对峙时,美国战斗机将惨遭击败。他和他的同伴在五角大楼挑战着传统思维和权威,倡导一种新的轻型战斗机概念,这最终成为著名的 F16 战斗机。

伯伊德预见性理论的影响力已经远远超出了军事战略领域，他的理论与现代商业世界产生了强烈的共鸣。他认为技术必须服务于更大的目标，要遵从人、想法、硬件的顺序，这一观点从未如此正确。伯伊德向海军陆战队员讲授他的新作战方式时谈到，在战斗中，总有好几种方法来解决一个问题，所以永远不要拘泥于单一的解决方案。

伯伊德为我们留下了著名的 OODA 决策循环理论，即观察（Observation）、判断（Orientation）、决策（Decision）、行动（Action），它为决策的科学化提供了新的途径和方法。

罗伯特·科拉姆（Robert Coram）在传记《伯伊德：改变战争艺术的战斗机飞行员》（Boyd: The Fighter Pilot Who Changed the Art of War）中，讲述了这位特立独行的上校的故事。美国 F86 战斗机（绰号"佩刀"）在朝鲜上空击败苏联制造的米格 –15 战斗机（有媒体报道，米格 –15 战斗机与 F86 战斗机的伤亡比率为 6：1）后，伯伊德大受鼓舞，他分析其背后的原因：F86 战斗机在两军交战中展示出的优势，并不是因为 F86 比米格 –15 战斗机速度更快或装备更完善，而是来源于它的操纵性能，它能在多变的战争环境中更灵活地快速反应。

这一洞察力，加之他的能量机动理论，促使他开始探索如何在快速变化的环境（如战场）中，通过比对手更快地针对动态情况做出明智决定来取得胜利。OODA 循环（见图 5-1）将决策周期分解为四个组成部分：观察和行动是技术手段，判断和决策是心理过程。

（1）**观察**：收集数据和信息。

（2）**判断**：决策人在以往经验、认知水平和传统习惯等因素的基础上，对当前信息进行分析和判断，这是整个环节中最重要的一步。它包括数据分析和综合运用。数据分析指将数据或信息分解 – 推论 – 理解的过程。综合运用指（有时是不相关的）信息重新组合的过程。

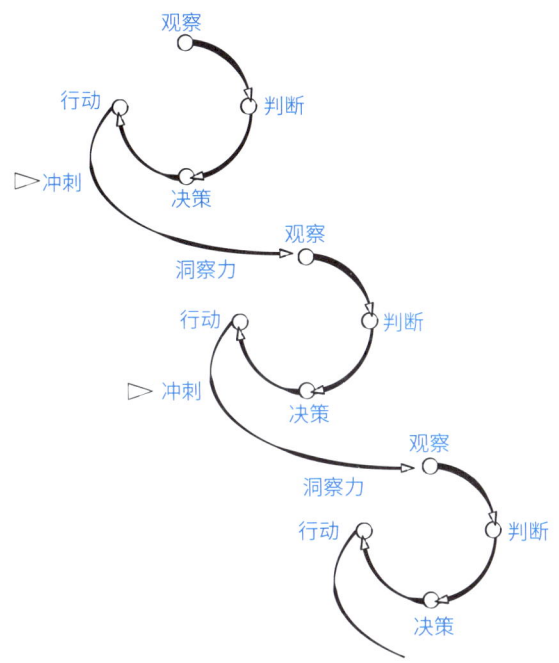

关键词：①观察：我们拥有的数据或信息可能告诉我们什么？②判断：我们将得出什么样的推论？③决策：我们将依据我们的推论做出什么样的决定？④行动：我们的下一个冲刺将包括什么？（循环：我们现在在观察什么？）

图 5-1　创新背景下的 OODA 循环

伯伊德说，分析可以为我们带来全新的理解，但并不能因此为我们带来创造力。

（3）**决策**：根据当前理解，为行动明确方向。

（4）**行动**：因此而产生的必然行动。

伯伊德认为，人们的行为都能被看作遵循着不同层次、互相嵌套着的 OODA 循环，任何过程都可以借助 OODA 思想进行分解。这不仅可以帮助人们做出更明智的决策，还可以通过对环境的快速反应取得决定性的优势。曾与伯伊德合作，担任 F16 轻型战斗机的首席设计师哈利·希拉克（Harry Hillaker）说道：

> 时间是主要的参数。在最短时间内通过一轮 OODA 循环的飞行员将获胜，他的对手会发现情况已因此发生改变。

伯伊德为美国军队带来了一个全新视角，他倾向于灵活性而不是以规模和强大取胜。他颠覆了美军长达百年的线性消耗力量的战略思想，对"二战"后的美军战术、战略思想带来了广泛而深远的影响。OODA 决策循环也在多种环境和领域被广泛应用。

魔鬼存在于细节之中，对于战斗机飞行员而言，决策是其得以生存的关键，分析时的短暂停顿都可能致命，率先使用 OODA 循环的一方才能存活，这也是成为敏捷企业的关键点所在。这不是一个简单的一维循环系统，它的意义并非告诉我们以最快的速度在循环中前进，OODA 循环的真正力量来自前线人员的分析、应变能力，快速提取显性和隐性信息，先发制人，并创造显著优势。胜利属于做出最好观察和调整，并做出及时而正确的决策和行动的一方。你需要率先完成一个 OODA 循环，然后迅速采取行动，干扰、延长、打断敌人的 OODA 循环，使敌人对外界变化无力做出任何反应。正如罗伯特·科拉姆在伯伊德的传记中所描述：

> 在战争中，以比对手更快的速度思考，而不仅仅是移动更快，这是一个新概念。创造一个快速变化的环境，也就是说，行动如此之快，以致对手迷惑、不确定，这会阻碍对手的适应能力，并导致混乱和无序，从而使对手反应过度或来不及反应。

因此，DODA 循环不仅关于速度，还关于节奏和操纵的灵敏性。随着节奏的加快，地面上的军官可以绕过循环中的"判断"和"决策"，用直觉和多年的作战经验，更直观地理解变化的环境，"观察"和"行动"几乎同时进行。他们压缩了时间，能采取意想不到的行动，从而迷惑敌人，导致敌方做出更慢的决策，更进一步增强己方优势。

伯伊德见证过"二战"中德军使用的"闪击战"，德国进攻的节奏大大超过法国防守的应变能力，导致法国的防御力量在尚有相当实力的时候就土崩瓦解。德军充分利用飞机、坦克和机械化部队的快捷优势，以突然袭击的方式制敌取胜，用机械化部队快速切割敌军主力来达到预期效果。

闪击战是一种快节奏的作战方式，战略上整体协同，全局性强，战术上精妙奇特，灵活多变。它不仅利用机械化部队的快捷优势，而且通过一种命令形式，使前线指挥官能够更快地做出反应，在闪击战里有两个重要元素："重点突破战术"和"指尖感觉"。"重点突破战术"为前线人员指明了重点，明确了方向和目标。"指尖感觉"是指前线人员具有一定的灵活性，面对不稳定的情况能出于直觉做出快速决定。一个前线军官应明白上级军官的意图，并理解他的部队应担负的责任，但执行细节可以更加灵活。

争取时间和夺取空间是军事对抗的重要内容。闪击战减少了决策时间，提升了前线人员的主动性，利用了新出现的各种机会，大大加快了节奏。"时间就是军队""时间就是胜利"，闪击战充分利用了现代化战争工具的速度优势，以超出对手反应的速度对其实行闪电般的打击。在时间上先敌一步，可以得先机之利。伯伊德强调，一旦这个过程开始，它只会加速。正如科拉姆所描述的：

> 对OODA循环的新手来说，成功是最大的陷阱。他对自己已取得的胜利感到惊讶、兴奋，他会停下来，环顾四周，等待增援。但其实应该利用这种混乱，乘胜追击。

伯伊德的 OODA 循环为企业指明了一种新的工作方向。"更大、更高、更快、更远"的理念在美国空军中根深蒂固，在今天，许多大型组织还在以此为行动指南。有的企业会投入大规模、昂贵、复杂的新技术来实现数字化转型，但往往忽视了企业对敏捷性的需求。所有的组织都想以更快的速度变革，但真正的敏捷不仅仅关乎速度。

正如伯伊德所言，在快速变化的环境中，优势来自响应速度和机动性。而这涉及人员、流程和文化——使技术能够服务于更广泛的目的。正如他简洁地表达："按照人、想法、硬件的顺序。"

在商战中，OODA 循环概念同样有效。每个企业都需要提升效率以应对不断变化的客户需求、竞争者和市场环境。就像闪击战一样，我们需要在最短的时间内获得清晰、全面的视角，具有自主性的方向和目标。团队需拥有高效的执行力，管理者能提取数据信息，快速决策，甚至能凭直觉做出决定，以应对迅速变化的环境。

速度很重要，但更重要的是根据环境变化迅速调整。现代商业的优势越来越少地来自企业规模，而越来越多地来自企业敏捷性，即快速无缝地从一个状态转移到另一个状态的能力。

◆ 更灵敏、更快捷地工作

从操作角度看，你可能会熟悉 SMART 目标，即具体（Specific）、可测量（Measurable）、可实现（Achievable）、现实（Realistic）和受时间限制（Time-bound）。然而，相比之下，FAST 模型（Frequently discussed, Ambitious, Specific, Transparent）更具挑战性和激励作用，它将进一步推动目标的执行（见图 5-2）。

唐纳德·苏尔（Donald Sull）带领麻省理工学院斯隆管理学院（MIT

Sloan School of Management）的研究人员和数据科学家，论述了在帮助公司克服挑战，确定和实施战略目标方面，FAST 模型比 SMART 表现更好，见表 5-1。

F 经常讨论　**A** 大胆　**S** 明确　**T** 公开透明

图 5-2　FAST 模型击败 SMART 目标

表 5-1　FAST 模型确定战略目标

	定义	益处
经常讨论	将目标纳入正在进行的讨论中，审查进展情况，分配资源，确定优先顺序并提供建议、反馈	为关键决策提供指导； 让员工专注于最重要的事情； 将绩效反馈与具体目标联系起来； 对目标完成进度进行评估，并据此做出调整
大胆	目标虽然困难，但并非不可实现	提高个人和团队绩效； 避免粗暴对待新的想法，更广泛地推动寻找实现目标的创新方法
明确	目标被转化为具体、明确的衡量标准，以此推动目标稳步向前发展	明确员工的工作职能； 帮助确定无效目标并迅速纠正方向； 提高个人和团队绩效
公开透明	目标和绩效应向所有员工公开	利用同伴压力实现目标； 向员工展示他们的活动如何支持公司目标的实现； 了解其他团队的议程； 取消一些多余或与目标不一致的活动

敏捷不是为逃避制订计划找借口。为了实现敏捷业务，我们需要制定具有挑战性且切合实际的阶段性目标。此目标不仅需要具体、明确、可观测，而且还需具备可操作性。

◆ 在"模糊地带"创新

在本书的第一部分,我们以查尔斯·汉迪的 S 曲线模型为基础,讨论了数字化转型如何颠覆市场和商业(见图 5-3)。

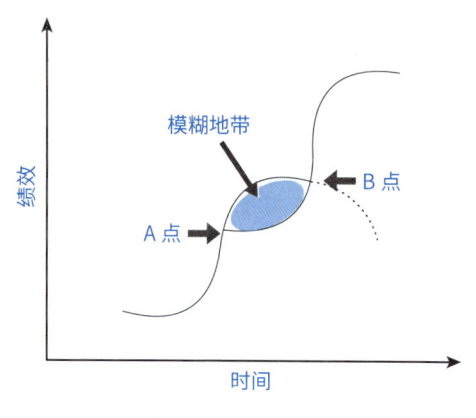

图 5-3　模糊地带

双 S 曲线的交叉点 A 表明一种新技术或模型进入市场,在这一点上原有技术或模型已达到潜在的最优表现,企业几乎没有明显的理由去破坏原有模型。当然,这也是机会所在。通过实验、测试、学习和创新,企业将孕育出全新的、独特的颠覆性创意,从而带领企业走向第二个高峰。

许多企业会在达到交叉点 B 时才开始寻求创新,但那时企业将面临业务下滑、原有技术被淘汰的危机。B 点是一个拐点,在这一点上,新的技术或新的模型经过从 A 点到 B 点的模糊区,已在行业中占据了主导位置。就像跳伞者感到地面快速迫近一样,它来势汹汹,以出其不意的速度让行动缓慢的企业措手不及,到那时才寻求突破为时已晚。

为了避免进入这样的困境,你需要从 A 点开始持续不断地试验,创造机会,迎接下一个高峰。千万不要等到达了 B 点才寻求变革,或等到业绩快速下降、存在重大威胁时才开始制订创新计划。

然而，在"模糊地带"创新并不容易。你需要打破原有组织平衡，在发展新技术的同时，保持原有技术的优势，分配宝贵的资源来进行持续的试验和创新；你需要义无反顾、勇往直前；你还需要得到组织全方位的支持。

◆ 通过不断创新让企业加速

在第一部分，我们讨论了面对快速变化的竞争者、公司和消费者，组织需要做出快速积极的响应。我们看到，有的组织尝试周期性但与环境并不协调的创新，这种努力远远不够。数字原生企业应将持续创新嵌入其业务结构中，因为这是企业生存的必要条件。在这样的情况下，创新不会受时间、空间的限制，也不局限于团队或个人的职位。企业需要一个创新"引擎"来推动价值的持续流动，不断向前探索潜在的机会，不断开发新项目，或进入充满机遇的新领域。

偶发的创新和持续的、嵌入式创新，为企业带来了全方位的挑战，如日常资源分配的挑战（实际挑战），满足长期愿景的资源需求的挑战（战略性挑战），员工乐于在日常工作之外的创新项目上花费时间的挑战（企业文化的挑战）。我们应该如何激励员工的自主性和创造力？我们又该如何营造一种企业文化，为源源不断的创新提供丰沃的土壤？

我们都听说过谷歌的"20%时间制"，谷歌允许工程师拿出20%的时间来研究自己喜欢的项目。谷歌免费邮箱（Gmail）、谷歌广告服务（AdSense）都是20%时间制的产物。但鼓励员工花时间从事副业项目，并不是谷歌的专利。

3M公司从1948年开始鼓励员工拿出15%的工作时间利用公司资源进行自己的项目研究，他们称之为"思考时间"（Time to Think）：

如果你有机会接触世界级的实验室和科学家，并且几乎每周都有一天的时间来研究一个新想法，你会怎么做？

这一政策为负责便利贴的团队在开发过程中留出了足够的时间和空间，他们在 12 年的时间里克服各种障碍，最终让便利贴成为家喻户晓的产品。3M 公司每年两次为公司从事研究工作的科学家颁发"起源基金"（Genesis Grants），用于支持新项目的研究与开发（每年 6 到 8 个项目，每个项目的金额在 3 万到 7.5 万美元），员工有机会在严格的业务部门预算之外去探索、创新。

英国政府数字服务局（GDS）启动了一项政策：在一段时间内，给予团队创想自由。只要是为了英国政府的利益，团队可以偏离预先计划的路线，去做任何他们想做的工作。这项被称为"防火带"（firebreak）的计划释放了团队的压力，充分调动了团队人员的积极性，保证他们有足够的时间、信心和热情去创新。正如 GDS 的产品负责人之一尼尔·威廉姆斯（Neil Williams）所写：

> 用一个月的时间，让整个团队偏离路线去工作。这听起来可能是鲁莽、放纵、不负责任的。但事实上，恰恰相反。当你给予热情和富有创造力的人自由探索和创作的机会，伟大的事情就会发生。

在这项"防火带"计划中，团队有一个月的时间去寻找各种创新机会。推介会和展示会让每个人都能了解最新情况并决定团队研究的方向。在总结会议上，团队将复盘这一过程，并总结相关经验。

"黑客马拉松"和"黑客日"是数字原生组织为新的创意和模型找到创

作时间的工作方式。领英除了每月设立一个黑客日，允许员工做任何他想做的工作，还发起一个名为"孵化器"[(in)cubator]的季度项目：任何员工，无论他是工程师、销售员、设计师还是人力，都可以提出与业务相关的想法，并向高层提出建议。如果该想法通过了审核，团队可以花三个月的时间来开发这个项目。企业的高管也承诺指导该项目的开发，并尽他们所能帮助它成功。

类似地，苹果公司推出了一项名为"蓝天"（Blue Sky）的计划，允许员工离开自己的岗位两周，去做特殊项目开发。Spotify也有类似的定期"黑客周"（Hack Weeks）的活动。脸书自2007年开始，推出"黑客夜"（Hack Days）计划，工程师与其他员工一起开拓任何创意，唯一的原则是这些创意要与白天的工作不同。脸书的许多功能（包括聊天、视频分享、点赞按钮和时间轴）都源自黑客马拉松。在黑客马拉松的准备阶段，工程师会提交潜在创意，然后组建团队一起进行研究。

在脸书发起黑客马拉松的工程师佩德拉姆·肯亚尼（Pedram Kenyani）做出这样的评价：

> 这是用一种低成本的方式来试验我们的想法。当然，很多想法并没有被应用到产品中去，但每一次黑客马拉松都会推出四五个创新设计应用到网站上，有时候一两个特别好的创意会改变公司的方向。

这类黑客马拉松活动远远超出了传统的公司创意方案，这种定期的活动让团队紧密相连，也让创意从想法变成了现实。花时间专注创新项目并不新鲜，但不同的是，这种文化在数字原生组织中扎根，并不断蔓延。对企业而言，这不仅是一件锦上添花的事情，还对企业运营和组织结构有非常关键的影响。换句话说，它决定着企业的未来。

在数字化的世界里，仅仅依靠断断续续的创新是远远不够的。社交分享平台 Buffer 联合创始人乔尔·加斯科因（Joel Gascoigne）曾撰文描述了他在业务创新和保持敏捷性上采取的策略，他谈到将资源分布于三个关键领域：

- **"核心"领域：** 指企业现存的相关基础领域。
- **"扩展"领域：** 指在现有产品基础上扩展开的任何项目。
- **"实验室"：** 风险较高的项目，指未知领域的创新。

乔尔·加斯科因谈到的保持这三个领域的平衡，和领英的运营管理模式很相似，后者将公司的运营分为"核心项目""扩展项目"和"风险项目"三个领域，领英联合创始人雷德·霍夫曼（Reid Hoffman）将其描述为"保持公司创新的框架"。Buffer 和领英不仅专注于渐进式的改进和扩张，还专注于突破性创新，在这三个领域保持一种平衡的关系。

乔尔·加斯科因认为：这三个领域的资源分配比例大约在 50∶30∶20，但每个组织不同。Intuit 公司是一家以经营财务软件业务为主的高科技公司，成立于 1983 年，但它自认为是一家拥有 30 多年历史的初创企业。在 2013 年的 SXSWi[1] 上，Intuit 公司的首席执行官斯科特·库克（Scott Cook）描述了"70∶20∶10"的产品预算模式：

- 公司将 70% 的资源专注于核心或历史悠久的产品，其目标是保持增长和利润，我们称其为"赛艇队"。
- 公司将 20% 的资源专注于研发期或成长期的产品，目标是实现盈利增长，这是"激流勇进的冲浪队"。

---

[1] 即 South by Southwest，每年 3 月在美国得克萨斯州奥斯汀举行的一系列电影、交互式多媒体和音乐的大会，也是创新科技交流大会。——译者注

- 公司将 10% 的资金用于全新产品的开发，解决用户问题，带来质的飞跃。这是"深海寻宝队"。

Intuit 的资源分配方式让创新能成功地融入主营业务。同样，谷歌也采取了"70∶20∶10"的分配方案，其中 70% 的管理时间和资源集中于核心业务或责任领域，20% 集中于相关项目拓展，10% 集中于不相关的新业务或创新领域。这是一种将新的观点和创意融入公司的方式。

他们的方法与"三级地平线"理论产生了共鸣。后者最早由沃顿商学院教授克里斯蒂安·特维施（Christian Terwiesch）和卡尔·尤里奇（Karl Ulrich）在《下一个大机遇：如何创造和选择最佳机遇》（*Innovation Tournaments: Creating and Selecting Exceptional Opportunities*）一书中提出：

- **第一级地平线：** 这是对现有品牌或产品的渐进式改进或补充。这种类型的创新通常聚焦于现有市场，或利用公司熟悉的技术进行创新，这是最简单、最常见的创新形式。

- **第二级地平线：** 这里的创新更多的是在原有产品上的更新换代，专注于现有市场或技术，但这可能是公司不太熟悉的领域。正因如此，它需要不同于第一级地平线的思维方式和技术。

- **第三级地平线：** 公司将带来全新的创新，使用新的技术探索新的领域，带来突破性产品。

公司不仅需要在易于上手、渐进式的创新上持续钻研，也需要学习一种更全面的方法，认识到这些不同类型创新的内在差异。并非所有时候都需要同时运行这三种创新模式，而数字原生组织善于在这三种创新模式中自由切换，他们会根据需求保持这三者平衡，并努力让这三种创新都蓬勃向上发展。其中很重要的一点是：如何看待失败的比率？这要按创新所处的位置来划分，第一级地平线中的失败比率和第三级地平线中的失败比率应有很大的不同。不切实际的期望会扼杀尚且不成熟的创意，在它们有机会证明自己的价值或揭示更大的潜在机会之前被扼杀在摇篮里。诚然，在公司面临挑战性的短期目标或资源紧缺的情况下，采用类似 Intuit 这种"70 : 20 : 10"的资源分配方式，我们会感觉非常具有挑战性。但在当今迅速变化的环境中，这种资源分配方式更容易带来突破性的创新，这值得探索中的企业去尝试和思考。

◆ 更多的尝试带来更多的机会

在数字化时代，有的企业因无法应对快速变化的市场和消费者动态，或面临巨额亏损，或已宣布破产，如 RIM/ 黑莓、柯达、诺基亚和百仕达（Blockbuster，一家美国家庭影视娱乐供应商）。但也有一些企业不惧怕改变和重塑，通过产品创新迎来新的高峰。1997 年史蒂夫·乔布斯回归苹果公司，苹果公司营收大幅增长，其产品结构也有很大的改观，新的产品相继问世（iPod、智能手机和平板电脑），这表明苹果并不惧怕新产品的出现会挤占本公司原有产品的市场。

国际商用机器公司（IBM）是一家具有百年历史的企业，其在发展的过程中经历了数次改造和重生：从创建工资单数据打孔卡系统，到发明条形码和信用卡磁条，开发计算机磁盘驱动器、芯片和大型主机计算业务，再到计算服务、云服务，技术和数字化转型咨询，以及开发设计和用户体验服务。在其百年发展历程中，每一次危机都通过成功转型而化解。而每一次转型都涉及商业模式、组织结构和技能的重塑。

然而，随着时间的流逝，创新的频率和组织反应的步伐明显加快。对照脸书现在的主营收入和 2012 年首次公开募股时的情况，其收入基础已发生彻底改变。2012 年，脸书在移动终端几乎没有任何经济效益，但 4 年后企业 84% 的利润都来自移动广告营收。它们积极收购对未来构成潜在威胁的竞争对手，如"照片墙"（Instagram）、WhatsApp（一款用于智能手机之间通信的工具），但并没有关闭这些服务，而是让这些服务与Facebook Messenger（桌面窗口聊天客户端）等软件通过持续创新而共存。

这种将创新与核心业务的高速、持续改进相结合的模式，在日语中被称为"Kaizen"，即持续改善。对创新持续不断的投入，也预示着更大的投资机会，而这些机会在一开始并不总是显而易见的。

史蒂文·约翰逊在《鉴古知今》（How We Get to Now）一书中讲述古腾堡的印刷机为我们带来了许多意想不到的发明。因为印刷机的出现，欧洲越来越多的人开始养成阅读的习惯，这时候有人才意识到他们是远视，需要配一副眼镜。这导致了欧洲市场对眼镜的需求激增，反过来很多科学家又开始转向对镜片的研究，望远镜和显微镜也应运而生：

> 很快地，一场非凡的科学革命爆发了，如对细胞的认知钻研、对木星卫星的探索以及伽利略提出的"日心说"等。古腾堡印刷术最终对科学产生了非常奇怪的影响，但这一切都与其印刷的书籍内容毫无关联。

高频率、高节奏的创新最容易产生的被低估的影响是：它创造了很多你不知道的机会。

◆ 边际创新和突破式创新

也许受成功案例或市场竞争的影响，公司很容易从相对单一的角度来思考创新。我们可能会过度关注通过持续改进，带来渐进式收益的边际创新。而不同的思维方式带来的突破式创新将涉及高风险、频繁的失败和潜在的巨大收益。当然，这两种形式的创新都至关重要。用经济学家兼作家蒂姆·哈福德的话来说："边际创新就是在你所在的那座山峰不断向上攀登……而突破式创新在于去征服新的山峰。"

谷歌的联合创始人拉里·佩奇（Larry Page）在 2013 年致投资者的信中，用简洁的语言，总结了过度强调渐进式的边际创新将带来的最大问题：

> 诚然，许多公司习惯于去做他们一直在做的事情，他们寻求一些渐进式的改变。随着时间的推移，尤其在技术领域方面，这种渐进式创新已显得无足轻重。这是一场颠覆式的革命，而不是细水长流式的递增。

本章的后面部分，我们将关注如何打破渐进式增长，进入真正的颠覆性创新。

◆ 优化 vs 转型

在组织敏捷转型中，决策的关键之一是分析技术在优化应用中的机会和挑战。我们可以用自然界里的变形记来打一个比喻。

以蚱蜢为例，它是一种不完全变态昆虫，在其一生，蚱蜢会经历几次蜕变。幼虫逐渐长大，当外骨骼限制其生长时，它就会蜕皮，随着时间的累积，每一次蜕变它都会长大一点，直至成年。这和我们应用新技术来优化现有工作非常相似，即通过改良技术，扩大业务规模，提升工作效率。运用自动化、分析法、预测建模、机器学习和智能决策等，会为组织带来重要价值。但是，一个过时或面临淘汰的工作流程在经历优化后还是难改其本质，有时候不仅仅是优化这么简单。

比如蝴蝶，它是一种完全变态的昆虫，毛毛虫和蝴蝶不仅外部形态不同，生活习性也不同。破茧而出的蝴蝶自由飞舞于天地，这是真正转型的一个绝佳比喻。新技术创造了新的可能性。我们通过创新发明，构建新的思维方式、业务流程和模式。转型会为我们带来巨大的挑战，在中间的模糊地带会有较高的不确定性和复杂性。我们需要忘却一些熟悉和擅长的知识和方式，才能更好地启程。对于任何想要变革的组织来说，真正的考验是避免用有色眼镜来看待新事物，让自己从根深蒂固的规范、行为和方法中脱离，才能更好地前行。

你需要做出明智的决策：是选择优化还是转型？新技术运用于哪方面能带来更高的回报？如何去优化或提升？当你选择优化，虽然你还做着以前的工作，但是工作效率更高，规模也更大；当你选择转型，你需要重新定义并创建新的可能。

不要为毛毛虫的命运而嗟叹，做一只蝴蝶吧！

◆ 转型的温跃层

通过蚱蜢和蝴蝶的例子，我们理解了做出明智决策的关键——理解优化和转型之间的区别。让我们来看看下一个比喻，它会告诉我们当变化不够深刻、彻底时，将会发生什么。

在世界上的海洋和湖泊中，温跃层是海洋表面附近较温暖的水与海洋深处较冷的水之间的过渡层。随着深度的增加，水的温度并没有逐渐降低，而是在温跃层急剧下降。在它之上是和煦的风和海浪，在它之下是寒冷刺骨的深海。

技术专家、学者布鲁斯·韦伯斯特（Bruce Webster）用这一现象来比喻组织中许多中型或大型IT项目可能会发生的情况。他称之为"温跃层的真理"：

> 在组织图上画一条线，这条线代表了在项目进展中，准确传递信息的障碍。低于这个水平的人倾向于了解项目的实际进展情况，而高于这条水平线的人则更乐观，他们更乐于接受挑战。

布鲁斯·韦伯斯特列举了导致信息传递障碍的一些因素，这些因素相互影响。例如，计划有误或对项目时间的把控过于乐观；测量指标不明确或不能有效地预测项目时间；对项目抱有过高期待，出现报喜不报忧的现象；高管或董事会只对好消息感兴趣而忽视真相……值得注意的是，这些因素可以让 IT 项目脱离正常的运转轨道，同时也阻碍着变革的发生。

对于转型中的组织，根据转型的力度和深度不同，会有很大的区别。让我们用"海洋温跃层"来解释。当组织位于在较温暖的表层，它可能会尝试一些改变。为了让风险最小化，组织会进行一些技术投资，建立一两个创新实验室，或启动一些新的开发项目。然而，它实际上并没有改变组织工作的基本原则，也没有改变影响的范围和规模。

这就是数字化进程的区别，从事 IT 调研与咨询服务的高德纳咨询公司将其描述为"从模拟到数字化运营的转变"（换句话说，采用现有的模拟过程或计划，并使用技术来对此优化）。高德纳将数字化描述为：

> 这是一个数字化转变的过程，企业利用数字技术改变商业模式，创造新的收入和价值。

优化和转型对企业而言都必不可少。我们喜欢在温暖的水面游泳，这是我们的舒适区。但是当工作需要时，我们要有潜入深海的勇气。我们需要去挑战、去改变工作的基本流程和规则。变革不可避免，因为这是企业生存所必需的条件。

◆ 选择可迭代、更迅捷的方法

复杂系统总是从简单系统进化而来。如果一开始就运营一个设计复杂的系统，它会阻碍你前进。你必须从头开始，从一个简单的系统开始。

——系统理论家，约翰·加尔（John Gall）

1975年，约翰·加尔在《系统如何工作，特别是如何失败》（*How Systems Work and Especially how They Fail*）一书中提出"加尔定律"，启发了许多学者专注于系统思考的研究。但这本书实际上更侧重于我们可以从失败的系统设计中学到什么，以及我们应该如何避免这样的失败。加尔定律（实际上在全书并没有出现"定律"这个词）本质上支持不完整规范，因此与敏捷性有天然相通处，我们将在后面论述。他还认为，鉴于设计一个大型复杂系统的难度，更好的方式是先设计一个更小、更简单的系统，基于用户交互和需求的持续增长而逐步升级。

这是一个简单的概念，但为我们带来了相当深远的影响。想想我们试图设计和启动的所有复杂系统（从大型IT项目到政府政策实施），我们会发现它们从一开始就注定会失败。正如约什·考夫曼（Josh Kaufman）对加尔定律的解释，复杂系统充满了几乎无法预测的、相互依赖的关系和变化，它们在系统运营中发挥着重要作用。

从零开始设计的复杂系统永远不会在现实世界中工作。因为它们在设计时没有考虑到环境因素的影响。当你想要构建一个工作系统时，最好的方法是首先构建一个简单系统，然后在当下环境中去测试，随着时间的推移对其进行逐步改善。

当然，我们最好从那些更简单、更容易上手的系统开始起步。这也是现在大多数企业的运营方式，他们将简单的系统灵活运用到复杂场景中。采用便捷的原始模型，并根据环境改变进行优化，这将是我们最好的选择。

◆ 瀑布式开发存在的问题

瀑布式开发是经典的线性设计和构建过程，长期以来一直应用于软件开发。这是一个线性过程，不能随着环境变化而做出调整，一旦每个阶段完成，就不能再回去修改。这种方法源自其他行业（如制造业和建筑业），在这些行业，对已完成的工作回头修改，成本会非常高，因此他们会严格遵循预先计划的需求，按顺序执行。

瀑布模型从（通常）复杂而烦琐的需求分析开始，经过（通常详细而冗长的）设计和建构阶段，然后进入（通常艰巨的）测试和调试，最后安装并投入运行。这种方法适用于不需要调整的项目。在开发过程中，这种模式存在着几个关键问题：

● 需求收集过程通常不能捕获用户的真实需求。因为人们并不总是知道自己想要什么，许多需求都是意想不到的。

● 流程按照线性顺序进行（只有在上一阶段完成后才能进入下一阶段），这意味着它通常会持续较长的时间。

● 功能交互受限，例如，当设计师和程序员在同一时间处理同一问题时并没有很好地交互，这可能会导致设计师设计的元素没有实用价值，或开发人员在没有设计的情况下进行编码。

- 现在，需求和环境变化的速度更快，瀑布式开发难以适应不断变化的需求（当一个阶段已完成，要从头调整会非常困难），这意味着用户最后看到的产品或系统，已经不能满足现在的需求。

- 在瀑布式开发中，由于所有的需求都是预先设定的，因此在开发过程中很难识别未预见的问题或需求。

瀑布式思维仍存在于大多数组织中，在项目策略、计划和执行中仍然流行着这种传统的方式。当今时代变革加速，瀑布式开发的问题更加凸显，它缺乏灵活性和自由度，对环境的变化适应性差，进展速度缓慢，缺乏动力，跨职能协作差等。但是这些问题不仅在于过程，还在于人们的心态、思维和行为。我们将在本书后面讨论到，这些思维方式的转变，尤其是风险意识、成本控制、对技术的依赖性等的转变，非常重要（见图5-4）。

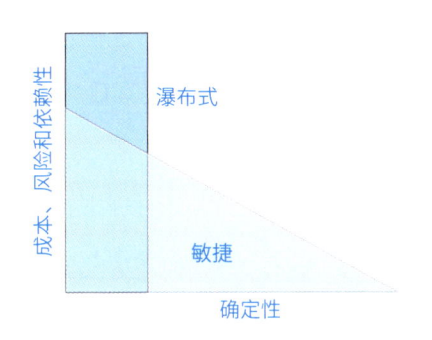

图 5-4 模糊区

瀑布式开发本身并没有问题，它只是不适合快速变化的环境，所以我们需要做出更明智的选择，决定如何解决问题，以及如何系统地在正确的环境中应用敏捷方法。

◆ 三类问题

我们遇到的问题总是千奇百怪。当面临不同的困境或障碍时，我们常常容易误判。美国外科医生阿图·葛文德在其畅销书《清单革命》(*The Checklist Manifesto*)中，主张使用一个更好的工具——清单——来整合泛滥的信息。当前，各个领域的知识呈爆炸式增长，并且变得越来越复杂，作者指出，执行任何任务所需的知识数量和复杂性限制了我们完成任务的能力。列一张简明扼要的清单，是应对世界复杂性的好方法，它将是准确性、可靠性和执行力最好的驱动因素。

葛文德谈及在面临挑战时，我们需要正确认识需要解决问题的类型。如何对各种问题进行正确分类？两位专门研究复杂性科学的教授，约克大学的布伦达·齐默曼（Brenda Zimmerman）和多伦多大学的肖洛姆·格鲁伯曼（Sholom Glouberman），在一项关于医疗行业改革的研究中，将世界上的问题分为三类：

（1）**简单问题**：指那些具有明确解决方法的问题。如用特定配料烘焙蛋糕。对于这类问题，可能需要学习一些基本技巧，一旦掌握了这些技能，成功的可能性就会非常大。

（2）**复合问题**：类似于把火箭发射到月球上这类问题。虽然有时候你可以将其分解为一系列简单问题，但是却无法找到直接的解决方案。一般来说，这类问题需要掌握不同专业技能的人组成团队，甚至多个团队通力合作才能成功解决。时机和协调是成功的关键因素。

（3）**复杂问题**：类似于抚养子女这类问题。一旦成功地将火箭发射到了月球上，那么在发射其他火箭的时候就能重复和完善这一过程。毕竟，火箭就是火箭，它们之间有很大的相似性。但抚养子女就不同了，因为每个孩子都是独一无二的。虽然成功抚养一个孩子能让你积累经验，但这并不意味着在抚养下一个孩子时也能成功。虽然专业技术非常重要，但它们却不是获得成功的充分条件。抚养不同孩子的方法可能截然不同。这体现出极端复杂问题的另一大特性：结果高度不确定性。养育孩子会有无数可能。这是一项复杂的工作，我们养育孩子的基础就是能够理解复杂体系，放弃用简单思维去塑造孩子。

齐默曼和格鲁伯曼继续说道：

> 我们（医疗专家）经常含蓄地将复杂问题描述为复合问题，从而采用合理规划过的方案去解决这个复杂问题。我们通常会因此得到并不恰当的解决方案，因为这些方案忽视了复杂问题的多面性。

作者说，这就像我们曾经听过的一个笑话。一名警察看到一个醉汉在路灯下找东西，就跑上前去询问。醉汉说他的钥匙丢了，于是他们一起在路灯下寻找。几分钟后，警察问他是否确定是在这里丢的钥匙，醉汉回答说：" 不是，我是在公园里丢的。" 警察问：" 那为什么要在这里搜索？" 醉汉回答道：" 因为这里有灯。" 作者总结道：我们的偏见、理论、模型和语言的复杂性，都像路灯一样闪闪诱人。它们可能会给人一种清晰的错觉，也可能导致我们没有去考虑复杂的环境和适应力。

在现代商业环境背景下，复杂性比以往任何时候都更加突出，我们必须以正确的方式定义挑战，避免将复合问题与复杂问题混为一谈，并以正确的方式来应对这些挑战。

◆ 复杂场景需要紧急的解决方案

最佳实践被用作评估和管理的标杆，被广泛运用于各个行业、各个场景，以至于超出了其合理的应用范围。我们希望从模糊中创造确定，并对不可预测的情况加以控制,这导致我们希望用标准化方法,将最佳实践应用于许多不同类型的场景。但正如前文所述,解决简单问题、复合问题和复杂问题存在着很大的区别。

Cynefin 模型由戴夫·斯诺登创建,它说明哪种环境适合使用哪种解决方案,帮助我们决策(见图 5-5)。

```
复杂问题                复合问题
创造约束                治理约束
松散耦合                紧密耦合
试探—感知—响应          感知—分析—响应
应急实践                优秀实践

混乱问题                简单问题
缺乏约束                刚性约束
解耦                    没有自由度
行动—感知—响应          感知—分类—响应
创新实践                卓越实践
```

图 5-5 戴夫·斯诺登的 Cynefin 模型

(1)**简单问题**。这种问题具有两个特点:一是稳定,二是人人都能一眼看出明显的因果关系。问题的正确答案常常不言而喻,无可争议,各方都能达成共识。在简单问题中,采用最佳实践是很普遍也很合适的做法。斯诺登说,管理者要对情境中的事实做出评估,进行分门别类,然后根据惯例和既定的流程做出反应。这种做法的缺点是:人们易陷入安逸、自满之中,受限于成见,不知变通,即使情况已变,仍过度依赖原先的最佳实践。

(2)**复合问题**。该问题可能会有多个正确的答案,而且尽管存在明确的因果关系,却并非人人都能看到,这属于"已知的不明情况"。由于复合问题要求人们调查研究多种选择，选择比较好的做法而非最佳做法，这一问题通常要求组建一个专家小组。在这种情况下，危险来自专家偏爱的解决方案，潜在的障碍是"分析瘫痪"或排除"非专家"的潜在的创新想法。

（3）**复杂问题**。复杂问题总是处于不断的变化状态，正如斯诺登所指出的，面对这种不可预测性，人们倾向于以万无一失的计划和精确的结果为导向，回归到命令和控制型的领导风格，总想要回到习以为常的指挥控制模式。人们很想加速解决问题而变得没有耐心。在这一问题中，只有在事后回顾之际，答案才会突然出现。领导者可以创造一个探索的环境，通过实验来寻找有指导意义的模式，鼓励进行"安全失败"的实验，从而让方向更为清晰。严格的计划或指导将会阻止这种有益模式出现的机会。

（4）**混乱问题**。在混乱的环境中，不存在可管理的模式，不可能定义因果关系，因此需要明确、简洁和即时的行动方案，尽可能建立秩序和稳定。领导者需要努力将混乱的局面转变为复杂的局面，在这种局面下，可能会发现新的模式，并确定适当的应对措施。

商业世界正变得越来越充满不确定性、持续变化和复杂环境。最佳实践的弊端在于过度寻求简单化，在需要紧急决策的情况下陷入寻求确定性的误区。正如斯诺登所指出的，根据定义，最佳实践是过去的实践。环境已发生变化，后知后觉是一种缺乏洞察力和感知力的表现。在当今越来越复杂的世界中，对最佳实践的不当运用意味着我们有可能成为在路灯下寻找钥匙的醉汉。

第 6 章
敏捷和适应性方法论

现代商业环境需要更具有适应性、紧急性和可迭代的工作方式。几个基本概念不仅为我们提供了有效的、经过充分验证的工作方式，而且为我们提供了高度相关、具有适用性和指导性的思维方式。这就是敏捷、精准、设计思维及引申出的工作方式。这些基本方法的动态性、灵活性和非线性使它们更适合当今复杂的环境。它们正在从初创公司、创新实验室和技术团队扩展到更广泛的商业运营中，启发着新的方法和不同的运营方式。

◆ 设计思维

在当代设计和工程技术以及商业活动和管理学等领域，设计思维已成为流行词，被更广泛地应用于各个方面。各个行业、各个公司都在设计思维和用户体验方面进行了大量投资，例如德勤、埃森哲（Accenture）和IBM等（IBM已围绕设计思维构建框架，帮助IBM员工快速、大规模地解决用户遇到的问题）。这些企业重新调整了招聘和收购项目的重点，以满足设计思维和技能的更高需求。

设计公司IDEO的创始人大卫·凯利（David Kelley）和蒂姆·布朗（Tim Brown），最早将设计思维商业化。蒂姆·布朗将设计思维定义为：

一种以人为本的解决复杂问题的创新方法，它利用设计者的理解和方法，将技术可行性、商业策略与用户需求相匹配，从而转化为客户价值和市场机会。

这个过程涉及将设计方法在商业和创新中更广泛地应用，以解决方案为中心，以未来目标为起点，它研究现在和未来的限制条件和最优表现，以可迭代的方式生成多种想法和选择，同时探索实现目标的替代路径。以IDEO为例，它寻找的是一个交叉点，即"以人为本，将人的需求、技术的可行性和商业成功有机结合"。

设计思维的关键是灵活运用发散思维和收敛思维。发散思维帮助我们创造多种可能性，收敛思维帮助我们缩小范围并选择最优方式。设计思维的过程包括七个阶段：定义、研究、构思、原型、选择、实践和学习。这一过程与我们稍后将讨论的精益学习循环有着相似之处。在设计思维中，这些步骤并不总是线性的，为了找到更好的解决方案，这些步骤可能会重复发生。正如敏捷和精益那样，设计思维（通过同理心）保持着对用户需求和团队合作的强烈关注，并且与一些实用工具相结合，以创造更大的价值，这些工具包括：客户旅程地图、同理心地图、纸质原型[1]和用户画像等。

◆ 敏捷

《敏捷宣言》发表于2001年的一个软件开发人员峰会上。在犹他州的

---

[1] 客户旅程地图，使用讲故事和视觉效果说明客户在一段时间内与业务的关系，从而深入了解客户的整体体验。同理心地图，一种简单、易于理解的视觉图像，可以捕捉用户行为和态度的信息。纸质原型，一种广泛用于以用户为中心的设计过程的方法。——译者注

雪鸟（Snowbird）滑雪胜地，参与者讨论了"轻量级"开发理念，这种方法与"瀑布式"等严格的老方法形成对立。虽然迭代、自适应的开发方法已存在多年，但《敏捷宣言》帮助我们明确了一种新的工作方式，它识别了一些价值的关键转变（尽管下文"高于"后的内容具有一定价值，但我们更重视"高于"前的内容）。

- 个体和互动高于流程和工具
- 工作的软件高于详尽的文档
- 客户合作高于合同谈判
- 响应变化高于遵循计划

从此，敏捷开发实践逐渐得以发展并被各行各业广泛采用。许多迭代开发方法应运而生，包括敏捷开发（Scrum）、看板管理（Kanban）、极限编程（XP）、水晶方法（Crystal）等。敏捷已彻底改变技术团队的工作方式和软件设计构建方式。敏捷软件开发中的一些关键概念及其特征如下（见图 6-1）：

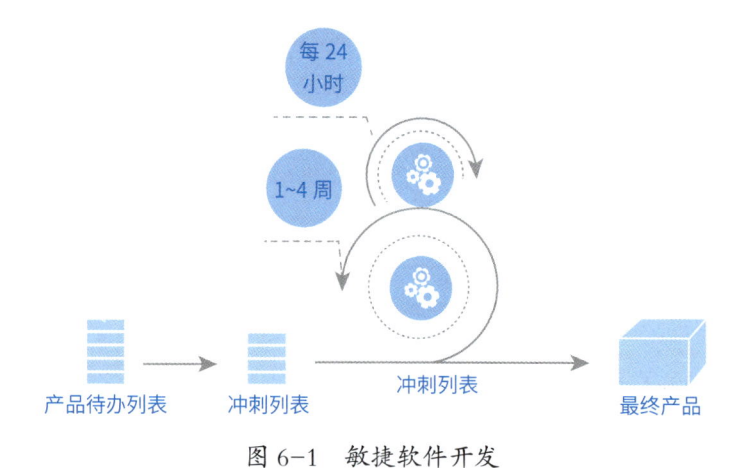

图 6-1 敏捷软件开发

- 来自关键领域的人才组建跨职能团队合作创新（允许需求随时间变化，取代严格的、预先设定的流程和规范）。

- 团队自发组织，具有高度的自主性。
- 为了提升工作效率，优先考虑协同办公和面对面交流。
- 团队根据商议，在一定时间或冲刺周期（1~4周）内进行迭代工作。有时候需要经历多个冲刺周期才会发布新功能或新产品，但目标通常是在每个冲刺周期结束后能够发布可行成果。
- 这些成果输出会向利益相关者展示，后者的反馈将被纳入下一个冲刺周期或未来的工作中。
- 产品待办列表根据业务和用户价值对工作进行优先级排序，在每个冲刺周期开始时，重新审视优先级排序，形成新一轮的产品代办列表。
- 每天站立会议，形成简单的反馈循环，报告每天的进展，总结当前开发过程中需要改进或提升的地方，讨论在进展中遇到的任何障碍。
- 产品负责人是团队的核心，他代表产品利益相关者行事，他是客户的"代言人"，擅长谈判并促成大家形成一致意见。
- 透明性是关键，在团队例会上需展示真实的数据和当前的进展。
- 敏捷方法提倡高频率交付有价值的产品。通过特殊的设计流程对可交付成果的质量进行层层把关，这些设计流程也支持敏捷性。

敏捷方法的关键优势在于能够快速适应不断变化的环境，并将风险控制到最小。一般而言，我们会制定一个长远目标，但在敏捷方法的指导下，工作的方式会更加灵活。团队实时检验目标进展，并对项目及时做出调整，从而优化下一个冲刺周期的工作价值。传统的方法（类似瀑布式开发）会提前做出详细、严格的规划，这限制了团队的创新和应变能力。在快速变化的环境中，如果早期的分析或计划存在缺陷，将为项目带来潜在的重大风险。

在敏捷开发中，我们秉承着"尽早发布且频繁发布"的原则，通常会持续跟随项目进行实时测试，并与编码工作合并到相同的迭代中，而不是分开到不同的阶段。这意味着终端用户可以对开发工作和项目进展有更多的可见性,并且可以更好地理解其价值。这种包容性的方法透明度高,并尽量减少了出现偏差的可能(在使用非迭代的开发过程中,偏差会随着时间的推移而逐渐恶化)。终端用户能够对工作输出中真正有价值的问题做出更好的决策(因为他们是实际使用者)。在频繁的发布和交流中,用户为我们带来更高质量的反馈,产品的价值也逐步构建。

转向敏捷业务是企业文化和组织构架的重大转变。它很容易与现有业务流程和优先级发生冲突。形式上的敏捷业务(我们称之为"以敏捷的方式进行瀑布式开发"),往往注定会失败。

在商界流行着一种错觉:我们可以预测未来。在高度复杂多变的环境中,敏捷方法意味着我们没有详细的地图可以参考,同时因为缺少了许多传统方法中的重要环节,比如在项目的初始阶段没有了全面的分析数据或文档,许多管理人员可能会不适应这样的转变。敏捷教练作为敏捷方法论、工程实践的专家,或者产品的负责人、产品经理,通常可以在降低项目风险上发挥关键作用。但重要的是认识到,敏捷方法的哲学和原则,以及多年前在《敏捷宣言》中所表达的理念,并不会随着技术团队开始使用敏捷开发而停止。这激发了本书的创作灵感,也为我们带来了更大的机遇。

◆ 精益

精益思想(Lean Thinking)源于精益生产方式,该思想认为在生产过程中任何超出为最终客户创造价值的东西都是一种浪费,并试图系统性地消除这样的浪费。这也受丰田生产系统(TPS)的启发。该系统确定了"七种浪费",包括缺陷、库存浪费和生产浪费("及时生产"而非提前生产)等,从而有条不紊地消除这些浪费。TPS、精益生产与日本的"持续改善"并行,在商业环境中,这意味着在生产制作过程中,全员持续性地参与生产改进过程。

2008年，埃里克·莱斯（Eric Ries）将精益生产的一些想法与他自己在创业公司的经验相结合，提出了"精益创业"（Lean Startup）这个概念。它与敏捷开发有一些相似的基本原则。就像精益生产一样，它寻求消除浪费。像敏捷一样，这个过程是迭代的，产品发布和客户反馈是这个过程的关键。客户需求或产品特性的假设通过迭代发布或快速成型法，让风险最小化，减少了初始资金的大量投入，并支持持续学习。

莱斯认为，在开发过程中，客户的持续参与让初创公司（以及任何开发新产品和新服务的企业）能够在规模扩大之前真正地解决客户问题。精益创业的核心概念是：

● 构建－测量－学习（Build-Measure-Learn）循环：在一个迭代周期，确定一个假设对象（特定客户需求或产品特性）；设计一个测试模型与假设匹配（通常是设计最简单的原始模型）；通过真实的客户测试，反馈、调整模型，进入下一个循环。这种方法旨在尽可能消除开发过程中的不确定性，并在实现愿景的过程中不断地测试和学习。

● 最小可行性产品（MVP）：在莱斯的书中，他将MVP描述为新产品的一个版本，让团队能以最少的努力收集尽可能多的客户测试数据。可通过MVP来测试一个新的假设，但原则是创建尽可能简单的测试原型来验证这个假设，并尽快进入下一个循环。与MVP类似，"预型"（Pretotype）这个概念由谷歌的前工程总监阿尔贝托·索维亚（Alberto Savoia）提出，他在斯坦福创业思想领袖研讨会（Stanford Entrepreneurial Thought Leaders Seminar）上这样描述：

> 把它想象成你建立任何模型之前假设的纸板模型。这是一套工具、技术和策略，帮助你快速、客观、准确地验证新产品的任何创意。"预型"的目标是帮助你将一个模糊的观点变成一个可以验证的假设，并帮助你构建正确的模型。

- 会计创新：传统的会计方法可以很好地分析、处理既定产品，但由于传统会计关注错误的指标（如各种比率和现金流分析），这些指标对早期的收入产生了不切实际的估计，可能会阻碍创新的出现或初创企业的成长。会计创新侧重"可操作指标"（与不能准确代表业绩和业务驱动力的"虚荣指标"相反），这些指标能衡量业务早期的进展，并保证更好的优先级顺序。这可能包括客户使用和保留措施。

- The Pivot：莱斯将 Pivot 描述为"结构化的修正过程，每一个 Pivot 的设计都是为了用来考验一个产品、商业模式以及增长动力的某个假设的可靠性"。Pivot 可以在保持业务或产品愿景的同时，重新聚焦产品或其关键功能。

敏捷开发通常用于技术领域，而设计思维和精益主要应用于产品服务和服务开发。围绕这三者的设计理念、原则和实践，我们将其广泛应用于产品开发和业务开拓，以保持在行业内的竞争优势。

◆ 敏捷业务的原则

《敏捷宣言》为我们提供了敏捷开发的蓝图。在当今复杂的环境中，为了更好地开展业务，我们提出敏捷业务的 12 条原则，它们与《敏捷宣言》的 12 条原则有着密切的关系（见表 6-1）。

敏捷业务的 12 条原则为数字化授权业务确立了新的方向。它们关注组织运作的基本框架和结构。

表 6-1　敏捷业务的 12 条原则

	《敏捷宣言》的原则	敏捷业务的原则
1	最高优先级是：通过尽早和持续交付有高价值的软件，满足客户	业务的主要方向：通过不断改善客户体验来满足客户需求

续表

	《敏捷宣言》的原则	敏捷业务的原则
2	即使是在开发阶段的后期,也欣然面对需求变化,敏捷流程就是积极回应客户需求的变化来获得竞争优势	战略和战术具有高度适应性和应变能力,人们也乐于看到变革的发生
3	频繁交付可工作的软件,从数周到数月,交付周期越短越好	迭代式、冲刺式的工作方式,通过持续的改进和驱动为客户带来价值
4	在项目过程中,业务人员、开发人员必须每天在一起工作	明确支持有效的跨职能协作,这对成功至关重要
5	以受到激励的个体为核心构造项目,为他们提供所需的环境和支持,相信他们可以把工作做好	创建积极的企业文化,提升员工的自我激励。通过对团队授权,创造灵活的工作环境,包容不同意见,给予员工信任和支持
6	最有效的、最高效的沟通方法是面对面的交谈	减少官僚主义和政治斗争,增加协同区域和面对面的沟通
7	可工作的软件是衡量进度的首要标准	工作输出是进度和成功的最佳衡量标准
8	敏捷流程倡导可持续开发。客户、开发人员、用户要能够共同、长期保持步调(节奏)一致,稳定向前	敏捷业务支持持续不断的创新和进步。不断迭代和革新,让业务保持稳定的速度前进
9	持续追求卓越技术和良好的设计,以此增强敏捷的能力	技术的卓越性和良好的设计是保持业务快速进展和业务敏捷性的核心
10	简单——尽最大可能减少不必要的工作,简单是敏捷流程的根本	最大限度地减少时间、资源的重复和浪费
11	最佳架构、需求和设计,来自自组织型的团队	最好的结果来自高度自治的小型团队
12	团队定期反思如何提升效率,并调节和调整自己的工作方式	企业文化支持持续的学习,通过嵌入式反思和学习实现业务的持续改进

◆ 构建学习型企业文化

敏捷、精益和设计思维极大地改变了技术团队、初创企业和创新实验室的工作方式。创新者、企业家和技术专家将这些原则更广泛地应用于商业，推动变革的持续进展。同样重要的是，为了实现价值最大化，我们需要构建学习型企业文化，保持不断学习和创新，让敏捷、精益和设计思维在企业中生存和繁荣。

正确的道路不止一条。每个团队或企业都会发现他们更熟悉的方法，不同的场景和环境也需要运用不同的组合。挑战来自运用不同的方法组合，实现最优输出和最大利益。在现代商业环境中，这些思维方式和工作方法不可或缺，它们也有很多共性。其中最重要一点是：它们需要在学习型的企业文化中孕育、萌芽、自由生长。

我们经常会听到"快速失败""拥抱失败"或"迎接失败"等口号。"如何面对失败"，这是企业必然会经历和面对的。史上最成功的电影公司之一皮克斯（Pixar）的总裁埃德·卡特穆尔（Ed Catmull）曾说：

> 失败并不总是坏事。事实上，我们应换个角度来看，这是创新的必然结果。如果你从未经历过失败，那么你正在犯一个更严重的错误：你被避免失败的欲望所驱使。

他是对的。但他也说过，面对挑战时，我们需要更明智地来看待失败。我们需要利用每一次宝贵的经历，无论是成功的案例还是反面教材，都是我们学习的机会。随着时间的推移，我们会越来越好。套用风险投资家马克·安德森的话："快速失败"并不是我们追求的目标。我们的目标是取得长期的成功。它们不是同一回事。

敏捷业务是一个不断探索的过程，也是一个不断学习的过程。在写出畅销书《从优秀到卓越》（*Good to Great*）之后十年，作家吉姆·柯林斯（Jim Collins）又推出了《选择的伟大》（*Great by Choice*）一书，该书基于九年来对那些在不确定中崛起的公司的研究。他发现，这些公司与其他业绩平平的公司之间有一个关键区别，他称为"基于实践的创新"。他用"子弹"和"炮弹"来比喻这一点。成功的企业不是一上来就发射炮弹（贸然向未经测试的想法投入大量资源），而是先发射较小的子弹（小规模进行许多低成本、低风险的测试，以了解什么有效，什么无效）。换句话说，它们进行了很多小的试错。

他说，这种"基于实践的创新"是创造力和纪律的结合，包括从一系列成功和不成功的实验和倡议中不断学习的习惯。每一天，脸书都会同时进行数百次测试。据报道，谷歌每年都会改变其搜索算法500~600次。当它在1999年推出"点击即付费"的广告产品AdWords第一版时，市场反响并不好，但通过不断迭代，它已经打造出了一款如今价值数十亿美元的产品。但迭代并没有停止。每年仍有数以万计的关于搜索和广告产品质量的实验在进行。

敏捷业务不是断断续续地进行实验，它是一个持续测试和学习的过程，并建立以此为特征的企业文化。无论是以高节奏进行的持续测试和渐进式地完善现有服务，还是专注于持续创新和突破性举措的测试和学习，都需要这种学习型企业文化，这不仅是企业成功的关键，也是企业生存的关键。

一线案例

马可·瑞安，瓦锡兰集团（Wartsila Corporation）前执行副总裁和首席数字官（也是数字化转型的资深人士）：测试、学习、优化

企业成功有很多决定性因素，也许最困难的一点是企业文化的转变。对许多人而言，技术决策、营销预算、网站投资等更容易衡量，也更容易去理解、执行。

但是，让这种转变持续下去并让它产生价值的是人才。在数字化转型中，大多数组织都在挣扎，他们找不到优秀的人才，或缺少培养优秀人才的途径。这在很大程度上是因为采用了错误的方法。例如大型再造项目——ERP 系统变更，除了资源的需求，也需要提起人们对变更的兴趣。

另一种高效推行数字化的方法是持续的"测试、学习和优化"，这种方法可以缩短时间。更重要的一点是，它可以将一些不成功的创意扼杀在摇篮里。它可以应用于业务开发的各个阶段，正是因为运用这样的工作方法，一些初创企业超越了传统的公司。

将这种方法与一个假设结合，并收集相关的数据，就可以创建一个实验或模型。小型的跨职能部门小组不需要很多资源，他们可以针对市场需求创建一种想法、产品或服务，并在模拟真实的状态下与一位值得信赖的客户合作，测试、改进或者终止该想法、产品或服务。对于正在经历数字化转型的企业，失败没什么大不了的，只要你能快速失败，并从中吸取教训，在下一个迭代中改进。

太多的公司因为害怕尝试，或缺乏资源来指导团队，而未采用这种新的工作方式。其实，这可以很容易地通过外部输入或短期的过渡来解决。它们最大的问题是不去尝试。

◆ 系统性"幸存者偏差"的危险

1943 年，美国数学家和统计学家亚伯拉罕·沃尔德（Abraham Wald）被邀请为美国空军提供建议，以解决如何加强飞机防护，防止大量飞机在敌人的炮火轰炸中被击落的难题。

为了减少损失率，美国空军决定给战机增加防弹装甲。但装甲笨重且数量有限，只能在战机上最需要强化的部位提供装甲。军方对从任务中返回的飞机的损伤进行了研究，发现轰炸机的机翼、机身中部和尾炮手周围经常被子弹打得满是窟窿。因此，他们建议在这些区域补充装甲。

沃尔德却告诉他们，这是一个巨大的错误，他们实际上应该采取相反的做法。他意识到，机身和机翼大量的弹孔表明，这里容易被击中，但也意味着，即使这里承受了大量的火力，战机还是可以返航。美军看到的弹孔记录只来自幸存者，而那些被忽视了的非幸存者才是关键，它们根本就没有飞回来。沃尔德使用一系列复杂的方程来推算出他的结论，这在后来被证明是无比正确的决策，并沿用至今。

我们由此得出"幸存者偏差"（Survival Bias），幸存者偏差导致我们过度关注成功的事情，而忽视了从失败中学习并总结经验教训，从而得出错误的结论。当我们把成功看成学习范本，将失败看成反思的机会时，我们就可以建立起学习型企业文化，从而为我们创造优势。亚马逊创始人杰夫·贝索斯（Jeff Bezos）谈到，在面对失败方面，亚马逊是世界上最好的地方。他说，如果你挥棒击球，你不可避免地会频繁地三振出局，但偶尔也会打出本垒打。棒球和商业有什么区别呢？棒球最好的业绩就是打出全垒打（最多只有4个垒位）。然而，在商业中：

> 每隔一段时间，当你走上本垒板时，你可以跑上1000垒。这种长线回报正是大胆投资的重要原因。大赢家也欣然为大量的实验买单。

◆ 学会忘却

从直观上看，专注于持续学习的组织应该更能适应复杂的环境。也许，我们不会注意到，学习新知识也可以帮助我们忘掉旧的习惯和做法。

欧洲分子生物学实验室和西班牙塞维利亚的巴勃罗·德·奥拉维德大学的一项研究表明：我们的大脑会主动清除记忆，以便为新的记忆腾出空间，这个过程似乎只会通过学习发生。换句话说，我们通过学习来遗忘。

正如我们稍后将讨论的，迭代和冲刺工作建立在回顾性反思的基础之上。在与客户的紧密交互或团队的每一次迭代总结后，我们将学习的观点和创新思想应用到商业中。在数字化转型的背景下，采用新的工作结构和流程不仅是为了学习新的工作方式，也是为了帮助公司摆脱传统思维的束缚。我们通过学习新事物来忘记旧事物。

引用作家、发明家和思想家巴克敏斯特·富勒的话："你永远无法通过与现存的现实抗争来改变现实。要想改变什么，就建立一个新模型，让现有模型过时。"在丹·米尔曼（Dan Millman）的《深夜加油站遇见苏格拉底》(*Way of the Peaceful Warrior*)中，苏格拉底曾说：改变的秘诀是将所有精力集中在建设新事物上，而不是与旧事物作战。

◆ 固定型和成长型心态

斯坦福大学心理学教授卡罗尔·德韦克（Carol Dweck）在《终身成长：重新定义成功的思维模式》(*Mindset: The New Psychology of Success*)一书中，为我们讲述了信念和思维的力量。她提出"固定型"和"成长型"思维。这两种思维的关键不同之处是：前者认为智力、性格和创造力是静态的，因此不能以有意义的方式来做出改变。那些固定型思维的人认为成功是：

对内在智力的肯定，是在同样的标准下对优秀的肯定；他们会为了成功而奋斗，他们会不惜一切代价避免失败，因为成功是超越他人的方式。

而那些成长型思维的人喜欢挑战，将其视为一个增长和改进现有能力的机会。个人和组织有明显的相似之处，推行敏捷业务的组织具有成长型思维，因为他们把每一次主动的行为方式都视为学习的机会。

◆ 嵌入式反思时间

组织建立起深厚学习型文化的关键之一是进行反思性思维和回顾训练。批判性思维是一种利用不同的推理技巧和洞察力，来促成达到预期效果的方法，而反思性思维则侧重于分析过去的经验，从中吸取经验。

两位有影响力的思想家，唐纳德·舍恩（Donald Schon）和克瑞斯·阿吉里斯（Chris Argyris），提出了个人与组织学习理论。舍恩称其为"反思性实践"，组织不仅能从个人和组织自身的经验中形成尽可能广泛的视角，并且能通过经验、学习和实践的循环不断改进。他们提到三个关键因素：

1. **控制变量**：将变量保持在可接受范围内。
2. **行动策略**：将管理价值保持在可接受范围内的计划和活动中。
3. **结果**：行动的预期结果或预料之外的结果。

舍恩和阿吉里斯认为，学习包括发现和纠正错误，当事情出错时，人们一开始会寻找满足当前控制变量的另一种策略。他们称这样的方式为"单循环学习"。单循环学习是发现错误和纠正错误的过程，组织能在当前的政策下，实现其目标。因此，组织会对不断变化的市场环境做出反应。

而"双循环学习"则涉及对控制变量本身的质疑。

> 单循环学习就像恒温器，在天气太热或太冷时，自动关闭或打开暖气，能让温度长时间保持在一定范围内……当我们发现运行错误时，我们开始调整组织的基本规范、政策和目标等，双循环学习因此发生了。

敏捷业务中良好的反思性实践不应该只关注单循环学习中的错误和纠正，而应该从根本上考虑新的工作方式或改进现有的工作方式。在复杂多变的环境中，我们需要以批判的眼光来分析、审视和修改当下的实践性知识和规范。

通过反思性实践，反思被构建到敏捷方法论中（《敏捷宣言》的最后一条原则是："团队定期反思如何提升效率，并调节和调整自己的工作方式"）。团队应该在每个冲刺周期结束时留出一个短暂的、专门的时间，来思考他们的工作方式并找到改进的方法——这就是冲刺周期的回顾会议，这是团队检视自身并创建下一个冲刺周期改进计划的机会。

事后评估是最简单（因此也是最好的）的反思框架，它可用于汇报，作为提升绩效的一种方式，其特点是在采取行动后回答四个简单的问题：

（1）我们原本期望的结果是什么？当你知道这是你在项目完成后必须回答的问题，你会对你要达成的目标有更清晰的认识。

（2）实际发生了什么？这是一个无须指责他人或责怪自己的分析过程，我们需要确定关键事件、行动和其产生的影响，并在团队中创建共识。

（3）为什么实际与期望会产生差异？为什么会发生这样的差异？我们从中学到了什么？

（4）下次你能做些什么来改善或确保这样的结果？下次你打算在哪些

地方做出改变？你应该在哪些方面做得更多/保持相同/做得更少？你需要解决的问题是什么？什么方法有效且可重复或可扩展？在整个事后评估过程中，我们需要花至少一半的时间在回答这个问题上。

大多数企业都不擅长花时间反思和学习。我们习惯顶着压力直接进入下一个目标、下一个优先级、下一个项目。也许，将反思和学习真正融入企业文化、组织行为和规范流程中，才是建立和发展学习型组织最有价值的方法之一。

一线案例

约翰·科尔曼，敏捷转型顾问、教练和培训师：使用敏捷方法，让人们步入正轨

即使客户已经认识到敏捷业务的重要性，他们仍然需要了解为什么要选择敏捷。然而，对于这个问题通常会有不同的答案，尤其针对不同业务级别的组织或个体。当组织采纳新的工作方法时，高层的价值观和行为是关键，我们需要找到"这对我有什么好处"，这样每个人都能理解它的价值。

当我们以更快的交付速度、推出更具创新性的产品或将客户需求放在更重要的位置上时，这将为企业带来竞争优势，但这一切需要在个人、团队和组织层面来实现。人们需要一同参与到敏捷业务转换的构建过程中，这会帮助我们度过转型中特别困难的时期。大多数转型都需要"J曲线"才能实现[1]。在转型的最初阶段，很可能会出现一段

---

[1] 通常人们在考察项目收益情况时，会以时间为横轴，以收益率为纵轴画出一条曲线。人们发现这条曲线的轨迹大致类似于字母J，因此这种现象被形象地称为J曲线效应。——译者注

时间的混乱，转型可能会对业绩产生短期的不利影响。所以人们需要意识到他们在 J 曲线上的位置，事实上在转型过程中可能会出现多个 J 曲线。

一旦第一个 J 曲线的目标被确定（时间不超过 12 个月），那么在第一个曲线结束时，我们需要找到实现预期结果的最佳选择，并为第二个曲线的到来做最好的准备。波士顿 DICE 架构可以帮助我们更好地预测结果，它使用了 4 个硬性要素来评估可能的结果。

Duration：项目的持续时间，尤其是项目检讨的间隔时间。对短期项目而言，就是指项目总长度。对长期项目而言，指阶段性回顾的时间跨度（经常被评审的项目通常比不重视评审过程的项目成功的可能性更大）。

Integrity：团队的完整性（质量、技能、能力、配置）。

Commitment：对变革的承诺（自上而下可见的支持，不同层次的参与）。

Effort：利益相关方必须付出的额外努力（尽可能控制在最小范围）。

然后，关键是为当前的环境选择一套组合方法，并设置节奏和同步模式，在必要的时候进行干预，让阶段性交付价值得以实现。将你的目光投向早期收益和风险管理中。此外，也需要去经历多次投资失败的风险。在团队中，我们总会遇到一些不利因素，例如在转型中缺乏实质性改变（如瀑布式敏捷业务）、缺乏持续的整合测试和自动化测试、缺乏适当的财政支持和业务流程（依靠常规预测或预算）等。这会对长期收益带来负面影响，也会在创建高效稳定的团队过程中产生负面影响。我们需要在恰当的环境中使用恰当的方法或框架，当你发现在该环境中实践的东西不太有效时，你需要迅速转换。

继续前进吧！通过招募新队友来保持新鲜感；在你前进的过程中，你需要得到更多关键人物的帮助；你需要找到加油站点，补充能量；你需要通过非正式的演讲、讲故事、传播消息，了解政治，保持你的预测准确（至少每月重新预测一次）；利用积极的同伴压力……最重要的是，找到能接棒的人，让转型继续下去！

第 7 章
敏捷创新的过程

变革不仅在持续发生，还以无情的速度席卷而来，正如我们在第一部分谈到约瑟夫·熊彼特提出的"创造性破坏理论"一样。如今，全球经济所破坏和创造的巨大价值完美地印证了这一前瞻性论断，"去中介化"已成发展趋势，传统企业重组组织结构，再造竞争优势，人才供需失衡导致人才战加剧。每家企业都面临着严峻的挑战，全面、深刻的变革是大势所趋。

熊彼特创新理论的核心有三个变化过程，分别是发明（创意）、创造（将创意转化为可销售的产品和流程，也就是将创意商业化）和模仿（项目采用或扩展）。敏捷创新要求企业适应、擅长创新过程，并能加快创新周期。我们必须在较短的时间内推出符合市场定位的产品，并且根据用户的反馈积极地调整，力求在创新中求生，在创新中求变。

◆ 授权创新

创意来自任何地方

谈到创新，人们通常认为不同或不相关的想法和概念以新的方式重新组合而驱动创新的发生。加州大学戴维斯分校管理研究生院科技管理学教授安德鲁·哈格顿（Andrew Hargadon）提出"技术中介战略"：大多数创意都不是从零起步，而是"组合式创新"。它利用社会因素和人与人之间的联系架起一座桥梁。完全不同或非常遥远的部门、组织甚至行业可以通过网络将现有的想法、技术整合。创新其实就是在特定的时空背景下，通过有效的组合式创新解决特定时空的问题，为社会与商业创造价值。

在真正的敏捷业务中，组合式创新是基础，它源源不断地为我们提供了新的创意。但是，大多数组织并不擅长从员工那里获得创意或培养有创造力的员工。我们希望能借助如头脑风暴之类的方法为我们带来新的观点。虽然这样的方式并不完美，但它已成为一种人们习以为常的解决问题的途径，被大多数组织认为是产生创意的来源。通常在董事会会议或团队战略日中，人们会设定一个"头脑风暴"环节，围绕一个特定领域或主题自由创想。然而，头脑风暴法存在缺陷，正如迪尔（Diehl）和斯特罗比（Stroebe）1991年所言：

> 一群人能比一个人带来更多的想法，但是当这一群人单独工作时，他们会产生更多的想法，并且这些想法的质量也会更高。换句话说，头脑风暴冲淡了个人努力的总和。

亚历克斯·费克尼·奥斯本（Alex Faickney Osborn）在20世纪50年代出版的《应用想象学》（*Applied Imagination*）一书中首次提出了头脑风暴法的规则之一，强调通过数量来实现质量。它基于这样的假设：我们产生的想法越多，就越有可能找到一个激进而有效的解决方案。然而，华盛顿大学心理学教授基思·索耶（Keith Sawyer）指出：几十年来进行的多项研究一致表明，比起成员独立思考后汇总想法，头脑风暴产生的想法要少得多。

那么最好建立一种方式，不断去激发员工的创意。在这方面，毫无疑问，皮克斯成功了。源源不断的创新离不开这家公司的做事方法和企业文化。皮克斯动画工作室非常注重团队协作，在团队成员的默契配合下，创意才会自由涌动并发展壮大。埃德·卡特穆尔曾谈道：电影创作需要汇聚成千上万的想法，独立地看待一种想法，或者只重视一个人的意见是一种缺陷。我们需要的是一个有创造力的团队，不同背景的人才因为同样的愿景而汇聚。

在概述如何建立一个创造力源源不绝的组织时，卡特穆尔举了一个例子：有一家好莱坞影视公司的负责人告诉我，他的核心问题不是找不到优秀人才，而是找不到优秀的点子。其实，这是一种对创造力的误解，创造力并非是一种神秘的个人行为，产品也不是由单一的想法构成的。很多企业夸大了最初创意对原创产品的重要性。在现实中，任何一个复杂产品的开发都需要不同领域、不同学科的人才持续不断地创造，通过有效的合作来解决诸多问题。

史蒂文·约翰逊在他的著作《伟大创意的诞生》（Where Good Ideas Come From）中谈到，创意随着时间的推移而成熟，有时会以"部分直觉"和"半想法"的形式蛰伏数年，而不是来自突然灵感乍现的孤独创意天才。绝大多数创新都严格受到时代背景的制约，并且需要经过长年累月的孕育才能够诞生。创新的想法来源于各种信息的不断传播、交流、碰撞。企业需创建实体和虚拟空间，让各种想法得以融合，这是创新的有效方式和途径。

据报道，史蒂夫·乔布斯在设计皮克斯大楼[1]时，故意做了一些设计来创造人们相遇的机会。他希望员工来到共享空间，与同事进行偶然的对话。正如著名传记作家沃尔特·艾萨克森（Walter Isaacson）在《史蒂夫·乔布斯传》（Steve Jobs: A Biography）中写道：他把大楼里唯一的卫生间安置在

---

[1] 现已更名为乔布斯大厦，以示对乔布斯的尊敬。——译者注

宽敞的中庭附近，以便人们相遇。员工之间非正式的、随机的互动的作用通常会被人们低估。

奥斯本提出的头脑风暴的另一项重要规则是——禁止批评和评论，因为他相信在这种情况下，参与者会更自由地表达不寻常的想法。加州大学伯克利分校心理学教授查兰·奈米斯（Charlan Nemeth）进行了一项实验，他将265名学生分成5人一组，让他们在20分钟内解决同一个问题——如何缓解旧金山海湾地区的交通拥堵现象。每个小组被随机分配到三种不同的条件之一。其中，一部分小组被要求严格执行奥斯本原则，即不对头脑风暴中产生的观点给予任何负面的评价和反馈；一部分小组被允许对提出的观点进行辩论，甚至是互相质疑和挑战；另一部分小组则没有任何引导。最终第一类小组，即按照奥斯本原则操作的学生，仅仅比第三类小组的表现好一点。而第二类小组则远远胜出，提案数量比其他组别高出25%，并且在测试结束后，小组成员还有源源不断的创意产生，显得意犹未尽。这一组的参与者平均每人产生了7个额外的想法，而另外两组的参与者平均每人只产生了2个想法。

辩论或争执可能会带来一些不愉快，但却真实而有效。皮克斯的每个早上都会以同样的方式开启。早会上，动画师开始讨论前一天的工作（正如埃德·卡特穆尔所描述的"无情地撕毁每一帧"），旨在批评、辩论和改进。除了鼓励员工充分参与他人的工作，会议还将发现错误的责任分散到整个团队，这是埃德·卡特穆尔从精益生产过程中学到的一课。

头脑风暴在传统商业中占据了统治地位，当我们试图阐明其缺陷时，也许你会认为这是有悖常理的事情。然而，真正敏捷的企业已远远超越了传统的创意产生方法。他们会建立有效沟通机制，通过批评、辩论和重建，将创造性的方法嵌入每天的工作结构中，并不断推动创新的创意管理方式。

成为网络化的"多孔企业",并重视新视角的价值

为了建立安德鲁·哈格顿所提出的"技术中介战略",我们需要借助网络创造和更多人产生连接的机会。当公司规模扩大并面临持续的挑战时,公司通常会减少与外部的沟通,而将越来越多的时间花在内部优先事项、向上管理和政治斗争上。相反,成为一个网络化的企业意味着企业会更多地以开放包容的态度,重视不同视角的价值,去吸收新的想法和创意,并迎接挑战,让创意流动。

不要只专注于行业内部的想法和创意,不相关甚至遥远行业的新鲜观点在这里可能会有其独特的价值。将F1的技术与革新用于医学创新,这是常人不太能想到的,大奥蒙德街儿童医院[1]却让其成为现实。其外科和重症监护病房的医生在将病人从手术室(一个拥挤的空间)转移到重症监护病房时,通常要花30分钟在各种监护设备的转移上,如果能缩短这一转移时间,势必可以更好地改善病人护理情况。重症监护病房医生艾伦·戈德曼(Allan Goldman)博士和心脏外科医生马丁·艾略特(Martin Elliot)教授在完成了一台历时12小时的紧急手术后,来到员工休息室观看一场F1比赛。他们注意到,当赛车进站时,不到20人的F1赛车团队密切配合,换胎、装满汽油、摄入清新的空气,这一切在不到7秒内全部完成。

为了让手术室和重症监护病房交接流程更高效,艾伦·戈德曼博士和马丁·艾略特教授邀请迈凯轮和法拉利车队与他们合作。车队技术人员先是建议进行设备上的改良,然后扩展到人员训练和详细的流程设计。新协议指明麻醉师是转移过程中的领导者,也详细阐述了每个参与者的确切任务。图表准确显示了每个人在病人周围的位置,医务人员在车队技术人员

---

[1] 卓越的国际儿科护理中心,被公认为全球范围内少数可为患有罕见、复杂或多种疾病的儿童进行诊治的医院之一。——译者注

的指导下排练这一流程，尽可能实现无缝对接。在采用该协议后，转移效率明显提升。一位工业心理学家监测了27次操作，发现技术错误和信息移交中出现错误的概率几乎减少了一半。

我们还需要站在更高的角度来思考创新。约翰·哈格尔三世、约翰·西利·布朗和朗·戴维森（Lang Davison）在《拉动力——变推动为拉动、解放个人与企业潜力的全新商业模式》（The Power of Pull）一书中，用"多孔企业"来描述利用网络与外部积极建立连接的组织。员工之间产生有效连接，并通过新的多元视角关注业务价值。他们让知识流动起来，为创新找到新的出口，而不是墨守成规或依赖已建立的知识储备。我们已看到越来越多的例子，敏捷、网络化企业更适合从广泛的视角或通过更大范围的重组，带来颠覆性的想法和概念。

不安分、充满好奇心的组织

我们可以把网络化的"多孔企业"描述为一个不安分、充满好奇心的组织——不断探索、永远向前、不满足于现状，并努力去实现下一个伟大创意。企业通常会将创造力局限在固定的时间（比如头脑风暴会议），或将创新局限于实验室、特定的部门、职位上。他们并不擅长获取、评估或培育可能来自任何地方、任何人的创新理念。与此相反，富有创造力、充满好奇心的组织对员工进行有效的授权，给予他们充分的信任和包容，从而创造一个创意引擎，源源不断地培养、收获创意理念。

和多元化人才一样，创造力也是一个多元概念。心理学家纪尧姆·弗斯特（Guillaume Furst）、保罗·吉斯莱塔（Paolo Ghisletta）和托德·卢巴特（Todd Lubart）在创造力与人格关系的研究中指出，个体创造力具有许多不同的属性，这些属性往往在创造过程的不同阶段扮演不同的角色。研究确定了三个可以预测创造力的人格"超级因素"。这些因素说明了真正有效的创意引擎的更广泛的组成部分。

1. 可塑性： 性格外向，精力充沛，乐于尝试并善于捕获灵感。无论是个人还是组织层面，都有很强的探索动力、强烈的好奇心以及快速试验和学习的意愿。

2. 发散性： 不从众，如研究人员所说的"亲和力不高"。无论是对个人还是对企业来说，都需要保持独立思考的能力，勇于尝试新事物。为了心中的理想披荆斩棘，即使受到质疑，也坚持向前。

3. 收敛性： 具有精准、执着、批判精神、尽职尽责等品质。在组织层面上，需制定可靠的数据，作为组织决策指南。对创意进行验证，为了同一个目的／愿景／使命，团队协同奋进。当机会来临时，谨慎选择，关闭一些项目或者调整资源方向。

这项研究揭示了创造力是如何将生成技能（孕育出大量原创想法）和选择技能（能有效批评、评估和阐述想法）结合起来的。与设计思维一样，业务敏捷性需要我们保持想象力，同时也需要我们聚焦那些具有更大潜在价值的项目。那些具备了上述特质，并能灵活切换的人，是现代社会最需要的创新型人才。

创造性的组织框架

我们创建了一套实用工具，用于理解创造性的组织框架，也便于我们理解组织的创造力与敏捷的关系。如表 7-1 所示，我们一起来讨论交叉点上的问题。

如表 7-1 所示，我们将创造力三要素（可塑性、发散性、收敛性）与敏捷三要素（专注、灵活、快速）相结合，可以就此讨论，分析组织的优势和劣势。

续表

表 7-1 小组讨论问题

不安分、充满好奇心的组织	专注	灵活	快速
可塑性	我们面向外部，积极探索，寻找新的机遇	我们对新思想持开放态度，我们的企业文化和实践鼓励员工去创新	我们对新趋势和新想法及时做出反应，并迅速采取行动，抓住新机遇
发散性	发展多样化思路，扎根客户需求	我们需要包容型企业文化，让不同思想兼容并蓄	面对不断变化的环境，我们从不畏惧，并迅速调整适应
收敛性	我们使用数据测试、验证新的和不同的机会	我们的愿景需要与企业文化的建设方向一致，并植根于企业文化	当出现新机遇时，我们可以迅速调整方向，为新业务提供资源

全面、深刻的创新

我们通常将创新局限在一个维度上，但在当今，多维创新更显得尤为重要。在《创新十型》(Ten Types of Innovation: The Discipline of Building Break-throughs) 一书中，作者拉里·基利（Larry Keeley）、海伦·沃尔特斯（Helen Walters）、瑞安·派克尔（Ryan Pikkel）和布莱恩·奎因（Brian Quinn）指出，尽管许多高管在传统上会强调创新与新产品和服务之间的联系，但是找到突破性的创新并非易事。我们需要尽可能多地整合不同的创新类型，为组织带来差异化、不易复制和更高回报的产品。为了探索企业的创新之道，作者考察了两千个不同的企业创新项目，对其进行了深入的研究和分类，他们以此总结出十种类型的创新，并将其划分为三个领域的创新：

1. 结构型

（1）"营利模式"——你如何赚钱？挑战并打破行业内的产品、服务、定价和收费标准。

（2）"网络"——你如何与外部合作伙伴创造出单凭自己无法创造的价值？网络创新使企业利用自身优势，同时利用他人的能力和资产为组织带来价值。

（3）"结构"——人才、资源、资产的整合。结构型创新可以为企业创造独特的价值或带来更高的效率。它可以提高生产力，提升团队协作能力，有助于吸引人才加入，并提高绩效。

（4）"流程"——在项目开发和项目运营中施行独特或卓越的方法。这种创新关乎企业的"核心流程"或能力。在工作流程中提高团队能力、适应力或工作效率。我们需要开辟独特的工作方式，走在竞争对手之前，并可能在较长的时间内保持竞争优势。

2. 提供型

（1）"产品性能"——独特属性和功能性开发。这可能意味着开发一款全新的产品，或显著改善现有功能、质量的产品。

（2）"产品体系"——互补产品和服务的创造。这涉及将不同的产品或服务以不同的组合方式创建新的功能或价值，体现"交互性""模块性"和"互操作性"的重要地位。以生态系统的发展为例，当我们在一个方向获取了成功，我们可以利用其优势在另一个方向创造新的价值。

3. 体验型

（1）"服务"——通过服务创新为产品增值。通过改进服务设计或提供个性化定制服务，提高产品性能、实用性和客户忠诚度。与客户需求无缝连接，解决客户难题。提供非凡的服务体验，给客户留下深刻且难忘的印象，能将普通用户升级为忠实用户。

（2）"渠道"——将自己的产品或服务带给客户的方式。创新的渠道全然不同于常规的渠道。渠道创新的重点是寻找别出心裁的方式为用户提供产品和服务,为客户创造非凡的消费体验。

(3)"品牌"——是企业产品或业务的代表。在品牌上寻求创新,让消费者识别、回忆或联想到企业品牌、独特的身份和产品的"承诺"。通常我们需结合客户的多个兴趣点,从而为产品赋予价值和意义。

(4)"客户关系"——培养引人注目的互动,通过深入了解客户的愿望和需求,与客户建立更深层的连接。为客户创造价值,为他们带来难忘、充实、愉快甚至神奇的体验。

从多维的角度看待创新,将为我们拓宽创新的思路,让变革不仅影响产出(产品和服务),还影响基础设施(网络)、关系(合作关系及通信)、流程、结构和资源。过于狭隘看待创新会限制根本性的变革,这意味着转型将会失败。创新不仅指代突破性的新商业模式,也包括专注于以新的方式去解决特定客户的痛点,从而推动更多客户的参与。因此重要的是在快速取胜和解决基本问题之间取得良好平衡,同时还要确定真正差异化的选项。在本章的最后,我们将举例来说明如何创新。

◆ 重构商业模式——选择轻资产还是重资产

创新为我们提供了多维视角,通过新颖、有趣的解决方案,重新构建企业的商业模式。优步(Uber)是一家没有汽车的出租车公司,它也是一家移动互联网创业的轻资产企业。现在优步以其专业知识和专业能力横向创新,不断涉足新领域,给用户带来更多更好的体验。其新业务包括优食、优步货运、优步健康和优步理财等。

同样地,爱彼迎(Airbnb)是一家轻资产运营的服务型网站,为旅游人士和家有空房出租的房主搭建连接。目前爱彼迎的业务已扩展到更为广泛的领域,为客户旅程提供全方位的服务,如"爱彼迎体验"等。并且爱彼迎很有可能会进军旅游保险等其他领域。诸如此类的轻资产运营模式的企业能够通过软件开发、数据分析和增值服务实现快速扩张。创意可以被快速测试和验证，依托互联网快速增长催生出的共享经济，在全球范围内迅速扩张。

奈飞（Netflix）在短短 6 年多的时间里占领了全球 190 个市场，如果换作一个重资产运营模式的组织，在以前需要几十年时间才能达到这样的规模。许多数字初创公司已经从通过所有权创造价值（购买商品或服务）转变为通过访问网站获取价值，它们拥有更少的资产，但通过网络市场与客户产生更有效的连接（见图 7-1）。

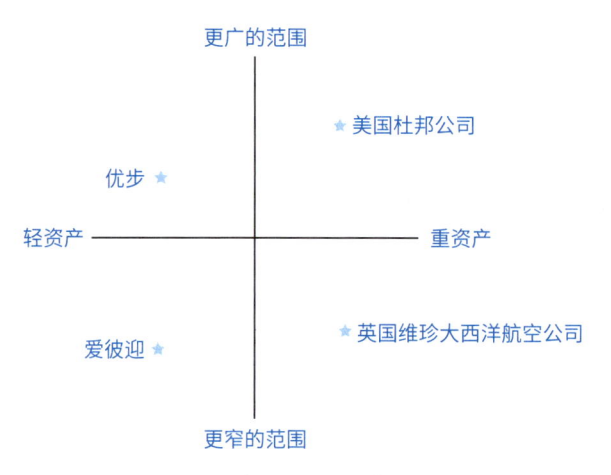

图 7-1 你的业务模型是轻资产还是重资产

你的组织是否有潜力提供一种不同的业务模式？这种模式刚开始时可以是轻资产、窄范围的运营模式，但之后会随着规模扩大而逐渐扩展。

定义要解决的问题

设计思维、精益和敏捷都是以客户为中心的方法，专注于严格定义和响应客户需求。例如精益实践涉及从过程中尽可能多地去除假设，包括你是否在第一时间找到了真正的问题。

这里，一个有用的框架是"五个为什么"，这是一种简单但非常有效的方法，通过反复询问"为什么"五次来找到问题的根本原因，每个问题都构成下一个问题的基础。它最初被丰田公司用于解决生产过程中出现的问题，成为其科学体系的基本方法之一。丰田生产系统的架构师大野泰一描述了一个将其应用于机器人停车的例子：

（1）为什么机器人停下来了？——电路过载了，保险丝烧断了。

（2）为什么电路过载？——轴承润滑不足，为了自我保护而切断电路。

（3）为什么轴承润滑不足？——油泵没有足够可供循环的油。

（4）为什么泵不能循环足够的油？——泵的进气口被金属屑堵塞了。

（5）为什么进气口被金属屑堵住了？——因为泵上没有过滤器。

类似地，我们可以用"五个为什么"方法来解决客户问题或我们面临的挑战。它有助于我们消除假设，并找到问题的根本原因。

克莱顿·克里斯坦森提出的"用户目标达成理论"（Jobs to Be Done, JTBD），是另外一种构建客户需求的实用方法。该理论认为，顾客购买产品、服务或品牌的原因，是他们聘用商家为他们做特定事。这是一个简单的想法，但它有助于我们更好地理解客户的需求。克里斯坦森以果汁饮料v8为例展示了这一理论。这款饮料曾同市场上的其他软饮料如佳得乐（Gatorade）等以类似方式展开激烈竞争，强调品牌属性，如其清爽程度。后来公司意识到人们购买它是为了完成另一个目标，于是发起一项活动，强调其能为我们提供每日所需蔬菜。不到一年的时间，V8的销售翻了两番。

保罗·亚当（Paul Adams）是Intercom（一家设计聊天机器人的公司）产品副总裁，曾任脸书和谷歌产品副总裁，他描述如何在产品设计服务中应用克莱顿·克里斯坦森的"用户目标达成理论"。

将工作中的每一个设计问题都按如下思路进行，专注于情境的触发事件、动机和目标以及预期结果：

当（什么样的）时候，我想要做（什么），所以我能够（怎么样）。

例如：当一个重要的新客户注册时，我想要得到后台通知，这样我就可以开始与他们交流。

这样的例子，看似只是简单的陈述，但当我们从客户的角度出发时，我们才会知道客户真正希望得到的。这是一个革命性的概念，它不仅有助于产品开发，而且将从更广泛的角度让我们与客户建立连接。其研究目的不是为了优化现有流程，而是通过发掘用户的期望本质，来创造出新思想和新产品。

◆ 为未来创造可能

在高流动性的环境中，对于所有类型的企业而言至关重要的是：我们不仅要保持高度的敏捷性和适应性，还需对未来进行展望，即使我们的愿景可能会随着新环境的变化而改变。例如，奈飞早就在其网站上发布了对未来的期许、企业愿景和对市场演变的展望。

尽管一些未来学家让我们相信，未来变化莫测，几乎无法准确预测，但这不应该阻止我们为未来构建一张蓝图，指引我们去探索未知的可能。事实上，我们有必要这样做。杰夫·贝索斯曾说：

> 我经常被问："未来10年，会发生什么变化？"这是一个非常有趣的问题，也是一个很常见的问题。但是几乎从来没有人问过我：在未来10年里，有什么是不会改变的？其实，在我看来，第二个问题相对而言更重要——因为当我们了解了什么是不会改变的，我们就可以围绕这些稳定的事物建立起商业策略。

他谈到如何围绕客户的基本需求（比如客户倾向于较低价格，选择丰富、快速传递价值的产品或服务）建立业务。然而，满足这些需求的方式在不断变化，尤其不断向前发展的技术会为我们带来新的可能。因此，对企业而言，需要不断地挑战自我，不断地打破格局，重新构建蓝图。不仅要着眼于现在，更要放眼于未来，从客户的角度思考，满足客户日益增长的需求。如果组织不想因为不作为和缺乏灵活性而停滞不前或变得脆弱不堪的话，就需要不断地审视自己，退一步思考：现在需要做什么，以便未雨绸缪，为可能的变化做好充分准备。

未来锥（the future cone）最初由查尔斯·泰勒（Charles Taylorl）提出，通常也与约瑟夫·沃罗思（Joseph Voros）联系在一起。这个模型让未来可视化。它不仅可以帮助我们构想不同的未来，为明天创造不同的可能性；它还可以用于当前的假设验证，帮助我们做出更明智的决策。未来锥为我们罗列了一系列未来场景，包括预期的、可信的、合理的、可能的甚至荒谬的未来。

- **预期的未来**：当一切保持原样，没有变化时所发生的情境。
- **可信的未来**：根据目前的趋势和进度，很有可能会发生的情况。我们主观上的努力程度，以及我们对该项目的信心将决定其发生的可能性。我们甚至可以将"预期的未来"归入此类，因为这正是我们努力的方向。
- **合理的未来**：发生的可能性较小，但根据我们目前的了解，仍有可能发生。正如策略师兼作家迈克·巴克斯特（Mike Baxter）所言：我们可能不需要为合理的未来制订详细的计划，但我们需要觉察它们，并且在它们发生的可能性增大时及时注意到。
- **可能的未来**：目前看不可能出现，但当环境出现重大变化时有可能发生。对于它，我们无须制订周密计划，但考虑到它很重要，它可能以积极方式拓展我们的思维，或者以重大方式对我们产生负面影响。

- **荒谬的未来：** 不可能、不可信，因而很容易被忽视。但即使它，也有助于在规划讨论时引发不同思考。

当我们讨论这些反常的情况时，我们可以逆向思考，我们在哪方面做出的改变，可以促使这些反常的情况变得有可能发生。这非常实用。对于不确定的未来，我们要做出什么努力，可以让其变得更合理；对于看似合理的未来，我们能做些什么，以便让它变得极有可能发生。

通常我们会根据现有状况为未来绘制蓝图。新技术的出现，不断挑战着我们的认知思维，也不断为我们创造新的可能。这意味着我们需要去设想任何可能发生的情况，而不仅仅是基于我们的偏好，或只考虑在当前有可能发生的情况。观察家们会讨论各种各样的技术革新，但他们会关注到潜在的发展趋势（例如，人工智能和机器学习在各个领域已得到广泛应用，这势必将影响商业世界的运转）。这些必然的趋势会帮助我们创造新的可能，它们互相依赖，交织在一起，朝同一个方向前进。我们必须要洞悉行业的发展趋势，并为之做好充分的准备。

正如迈克·巴克斯特所言，我们需要认识到计划的保真度如何提高，以更接近可能和预测；我们需要拓宽思维，根据不同类型去推理，为未来发展绘制蓝图。我们可以从具体的案例推导出一般原理、原则（归纳推理），也可以从一般原理到特殊案例进行推理（演绎推理），甚至从不完整的观察来形成我们最好的预测（溯因推理）。无论我们使用什么工具，我们都应该记住，不能仅靠逻辑推理和应用模型，我们还需借助想象的力量腾飞，而这样的力量在商业世界经常会被严重低估。

首要原则和 10 倍思考

埃隆·马斯克（Elon Musk），特斯拉公司和太空探索技术公司（SpaceX）的首席执行官，无疑是当今最具创新精神的企业家之一。他提出第一性原理，这是真正专注于突破性想法的方式。在物理或数学中，第一性原理是指不能从任何其他命题或假设中推导出的基本命题或假设。

马斯克区分了商业中常用的类比推理（与已经存在的东西相似的想法）和第一性原理（将事情归结为基本的事实，也就是说一层层剥开事物表象看到里面的本质，再从本质一层层往上走）。

虽然类比推理可以为我们带来一些新想法，并可能给人一些安慰，至少有一些创新元素是建立在现有行为或过去的工作中的，但这仍然意味着起点包含了现有假设。当我们采用全新或破坏性的方式去解决问题时，需要更多的精神能量。当我们找到新的价值原点，我们更有可能得出颠覆式的解决方案。

在大型组织中，随着时间的推移，我们建立起一些假设框架。这些假设已经嵌入到组织文化或实践中，但它们从未真正得到检验，或者已不合时宜。当主流意见、关系资本和公司内部的组织习惯都支持这些约束时，就很难打破这些约束的限制。

在《游戏颠覆者》（The Game Changer）一书中，长期担任宝洁公司首席执行官的 A. G. 雷富礼（A. G. Lafley）谈到，商学院往往侧重归纳思维（基于直接可观察到的事实）和演绎思维（逻辑和分析，通常基于过去的证据），而设计学院则强调诱导性思维，让学员充分发挥想象力。正如我们在第一部分中讨论的：用想象力去开启未来的可能性，这非常重要。如果我们想要打破行业格局、取得颠覆性的进展，我们就不能仅仅以渐进式的方式进行创新。然而，随着企业规模的扩大，我们通常会将精力和时间投入效率提升和边际创新。企业如何将创新嵌入企业文化中，从而创造新的可能呢？

在 2015 年致股东的信中，杰夫·贝索斯写道：亚马逊之所以与众不同，关键在于我们对风险和试验保持长期试错的态度。大多数大型组织都会接受发明的理念，但他们不愿意忍受一次次的尝试和失败，而这些失败正是实现突破性进展所必须经历的。我们追求巨大的回报，就意味着要突破传统观念，同时也意味着较高的失败率，因此实验的数量和类型都至关重要。

大胆尝试很重要，但同时我们应采取正确的方法来控制风险，通过一次次试验和从失败中总结经验，赢得突破性创新。

阿斯特罗·泰勒（Astro Teller）是谷歌 X 实验室负责人，这是一个颠覆性创新部门，该部门的使命是"创造突破性的新技术来解决世界上一些最难的问题"，他们将 X 实验室的工作描述为"登月计划"。这些致力于"登月计划"的工程师、发明家和设计师试图找回遗失的创新发明之道。同时，谷歌并没有将创新局限在 X 实验室内。创新有可能来自任何地方，谷歌提出"10 倍创意"的理念："我们要想得到 10 倍而不是 10% 的改进。"在创意生成的关键阶段，团队需要去关注：将这个创意放大 10 倍需要怎么做。要想得到"10 倍创意"，我们就必须摆脱渐进思维，克服对失败的恐惧。这迫使团队在一个完全不同的尺度上重新去评估他们的想法，尝试着去创造真正颠覆性的解决方案。当我们从问题的最基本元素开始，以不同的方式将它们重新组合，我们就能更好地突破限制视野的障碍，对未来重新构想，这可能会为我们带来颠覆性的改变。

具有讽刺意味的是，有时 10 倍比渐进式增长更容易被人们想到，因为后者通常会迫使你专注于调整和优化现有的系统和过程，而许多人可能已经花了相当多的时间研究这些系统和过程，要想在现有基础上突破会越来越难。尽管边际创新和突破性创新都很重要，但值得注意的是，很多企业的激励机制只围绕着渐进式创新，而不是 10 倍的突破式创新。

乌克兰撑竿跳运动员谢尔盖·布勃卡（Sergey Bubka）是男子撑竿跳室外与室内世界纪录的保持人，他的故事可以给我们带来商业启示。激励机制与渐进式增长相结合，会对人产生什么样的激励作用呢？布勃卡是一名了不起的运动员，他通过自己的运动精神、技术和天赋改变了他的命运。布勃卡的技术特点是握竿点高，助跑快，起跳积极有力，"弯竿"技术相当出色，能充分利用和发挥撑竿的物理性能，这是大多数跳高运动员都不具备的。

1983 年，19 岁的他赢得了世界冠军，之后他又获得了 6 次世界锦标赛冠军。他至少 35 次打破了撑竿跳世界纪录（18 次室内，17 次室外），将之前的世界纪录从 5.83 米提高到 6.14 米，打破并超越了传说中的 6 米障碍。

在田径场上，不论是谁的统治也没有布勃卡的长久而专横。他独步天下，主宰了世界撑竿跳领地长达 20 年之久。他一次又一次地创造世界纪录，而且几乎每次都只是将成绩提高 1 厘米，此举在一定程度上也是为了从赞助商那里不断得到不菲的奖金。布勃卡每次打破世界纪录都会获得高达 10 万美元的奖金。体育记者们纷纷报道，布勃卡似乎做了一个明智的决定，开始尽可能多地以渐进式的方式打破自己的世界纪录——他在这方面做得非常成功。

例如，在 1991 年至 1993 年间，他将自己之前的记录提高了不下 14 次。他的最后一项纪录是 1994 年创下的 6.14 米，20 年后才被法国人拉维勒尼（Renaud Lavillenie）打破。

精英运动员通常会有一个黄金时期，大多数运动员的巅峰状态都保持在这个时间段，他们能够把自己的表现提升到一个完全不同的水平，之后他们会努力再次达到这个水平。

我们永远不知道布勃卡是否能够在早年就创造更高的纪录，但他持之以恒，一次又一次地打破自己的纪录，成为有史以来最成功的运动员之一。让我们回到商业中，目前，很多企业的绩效管理和激励系统都是面向渐进式改进和边际收益的。如果这是你激励的东西，加上员工的努力和匹配的资源，这就是你将收获的。但在组织中，我们不应该去鼓励真正的突破性进展吗？而那些带我们走得更远的期望、诱惑和回报又在哪里？

◆ 创新的根本是商业化

构建创新模式

> 同时在头脑中大胆地思考两种截然相反的想法，并且还能保持工作的能力，就算对于高智商人士而言，也是一种考验。
>
> ——弗朗西斯·斯科特·基·菲茨杰拉德
> （Francis Scott Key Fitzgerald）

著名的国际象棋大师加里·卡斯帕罗夫（Garry Kasparov）曾谈道，下棋和商业世界一样，需要在一些世俗的惯例和不可思议的大胆突破中取得平衡。对于大师级别的棋手而言，赢家和输家的区别，是前者愿意去做不可思议的事，通过出人意料的战略颠覆对手的思维：

> 绝妙出奇的战略当然需要高智商，但是就算有超高的智商，没有胆识也是不行的……商界亦是如此：墨守成规无法取得成功。当你的对手可以很容易地预见到你的每一步棋子，你的处境就会恶化，你不能找到自己独特的价值。

卡斯帕罗夫向我们暗示了商业中的关键性挑战：我们需要在日常销售、持续改进和创造、孕育并发展潜在的颠覆性创新中取得平衡，从而在市场竞争中占据有利位置。

当企业专注于在市场中提供稳定的商品或服务时，企业会遵循市场规律，选择渐进式的创新。当我们专注于边际效益时，我们很难拥有足够的资源去发展创造性思维。

要想在市场中取得颠覆性的进展，我们需要为创造性思维留有足够的空间。自20世纪40年代洛克希德·马丁公司的核心部门臭鼬工厂（Skunk Works）成立以来，企业创新实验室成为组织结构创新的主要方式。将创新作为独立的部门，对于整个企业而言，包容性会有所缺失，组织的整体学习能力也会受到限制。但是从另一方面来说，创新实验室的独立自主，可以催生出新的工作方式，培育出真正不同的思辨能力，（在资源合理的情况下）可以防止早期的创意被缺乏灵感或探索空间的企业文化所淹没。

好处可以来自多个方面。凯捷管理顾问公司（Capgemini）通过对数家大型企业的研究，揭示创新实验室具有六个关键目标，包括：加快创新速度、为新想法提供渠道、增强冒险能力、吸引人才、提升员工敬业度和帮助培养创新文化。

史蒂夫·布兰克和伊万杰洛斯·西莫迪斯（Evangelos Simoudis）描述了创新中心典型的三个发展阶段，每个阶段都需要一套明确的目标以及与之匹配的团队。第一阶段包括建立网络和伙伴关系，以积极的态度去"感知"创新并跟上技术发展的步伐。例如，宝马和梅赛德斯－奔驰等汽车制造商在硅谷建立创新中心，用于追踪和参与自动驾驶汽车和其他技术的创新。第二阶段是在重点相关领域发明、投资、孵化和收购核心技术和公司（需要风险资本或并购能力）。第三个阶段是建立产品，或"将企业问题的解决方案产品化"。

例如，沃尔玛实验室（"我们不是在硅谷竞争的零售商。我们正在这家全球最大的零售商内部建立一家互联网技术公司"），是沃尔玛收购硅谷科技企业 Kosmix 时创建的。沃尔玛没有将 Kosmix 早期的业务融入组织，而是创建了沃尔玛实验室，其使命是在全球范围内重新定义电子商务，并以此推动数字和移动商务领域更广泛的变革，同时也为母品牌开发一系列新的平台和应用程序（据悉，沃尔玛实验室开发的搜索引擎推动了 20% 的在线销售率的增长），目前沃尔玛实验室已经收购了超过 14 家初创公司。

很多企业会选择创建"催化剂品牌"，通过创建一个被大众认可的品牌，以创新为引擎，助力企业高质量发展。2013 年，英国燃气公司推出了 Hive Active Heating（智能恒温器），让每个家庭实现全程自动化控制和远程遥控。团队以客户需求为导向，使用精益创业和敏捷开发的原则和方式，通过不断学习和有价值的用户反馈，对产品进行快速迭代优化，以期适应市场。在两年的时间里，他们推出了第一代智能恒温器，在同类产品中成为英国首屈一指的品牌，为 20 万个家庭提供服务。

联合利华创想 +（The Unilever Foundry）是为初创公司和创新品牌寻求合作和探索商机的平台，这也是联合利华发现颠覆性技术和创业者的一种方式。联合利华为这些初创品牌提供办公场所，为了建立和培养未来的战略合作伙伴，联合利华给予其指导，为其制定营销计划和产品策略。联合利华还定期举办黑客日活动，在具体的项目中，一起应对激动人心的商业挑战。此外，联合利华利用众包平台，汇聚互联网设计、开发、策划等创意需求或解决技术性问题，帮助公司可持续发展。联合利华的员工也会定期参与各项活动，这有助于让新的创意在公司内更广泛地传播。

联合利华创想 +、Hive Active Heating 和沃尔玛实验室这三个不同的案例，向我们描述了大型企业如何在创新中开拓疆域，同时在业务中创建和培育有竞争力的商业模式。创新实验室真正的好处在于，在足够的资源下独立创新，自由地开拓潜在的颠覆性理念，并激励人们以全新的方式开展工作。它高度整合了创新人才和资源，并在企业中更广泛地传播不同的思想。这里是伟大想法的孕育场，也是革新技术的孵化器。创新实验室为我们带来了新的工作方式，但是只有当这些新的方式和理念在企业内部更广泛传播时，真正的根本性变化才会发生。

创业家的使命

企业通常并不缺乏创意。对于企业而言，更大的挑战在于选择、培育、收获和扩展创新的理念和方式。创新实验室作为创意的孵化器，向组织输入新的工作方式和理念，并逐步将这些理念变成现实。我们运用设计思维、敏捷开发和精益创业的理念和方法，不仅可以为创新加速，还可以在企业中渗透创新的理念和价值。

企业遵循总体战略愿景，通过客户反馈开发优先级产品。随着迭代性开发，企业聚焦核心价值，降低组织风险。企业通过快速探索、测试和学习，将已被实际客户验证过的早期产品扩大生产，而不是将未经测试的产品直接投入市场，并期待能迅速实现其商业价值。通过早期用户的反馈，我们有机会在早期为产品定位核心受众群体。即使最终产品的用户将扩展到数百万，我们也应该从一个小市场开始。例如，脸书最初只面向哈佛大学的学生，后来面向波士顿地区的其他大学，然后发展到常春藤盟校，再扩展到北美大学，这是一步步的探索过程，也是企业心态转变的过程。硅谷创投教父、贝宝（PayPal）创始人彼得·蒂尔（Peter Thiel）在《从0到1》（Zero to One）一书中，详细阐述了自己的创业历程与心得，包括如何避免竞争，如何发现新的市场。他写道：

> 为什么MBA毕业的人少有互联网创业成功的案例呢？那是因为互联网创业大多是从一个较小的市场起步，在他们看来

也许根本不像是创业机会。

对于企业而言，将产品从创新实验室转移到更广泛的业务领域，是一个关键性挑战。也许这个概念或产品已经在实验室里进行了严格的测试，但当把它交给产品经理时，经理们可能并不会像初创人员那么投入，他们会把这个新产品看成是现有产品的补充。更糟糕的是，早期产品受短期目标和预测结果的约束，当它进入市场后，有可能会成为官僚主义的牺牲品。

埃里克·莱斯说道：这类似于当我们从科学领域跨越到占星术时，我们要有探索的勇气和决心。这是许多公司缺少的，他们缺乏创新精神，缺乏创业家的使命感。我们需要将创意从实验室中提取出来，我们需要采用有规律的、系统性方法来测试和获取新的创意，并将这些创新概念转变为商业项目。我们需要有能力、有担当的创新型人才将其扩大生产，投入市场，并带来价值回报。

在产品的早期阶段，预测目标和结果有可能会阻挠产品的开发过程，并影响产品的最终走向。例如我们的早期目标是为了获取利益，而并非是从客户的角度出发，当预测结果不能达到我们的期望时，我们往往会终止这个项目。在产品的早期阶段，我们会考察产品的商业价值，就产品的收入和利润决定其去向。

我们之前讨论过埃里克·莱斯提到的会计创新。下面我将讨论硅谷企业家和天使投资人戴夫·麦克卢尔提出的用户生命周期的 AARRR 模型，因其掠夺式的增长方式，也被称为海盗模型（Pirate Metrics）。

海盗模型

史蒂夫·布兰克曾向我们描述，初创公司是如何通过有效地寻找可重复和可扩展的商业模式，一步步建立起来的。刚投入市场的早期产品可以被看作正在寻找市场机会，锁定特定消费群体的产品。价值主张画布（The Value Proposition Canvas）和精益画布（Lean Canvas）都是研究产品商业模式的非常实用的工具，它们都适用于产品早期阶段，让产品与目标市场建立连接。虽然我们的最终目标是让产品价值最大化，但在产品的早期阶段，我们的重点应该是获取经验，在市场环境中去学习。如果仅仅将收益作为成功的衡量标准，有可能会分散我们的注意力，并且也不会带来实质性帮助。

戴夫·麦克卢尔的"海盗模型"，定义了一组可以创建客户生命周期的宏观指标，收入是其中之一，但不是唯一的原因。它帮助我们更好地理解如何赢得客户和维护客户。该模型也被称为AARRR模型，AARRR分别代表了客户生命周期的五个阶段：

获取（Acquisition）：你获取了多少客户？

激活（Activation）：他们中有多少是活跃用户？

存留（Retention）：他们是否回来，再次使用产品？

收益（Revenue）：你从用户身上获取了多少利益？

推荐（Referral）：用户是否会向他人推荐你的产品？

让我们来进一步阐述其价值：

- 获取用户：第一步毫无疑问是获取用户，也就是大家通常所说的推广。用户通过哪些方式了解到你的产品？有多少客户留存了信息？

- 提高活跃度：有针对性地圈定目标人群。在用户中，有多少人实际使用/订阅产品？激活率是多少？

- 提高留存率：监测用户流失情况，有多少用户再次使用产品/服务？客户留存率是多少？

- 获取收益：这是应用运营最核心的一块，你从用户活动中获取了多少收益？

- 推荐：有多少用户向其他用户推荐你的产品 / 服务？转介率是多少？从客户推荐到再次获取新用户，用户数量形成螺旋式上升。

建立完善的数据指标体系，便于我们对用户行为进行更全面的分析。它可以帮助我们在实现盈利之前，了解目前的运营情况。从这个意义上说，AARRR 模型有助于初创企业开拓市场，从而留住创业家和创新性管理人才。这是一个简单实用的模型。同时，它也向我们证明，企业如果想要取得创新，就必须拥有足够的灵活性。

◆ 以数字原生企业方式进行扩展

大型企业对现在的规模很满意，但矛盾的是，我们对于规模的理解，往往来自创业的初期，那时我们还未发展起规模。资源限制会迫使我们做出困难的优先级选择，我们需要筛选出合适的客户问题并针对性地去解决。解决一个关键问题，并最终占领一个有利可图的利基市场，这一过程本身就是不可错失的学习机会。我们可以将这个过程扩展，以此作为支点，帮助我们在产品特性的转换中做出决策，从而促进用户的消费和使用。以"照片墙"为例，它最初是一款名叫 Burbn 的多功能签到应用程序，但当市面上涌现众多同类产品后，创始人凯文·斯特罗姆（Kevin Systrom）决定专注于照片分享功能。他说道：我们认为，当我们建立一个公司时，我们要专注于做好一件事。

爱彼迎创始人兼首席执行官布莱恩·切斯基（Brian Chesky）谈到，保罗·格雷厄姆给他们的建议改变了他们的轨迹：我们明白，获得规模的关键并不是急于去扩展。换句话说，让 100 个人真心喜欢你的产品才是真实可靠的评判。我们没有办法让 100 万人喜欢上爱彼迎，但我们可以做到 100 人热爱我们。

随着产品或服务的规模增长，用户规模也随之增加，我们仍然会以长期愿景为指引，去发展迭代性产品或找到产品的支点，这是挑战的关键所在。亚马逊一直有主宰数字零售的愿景，杰夫·贝索斯却有意地从图书市场开始。正如彼得·蒂尔在《从0到1》中写道：

> 正确地为市场测序往往被人低估，扩张需要找到其发展规律。成功的企业会首先占领一个特定的利基市场，然后扩展到相邻市场。

如果其中的一个关键问题是何时进行扩展，那么答案只能是从合适的时间点切入。当关键指标告诉你，你正在解决客户关心的问题，你的用户对你的产品也非常青睐，那么你需要加速扩展。

使用网络效应

与我们现在所知的网络效应类似，梅特卡夫定律（Metcalfe's Law）起源于20世纪80年代，是关于网络的价值和网络技术的发展的定律。该定律指出，随着连接到网络上的设备的增多，由通信实现的网络价值会呈指数级增长。在20世纪90年代，该定律计算出一个网络的价值与连接到该系统的用户数量的平方成正比。我们可以使用一个简单的例子——电话，来解释梅特卡夫定律。如果在当时只有两部电话，它们并没有给人们的生活带来什么价值。但是随着越来越多的电话加入网络，可以使用这种技术来相互交谈的人数也越来越多，这意味着每一部电话的价值也随着连接人数的增加而增加。

同样，在互联网时代，网络效应描述的是一个简单深刻的概念，即网络中节点、用户或连接点越多，网络的价值就会越大。正如电话一样，使用社交网络的用户数量越多，这个网络对每个用户来说就越有价值。利用网络效应规模化的产品，用户越多，越会形成良性的增长循环，营销便有效地融入了产品发展中。

生态系统、黑客增长和 API 的开放

限制往往是创造力的驱动因素，开放通常是扩大规模的有效途径。《线车宣言》（*The Cluetrain Manifesto*）的作者之一，戴维·温伯格（David Weinberger）曾将网络描述为"将资源松散地连接在一起"。

应用程序接口（API）是一组功能、协议、过程和工具，使开发人员能够访问另一个应用程序的数据。当有数千个应用程序接口存在，连接数千个不同的服务器，就为数字服务提供了一个强大的易于访问的数据源和构建块。API 有两种方式能够促进和加速业务增长。一种方式是利用第三方数据，通过获取丰富的情报和数据，在这些资源上构建起各种服务。另一种方式是利用数字创新的原材料数据，创建自己的 API 并向第三方开放数据的关键部分，其他组织或个体可以从这些原材料中创建新的概念或找到新的商机。API 不仅可以扩大规模，还可以创建一个网络生态系统，为企业搭建连接平台，让价值像数据一样快速流动。

开放系统和平台商业模式可以通过授权为服务商和参与者共同创造巨大的价值，促成某种价值交换。降低交易成本和授权新形式的协作使企业能够以全新的方式进行规模扩张。通过开放各自的应用商店，苹果和谷歌已经为开发者和他们自己的企业创造了数十亿美元的价值。通过 API 的数据整合，企业促进了业务增长，增强了价值倡导，也为创新提供了丰沃的土壤。

然而，API、开源、点对点模型和黑客增长需要不同的思维方式。在爱彼迎成立之初，两位创始人努力在平台的两方——房源和租房者方面扩

大影响力。很多大型企业在扩张中会采用传统的扩张模式，如通过市场推广和广告。但是爱彼迎的创始人却另辟蹊径。因为他们的起始资金极其有限，爱彼迎看中了大型免费分类广告网站 Craigslist 的用户，推出了一项功能：允许用户在爱彼迎发布信息的同时，方便地将相同的信息内容复制一份同步发布到 Craigslist 上。这一成功的技术突破为爱彼迎带来回报，来自 Craigslist 的回流撑起了爱彼迎的人气，许多人纷纷加入注册，发布更多出租的信息。

增长黑客（Growth Hacking）指通过非正常手段增加网站或其他产品的运营数据。企业将传统营销、分析技能与类似于产品开发的技能（包括测试和学习，优化成功，抛弃失败的方向）相结合，从而获取和留住用户，特别是在关键用户群的背景下，使服务能够利用网络效应资本化，推动用户增长。早期的推特（Twitter）、脸书、领英和果壳问答（Quora），都曾聘用技术人员利用产品或技术手段来获取用户数量的增长。

增长黑客的概念跨越了市场营销和产品开发团队的界限，以数据驱动营销，以市场指导产品，通过低成本的手段解决公司产品早期增长问题。吸引客户认可你的产品，从而获取和留住更多用户。因此，增加营销预算与构建产品功能紧密相关，反之亦然。它将技术手段与市场营销相结合，将产品管理、数据科学和传统营销技能相结合。它不太注重通过购买注意力来提高知名度和兴趣，而是更注重为用户创造丰富和具有吸引力的体验。我们需要找到可持续增长的点，通过分析数据，从活跃和富有激情的用户那里找到关键点，从而构建可持续发展的功能和体验，以不断吸引新用户，并鼓励他们尽可能快地活跃起来。AB 测试、数据分析只是战术，最终的战略目的还是要提升产品的用户体验，从而增加用户黏性，拉动口碑。

著名的增长黑客乔希·埃尔曼（Josh Elman）给出了很多案例，说明增长黑客如何为企业扩张带来真正的价值。他说：试图人为地创造增长，可能会产生峰值，但很少会带来长期价值。当他与早期的推特合作时，他们的核心挑战不是获取用户，而是吸引那些刚刚注册的用户定期使用该软件。针对这个问题，典型的营销手段是基于客户关系管理或使用广告来重新定位用户。然而，当乔希·埃尔曼和他的工作团队分析用户行为数据时，他们意识到，如果一个新用户在注册时手动选择并关注了至少 5 个账户，那么这位用户再次使用该软件的可能性会大幅提升。因此，他们在推特上重新构建新用户注册流程，并且在用户体验等方面做出改善，显著提升了用户留存率。

数据即服务

2002 年，杰夫·贝索斯在致亚马逊员工的信中要求，公司内所有团队都应该通过服务接口公开他们的数据和功能，团队之间应该通过这些应用程序接口进行对接，并且这些资源都应该对公司以外的开发人员共享。（他甚至说，任何拒绝资源共享的人员都将被解雇。）

杰夫·贝索斯的这一命令非常具有先见之明，他预见了 API 和服务接口的重要性，并为亚马逊今天的平台业务奠定了坚实的基础。服务接口为团队沟通和访问其他功能创建了便捷方式，不仅如此，它还为业务开发的后续功能创建了服务体系，有效地为公司的各个部分建立平台。向外部开放也使团队在面对外部竞争时，保持效率和竞争力。

这也是"数据即服务"（Data-as-a-Service，DaaS）理念的开端，它为业务提供数据基础，同时通过创建模块化系统，为利益相关者交付相关功能。它将传统的操作系统桌面作为云计算的"服务"提供给用户，并且尽量不改变桌面用户的使用习惯和体验。数字和数据顾问劳拉·莎伊比（Laura Chaibi）将这一概念描述为：

一种数据框架，本质上是将数据的访问和使用从数据库中分离出来，以快速、方便地访问并扩展其使用功能，将数据释放供多种用途使用。

团队可以在需要时访问关键信息，消除关键依赖关系，并消除与竞争性优先议题相关的问题。这将数据置于组织操作系统的核心，广泛渗透到整个业务中，并增强业务敏捷性和数据驱动决策。

流动资源

API 和平台业务模型能帮助组织迅速扩大规模，或者对变化的环境快速做出响应。在网络世界中，数据和价值在生态系统中自由流动。正如我们在第一部分中讨论的，在网络时代，企业需要高度的资源流动性。

正如丽塔·冈瑟·麦格拉思在《瞬时竞争力》一书中所言，如果可持续竞争优势正在转变为一系列短暂的优势，你需要以一种非常不同的方式组织你的公司——朝着持续重组的战略方向发展，公司需要对机会做出快速响应，而不是简单地关注效率和优化。麦格拉思在书中以印孚瑟斯公司（Infosys）为例。印孚瑟斯是印度历史上第一家在美国上市的公司，每隔两到三年就会进行重组，以避免对改变工作方式的系统性抵制。

资源流动为组织带来了更大的灵活性，而无须极端的裁员或重组。创新实验室可以为我们培育早期创意，引入和促进新的工作方式，但我们的最终目标是持续学习、提升效率，让组织具有更大的灵活性和适应性。

在教育理论中，主动学习是一种众所周知的学习方法，参与者通过积极的体验或实践来进行学习。在机器学习中，这被扩展为一种迭代监督学习，其中学习算法可以与用户或数据源交互查询，以获得改进性输出。主动学习的关键是"活跃"。在数字技术方面，各组织很可能有超越专家的培训方案，从而为组织带来深远的影响。他们甚至可能有反向指导或认证计划。而依据公认的 70/20/10 学习和发展模型，70% 的发展来自在职经验（实际工作任务和问题），20% 来自互动和反馈，10% 来自正式培训和阅读。如此来看的话，到目前为止，最伟大的个人（当然也包括组织）学习来自主动学习：直接的一手经验和接触新方法。因此，大规模学习和转型的关键是我们如何将这些新的工作方式扩展到创新实验室之外，更广泛的员工如何与实验室互动、反馈或与共同工作，以及新的思维和方法如何在创新部门之外更广泛、更大规模地传播。

在第四部分中，我们将考虑敏捷资源的更广泛的背景，以及一些具有挑战性但实用的方法，这些方法能帮助企业建立起机动灵活的结构。

◆ 收购是拓展的另一途径

当我们想要扩大业务规模时，我们通常想到的是拓展现有业务，但在敏捷业务中，还有另一种拓展方式。我们可以收购市场中与现有产品相契合的产品，或与现有业务保持相同目标和愿景的其他业务，这是一种高效的业务拓展方式。当然，我们需要确定新业务是否与现有业务相匹配，确定新业务是否适合在企业文化中生存、发展。这有可能会为企业带来高速增长的机会，也是一个难得的学习契机，我们通过并购其他公司，涉入一个全新的领域，会为我们带来不同领域的创新型人才和新的客户资源。

2016 年，联合利华正式收购了 D2C 品牌"一美元剃须刀俱乐部"（Dollar Shave Club）。宝洁于 2019 年收购了美国女性用品商"这是 L"（This is L）。高露洁在 2020 年收购了一家主打天然口腔护理的牙膏品牌 Hello。对于这些母公司而言，收购意味着学习 D2C 的工作模式，了解 D2C 的工作原理，在扩展业务的同时不断学习。

这里我们需要注意，在收购过程中，不能因为母公司的现有业务和规范而扼杀创新的机会，我们要找到合适的方法和途径，真正地应用和扩展知识，而不是将资源局限在少数高管那里。

我们要善于抓住被收购业务的优势，并扩大其价值。大卫·霍恩（David Horne）在《从加法到乘法》（Add Then Multiply）一书中阐述了如何抓住扩张机会（他通过债务和股票融资筹集了超过1亿英镑来推动企业规模增长），如图7-2所示。

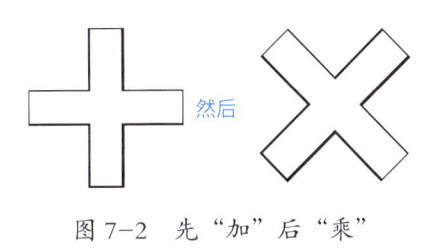

图 7-2 先"加"后"乘"

霍恩将这一过程概括为四个单词的首字母缩略词 FACE：基金（Fund）、收购（Acquire）、合并（Consolidate）、退出（Exit）。大多数创业公司、大型企业，甚至是公司的创新实验室可能都没有意识到，通过举债筹集资金是一种不错的选择，企业当然可以通过这种方式来扩大规模。对于大型企业而言，机会来自加速战略性扩张，通过收购来提升企业运营能力，从被收购企业使用的模式和方法中学习。

◆ 建立支持性证据，加快创新进度

如果你需要说服你周围的人来支持你的变革，你需要迅速行动，将有说服力的故事与支持的证据相结合，这意味着你需要准确的数据。在构建支持性证据时，你可以使用一系列工具，它可以帮你快速获取所需数据，而无须克服任何内部障碍。

举一个例子，假设你准备开启一个以客户为导向的新业务。通常情况下，你会在较短时间内向董事会提供一些成功的案例和预算方案，以获得他们的信任和支持。快速获得行业洞察的一个方法是对客户体验进行评估，并与分析相结合。由此可以获知能快速见效的事项，需要照常完成的业务，以及有待测试但可能创造真正差异化的想法。使用OTEC记分卡可以提供待办事项清单的框架，将事情分解为要在冲刺周期中进行的工作。这种方法详细说明了以下方面的衡量标准：

1. 操作准备——业务是否能对产品的特性或环境的变化迅速做出调整？
2. 技术——该业务是否在技术方面具有优势？
3. 体验——产品的特点或改变与客户重要吗？
4. 商业机会——产品的商业潜力是什么？围绕特定的标准来设置KPI（关键绩效指标）或OKR（目标体系）。

图7-3详细说明了客户旅程中的分析输出、解释与行为，高水平的定性和定量研究，启发式输出和用户体验最佳实践等，并将其一一列入OTEC记分卡中。

一旦OTEC完成，我们的工作可分为"核心项目"和"差异化项目"，其中"核心项目"通常被分为30天和90天的迭代，而"差异化项目"以90天为一迭代周期。对于后者，我们需要识别业务带来的进一步创新项目，或所谓的"飞轮项目"（见图7-4）。

这为我们展示了如何通过分析数据制订计划，我们可以因此改进现有业务，提升效率，也可以为创新、构建新模型和差异化找到新的方向。

◆ 关键性步骤

第二部分的重点是为组织带来更高水平的机动能力和反应能力，我们

图 7-3 识别现有业务中的机会

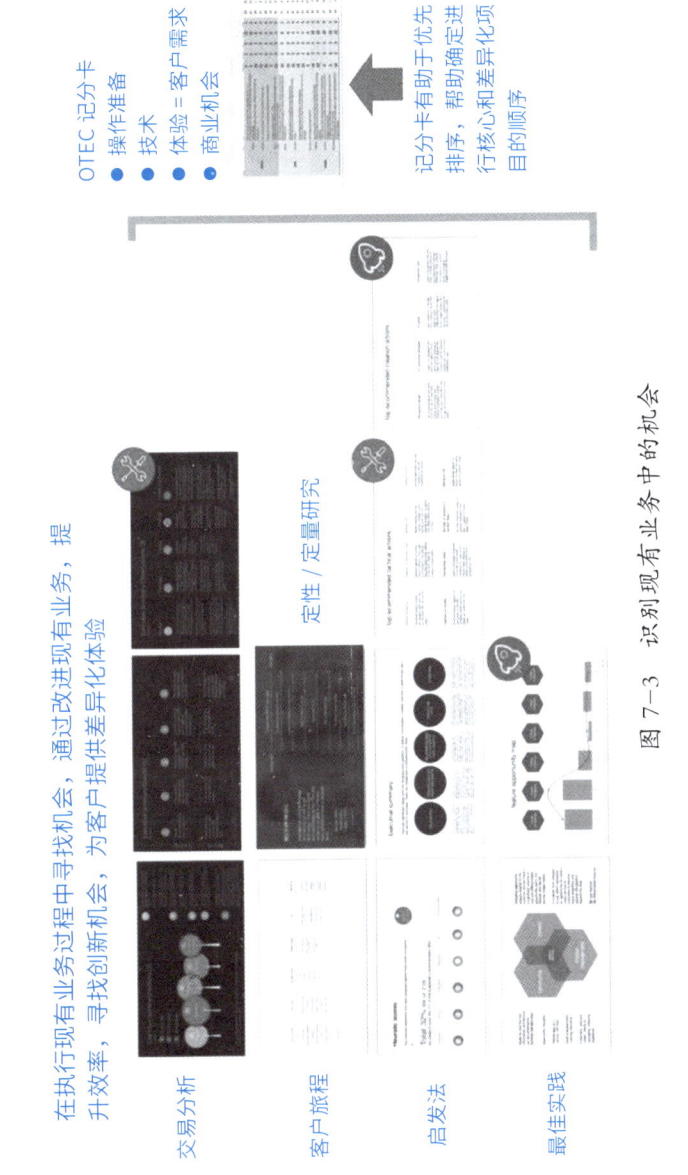

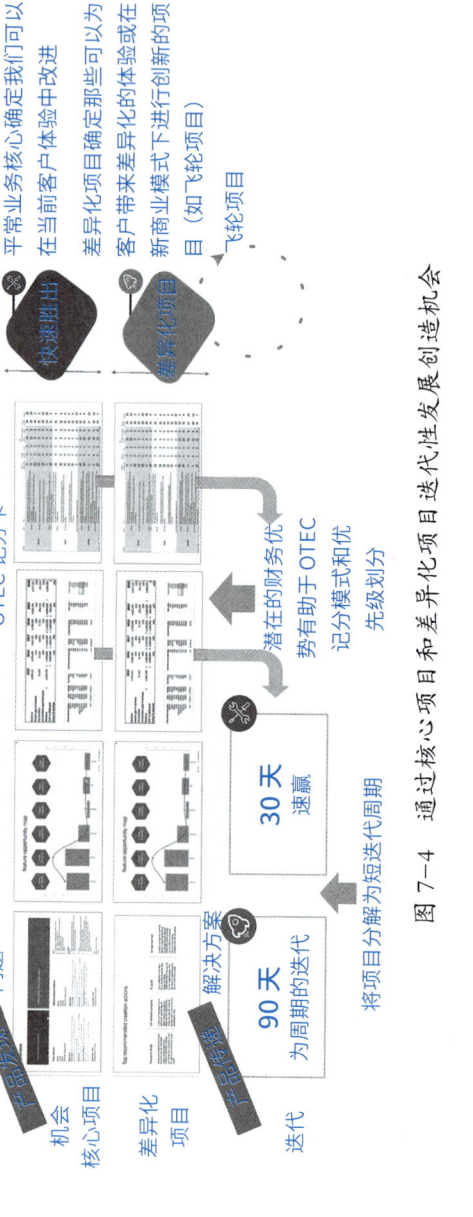

图 7-4 通过核心项目和差异化项目迭代性发展创造机会

需要在新的创新节奏和新的工作方式下，通过持续性学习，适应复杂多变的环境。其关键性步骤包括：

1. 了解企业商业模式的成熟度，这需要将团队的核心人员聚集在一起，就组织目前在 S 曲线上的位置取得一致性意见。

2. 创造实验空间。

（1）想办法腾出时间来致力于构建新的想法，培养早期创意，并将其嵌入企业文化中。

（2）围绕嵌入式测试和学习确定资源分配。审核并平衡核心业务（优化、效率）、扩张（延伸命题、相关市场）和突破（新领域、高风险）的资源配置。

（3）评估企业文化和企业管理中对风险、实验和突破性创新的承受能力。

3. 使用数字原生企业的管理流程，如敏捷、精益和设计思维，以增强探索和实验的范围、规模和速度。

4. 在组织中建立真正的学习文化。

（1）在工作过程中嵌入反思时间和回顾性实践。

（2）鼓励从成功和失败的经验中学习——以失败为学习的机会。

（3）鼓励组织的成长心态，将挑战视为学习的机会——以身作则，建立预期，提出正确的问题。

5. 创建敏捷创新引擎。

（1）授权发明：将创意从封闭的部门和固化的时间模块中解放出来，通过现实和虚拟空间，碰撞想法，让创意有自由生长的空间；鼓励员工通过网络彼此建立连接，让知识流动，增强边缘创新的能力；奖励探索行为、独立思考和尝试新事物的意愿；挑战创新的广度和深度；努力找到真正需要解决的问题，运用第一性原理和 10 倍思考法引爆创意；持续对客户和数据进行验证。

（2）创新的根本是商业化：利用创新实验室、催化剂品牌，孵化项目，培育新的工作方式和早期创意；当项目从实验室转向常规业务时，通过企业家角色和价值驱动对这些早期项目进行保护。

（3）扩大数字原生方式：关注网络效应，开放生态系统、应用程序接口、平台商业模式、增长黑客，鼓励在摸索中前进，将其作为传播新思维和工作方式的途径，并在组织中广泛传播。

第三部分
焦点
PART 3

焦点，即指企业应有自己清晰的发展思路和战略定位，方向明确、定义清晰并且要与商业环境相适应。在第三部分，我们将讨论企业的愿景、方向和战略，着重讲述加快变革节奏和创造组织动力的重要性。

第 8 章
愿景和目标的作用

◆ 定义焦点

没有求实，创新也就成了空谈。

——托马斯·爱迪生

每家企业都期望更好更快地发展。在第一部分，我们提出了在敏捷性、反应性和机动性的背景下，企业需要不断变化，加速变革这一进程。然而，没有方向的迅速发展是一种愚昧的行为。正如彼得·德鲁克（Peter Drucker）所言："没有比高效做无用功更无用的事了。"

使命与目标给商业活动明确的方向，"抓住焦点"在商业中是一个无处不在的概念，但人们往往缺乏明确的目标。史蒂夫·乔布斯的传记作者沃尔特·艾萨克森讲述道：1997 年乔布斯重新执掌苹果，此时的苹果岌岌可危。面对一大堆令人困惑但数量众多的硬件和设备，在无数次的产品评估会后，乔布斯已经到了忍无可忍的地步，他大喊着让员工们停下来。他用马克笔在白板上画下了二乘二的表格，在两列的顶端他写下"消费者"和"专业人员"，在两行的前端他写下"桌面"和"便携"。他告诉团队，他们的工作就是要生产四个伟大的产品，表格的每一格代表一个产品，其余的产品应该全部取消。

可以想象当时的高管们会有多么困惑，但乔布斯异常坚持自己的选择，他将苹果从生死线上拉了回来。正如他对沃尔特·艾萨克森所言："决定不做什么和决定做什么同样重要。"在对高管团队进行了较大调整后，他在团队中列出十大重点，然后将底部的七个划去，宣布他们只能完成三个。

我们可以通过不断的探索和实验来加快创新的速度和前进的脚步，同时我们需要一个明确的方向，当全体员工的力量向着同一个方向凝聚在一起的时候，就会产生成倍的力量，创造出惊人的成果。

在第三部分中，我们将多次提到亚马逊，很少有企业能够像亚马逊那样坚持"长期主义"的观念。我们可以通过持续改进，更好、更快地解决变化所带来的问题。马修·萨伊德（Matthew Syed）在其畅销书《弹性：天才的神话和实践的力量》(Bounce: The Myth of Talent and the Power of Practice)中，分析了决定体育专业人士取得非凡成功的原因：对于杰出运动员而言，天赋和基因起到很大作用，但是他们在体育（以及其他领域）中表现出的优势更多地来自"持续有目的的练习"。

这种有目的的练习包括有意识地持续关注存在问题的领域，并且通过修正或改进，将自己提升到更高的水平。科学作家乔书亚·福尔（Joshua Foer）引用音乐家的案例来说明同样的观点：

> 大多数音乐家会潜心练习，演奏他们最擅长的部分。当然，对于他们而言，成功是一件很有趣的事情，音乐家往往专注于那些困难的部分，那些他们还没有掌握的部分。

有意识的练习和全神贯注的大量训练，再加上我们在第二部分中讨论过的成长心态，为他们带来世界级的成就。没有什么捷径可走，专注才是最大的秘诀。专心练习那些需要全神贯注才能做好的事情，这是一条经验法则。同理，在迭代业务中，通过对产品的不断反思和持续投入，可以有效提高产品质量、开发效率和服务效果。从本质上抓住产品与用户需求之间的主要矛盾，确保产品发展的正确方向，从而形成有目的的迭代循环，让长远规划不断得到修正。

加快步伐是我们期望的目标，紧迫感有助于为改变创造理由，它把前进的动力引向一个明确的方向。简单而言，我们将其归纳为：

$$快速 \times 焦点 = 动力$$

动力为变革创造了一个高度激励性的工作环境，为我们创造了真正的竞争优势，使我们在市场中处于领先位置。

◆ "紧迫性"的反面案例——诺基亚的故事

变革的基本条件是创造变革的原因以及它给团队带来的紧迫感。没有这两点，变革甚至不会开始，员工不会把变革列入他们思考的议事日程上。举世闻名的领导力专家约翰·科特总结了组织变革的八个关键错误以及对应的改进方法，其中第一条就是没有制造足够的紧迫感（我们将在第五部分继续讨论）。在这一部分，我们会讨论组织节奏和灵活性的重要性，并且通过提高组织节奏，为企业带来源源不断的动力。时刻保持紧迫感将会为企业带来强大的竞争优势，可以帮助团队建立持续的动力，并且通过优先级的划分，提升系统效率（我们将讨论到四象限法则，将所有事项按重要/紧急分类，同时此方法也可用于我们自己的时间管理）。

诺基亚如何跌下神坛，到底是什么原因导致其走向衰落？欧洲工商管理学院战略管理学教授阮贵辉（Quy Huy）和芬兰阿尔托大学助理教授蒂莫·沃里（Timo Vuori），通过对诺基亚中高层管理人员、工程师和外部专家的采访分析，得出结论：诺基亚创新和竞争的失败除了因为自满和无知，更因为当时的组织文化——"对失败的恐惧"，这是该公司衰退的关键因素。

研究表明，在那段时间里，喜怒无常的领导者创造了一种企业环境，即很难接受坏消息。面对来势汹汹的竞争对手，诺基亚有些慌乱，同时也对实现季度目标忧心忡忡。这样的担忧也影响着高管对待下属的方式。中层管理者害怕让高管失望，以至于他们会夸大其词，保持沉默，甚至直接向高管撒谎，以避免被训斥不够雄心勃勃，无法达成目标。

这样的结果是让整个公司缺乏活力和创新。每个人都意识到，诺基亚需要一个更好的手机操作系统来应对苹果造成的威胁。但中层管理者害怕出现失败，他们避免公开承认诺基亚的操作系统 Symbian（塞班系统）存在缺陷。

高管对塞班的缺陷并不知情，他们期待以基于塞班系统的手机去对抗苹果的 iPhone，但由于用户体验不佳而败下阵来。

害怕失败的文化让高管和中层管理者之间缺乏有效沟通。"害怕失败"被诺基亚内部"资源等同于权力"的思想所加剧。每个人都想保住自己的地位，以防止资源被分配到其他地方，人们担心被认为没有足够的雄心壮志，而不能承担具有挑战性的项目。因此为获得更多资源，人们会选择虚假承诺的方式，中层管理者纷纷运用这样的方式给自己带来职位的升迁。诺基亚的高管对技术并不精通（在苹果公司，许多高管都是工程师），他们不能设定明确的目标和建立可行性计划。他们将重心和资源都转向开发满足短期市场需求的新设备上，牺牲了创新真正需要的新操作系统的开发。

两位作者得出结论：领导者，尤其是那些需要领导变革的领导者（在当下哪位领导者又不属于这一类呢），需要充分识别"各种各样的集体情绪"，并在企业里培养集体"情绪管理能力"。换句话说，他们需要洞察公司文化的情绪影响：

虽然适度的恐惧可能会为公司的创新带来动力，但不加选择地利用恐惧就像滥用药物一样，会有带来副作用的危险。管理层需要采用正确的激励方法，才能让恐惧成为一种有用的激励手段。

对紧急情况的积极关注可以为变革创造源源不断的动力，而对紧急情况的消极对待则可能会过分强调投入和产出。在这样的文化环境下，企业将面临诸多危险，包括：走捷径、微观管理、主动性下降、对紧急信号视而不见，以及把短期收益看得比长期愿景更重要。当企业出现危机时，领导者应协调全局的各种资源，并提升危机处理中的企划力与行动力。

◆ 组织思想、目标和愿景

在最基本的层面，我们需要为数字转型设置便于理解、掌握，且让人振奋的指引方针和路线。正如我们将在第五部分中演示的那样，我们需要定义"组织理念"，这是组织文化的核心内容，在最基本的层面上驱动公司前进。它在最基本和最高层面上指引着企业的前进方向，在企业内部具有巨大的鼓舞作用。除此之外，我们需要明确企业的愿景和目标，将想法付诸实践。在制定企业目标、使命、愿景和价值观时，我们需要清晰地阐明这几者的价值和联系。组织管理咨询公司 NOBL 为我们定义了企业宗旨、使命、愿景和价值观之间的细微区别和重要内涵。

宗旨：指"团队选择在一起共事的原因，并非经济利益"，通常以这样一句话开头："我们相信……"

使命：使命代表着"从市场或客户的角度，一个雄心勃勃的、可实现的价值，这是企业应尽的责任或任务"。因此，你需要清楚地表明你在做什么业务，通常以这样的句式开始："我们的使命是成为最……"

愿景：企业的愿景超越了其目的，它是组织对未来发展的预期。你将给你的客户带来什么样的体验？你将会为市场带来什么样的改变？"描绘愿景"的核心在于吸引。也就是说，通过你的描绘，能深深地吸引对方。通常我们以这样的句式开始："我们将……"

价值观：价值观是"能够加速团队前进的原则和指导方针"。价值观对动机有导向作用，同时反映人们的认知和需求状况。你要尽可能选择简洁易记的词汇，通常会使用动词（如"承诺"等）。

衡量标准：通常不包含在目标陈述中，衡量标准是可观察的具体项目的衡量尺度，为我们展示了目标完成情况。这是用来衡量组织目标、愿景、使命和价值观的指标。

当我们浏览大型企业的使命宣言时，我们会发现它们中很大部分都是模糊的概述。在谈及股东价值、客户关系、企业责任以及竞争优势上，它们都持有相似的言论，也许只需要替换公司的名称即可。那么，什么样的愿景最能够打动人或让人产生共鸣？它们应具备以下特征：充满活力、雄心勃勃、清晰简单、独树一帜，同时包含明确的目标信仰和企业价值。引人注目的愿景不仅会为我们提供强烈的方向感，还会对优秀的人才产生激励作用。我们需要从最上层构建企业的文化和价值，从而让团队能够跟随环境的变化快速调整和适应。

一线案例

马可·瑞安：如果首席执行官不支持企业转型，那么他就不适合留在这个位置

在过去的 15 年里，我有幸领导并全程参与了两次全面的数字转型，在我的设计或影响下，有近 8 次其他转型成功的案例。转型有可能会带

来颠覆性破坏，通常情况下，首席执行官并不愿冒险，他们并不想看到这样的局面。他们需要在掌舵的这段时间里，保持利润增长、股利增长并实现业绩长虹。

但数字化转型对于组织未来的成功非常重要，以至于如果首席执行官不支持它，你应该感到担忧——担忧到足以离开。这并不是说首席执行官必须担当重任，这是首席数字官（CDO）的职责所在。但首席执行官应有足够的自信和智慧，意识到自己没有时间或能力，并为数字化转型匹配相应的人才。

对于首席执行官而言，并不是找到了合适的人选，就可以高枕无忧了。你需要确保下属了解优先事项，保持统一战线，在管辖的范围内充分地利用人力和客观条件提高团队效率。领导力和组织发展密不可分，你需要为转型匹配相应的人才和资源，以支持商业模式重塑。这实际上是一个领导力问题，转型从最高层开始——从首席执行官开始。

◆ 目标和利益之间的联系

著名管理顾问兼作家彼得·德鲁克被誉为现代管理学之父，他曾说："商业目标是创造并留住顾客。"

同时他也说过："商业目标和商业使命很少被人们充分考虑，这也许是人们遭遇失败和挫折的主要原因。"

敏捷业务的特点是设定有远见的目标，且该目标需要与企业的战略规划和执行计划紧密相关。吉姆·柯林斯、杰里·波勒斯（Jerry Poras）曾在《基业长青》（*Built to Last*）里谈到这一点。詹姆斯和杰里选取了 18 个卓越非凡、长盛不衰的企业为代表，通过在斯坦福大学为期 6 年的研究，得出企业长盛不衰的成功经验。他们发现这些富有远见的企业（在 1926 年至 1990 年之间）并不单以赚钱为目的，却比以利益驱动的竞争对手多赚得了五倍的利润回报。

安永灯塔研究所（EY Beacon Institute）和《哈佛商业评论》(Harvard Business Review）进行了一项"商业目的案例分析"，他们在分析中发现，能够利用企业的宗旨和愿景来推动业绩发展的公司享有显著的竞争优势。这项研究还有另一个有趣的发现，目标不明确或目标与行动之间的联系不明显，会为企业带来负面影响。90% 的高管认为，他们的公司已认识到了"企业拥有激励人心、号召行动……以及造福社会等远大志向"的重要性。几乎所有的领导者都会说，有了这样的远大抱负，公司的业绩和员工的参与度都提高了，公司的创新和适应能力也都增强了。然而，只有不到一半的受访高管表示，他们公司的运营确实是以使命为导向的。

组织缺乏明确的目标、表达不清晰或在目标与行动的转换上缺乏动力，意味着设定的目标不能被量化，甚至不能在业务发展过程中学习和调整。如果企业并没有设定明确的目标，又会发生什么样的结果？

炼金术的核心即为物质的互相转化，如果把业务比喻为炼金这一过程，那么具体的参数将起到"点石成金"的作用。伟大的目标要和具体的参数相结合才能发生化学反应，同时参数的设定要从客户的需求出发。虽然很多公司都奉行"顾客至上"，但在现实中，少有企业会真正把顾客的利益放在首位。比如银行向不需要"支付保护保险"❶的人推荐、出售该保险，又如大众汽车的高管为了排放达标，故意篡改排放数据❷，这正是企业客户流

---

❶ 这种保单理论上是保护客户避免因失业或因疾病或伤残所致失去工作能力带来的无法偿清信用卡的风险。——译者注

❷ 2020 年排放未达标，大众汽车或被罚 1 亿欧元。——译者注

失的真正原因。

克莱顿·克里斯坦森将企业目标描述为三个部分的内容：

（1）相似（他们想成为什么样的公司）；

（2）承诺（如何一步步实现目标）；

（3）衡量标准（如何衡量成功）。

在我们设定企业目标时，必须经过深思熟虑，当我们设定了明确的目标后，我们需要保持前进的方向，并且为可能发生的突发事件做好应急预案。关于目标在商业中的价值，人们已经留了成千上万的文字，这一点在当今社会显得尤其重要。一个强大的目标能让团队快速集中精力，朝着同一方向前进，它让我们更快达成一致意见，并且在清晰的目标指引下，支持团队自主决策。在宏观层面上，它创造了顾客满意、员工满意、投资者和人才都支持的企业文化。风险投资家本·霍洛维茨描述了企业如何能做到这一点：我们应制定宏伟的愿景，不仅要以完成季度或年度任务为目标，还要触及核心问题——为什么我们公司的存在会让世界变得更好。在微观层面，设定清晰的目标为我们消除了不必要的问题和矛盾，并让团队清楚商业战略和战术。

企业宗旨和企业文化应渗透到产品设计和客户体验中。企业文化的核心理念是适应行业新形势的精神动力，对公司的生产经营有着巨大的推动作用，也孕育着伟大创意的诞生。正如《成为独角兽》（*Play Bigger: How Rebels and Innovators Create New Categories and Dominate Markets*）的作者所描述的："如何开辟新的领域，并在这个领域里占据主导位置？你需要通过各种努力让人们接受新的观点和思想，你需要触及人们的情感层面。"我们需要设定便于理解、雄心勃勃的愿景，有明确优先级，有恒定节奏，让团队朝着同一方向快速前进。

◆ 着眼长远目标

1997 年，杰夫·贝索斯在致刚成立两年的亚马逊的股东信中概述了他的信念：衡量亚马逊成功的根本标准是他们能够长期创造的股东价值，因此这意味着他们会做出不同于其他公司的决策：

> 我们在做投资决定时，将继续考虑长期在市场中占据领先地位，而不是考虑短期的营利能力或华尔街的短期反应。

这一理念本身就为公司注入了长久的生命力。2011 年，贝索斯在接受《连线》（Wired）杂志的史蒂文·列维（Steven Levy）采访时说道，如果你所做的每件事都是在三年之内完成的，那么你不可避免地要与很多人竞争。由于很少有公司愿意投资更长的时间，当你为长期发展而投资时，会极大地减少竞争：

> 只要延长时间期限，你就可以做许多正常情况下无法企及的事情。亚马逊喜欢做 5~7 年才有回报的事情。我们愿意播下种子，让其生长。在这一点上，我们非常固执。我们在愿景上固执己见，在细节上灵活变通。

在 2013 年致股东的信中，他说：

> 从根本上来说，我认为长远思考才能做到不可能的事情。积极主动地取悦用户，赢得他们的信任，才能从用户那里获得更多的业务。即使在新的商业领域也是如此。站在长远的角度

来考虑，让用户和股东的利益保持一致。

因此，亚马逊的收入在长期内呈指数级增长。但它持续对前瞻性创新和基础设施进行投资，以持续提升公司的能力和范围，这意味着亚马逊的收益一直较低。不是每家公司都有无视短期股东价值的魄力，亚马逊在为自己争取时间和空间，它不仅投资于持续的、数据驱动的、短期的边际改进，还投资于大规模的发明创新。

正如贝索斯所言，你需要从长远考虑，从客户开始，往回退一步，甚至在很长一段时间内被人误解。就像亚马逊的电子图书阅读器 Kindle 首涉硬件市场时一样，对于那些有季度目标和多重紧迫任务的首席执行官来说，这并不容易。在优化旧产品的同时，构建新产品的竞争优势，这比以往任何时候都更加重要。拉里·佩奇认为，许多公司失败的主要原因在于他们"错过了未来"：

> 当我与大多数公司交谈时，我发现他们的领导者都非常关注短期目标。在 4 年时间里要解决一个大问题是相当困难的。但我认为我们能在 20 年的时间里完成。我认为我们整个体系建立起来的方式，是很多大公司的领导们很难理解并做到的。

坚守长期主义虽然困难，但现在比以往任何时候都更加重要。过度地重视眼前利益，就类似于克莱顿·克里斯坦森所说的：需要阴凉时才想着去栽植树苗，而树苗成长需要时间。

着眼长远目标的企业有巨大的潜在优势，企业要全力致力于长期的可持续性发展，而不能只盯着眼前的短期业绩和数字。杰出作家、独立的商业咨询顾问约翰·哈格尔三世在德勤联合创立了"德勤前沿创新中心"，他为我们描述了这种战略重心的转变——从"地形"战略转向"轨迹"战略。

传统的战略方法深受当前形势的影响。虽然战略仍然有动态的组成部分（例如因自身活动或竞争对手活动的变化产生的反应），但是起点总是你当前的位置和周围的环境。在加速的环境变化和不确定性中，我们需要比以往任何时候都更关注轨迹的变化，并拥有自由的空间。我们现在的行动会带来什么样的结果？换句话说，我们需要考虑未来的位置，而不是现在的。我们需要从未来看现在，而不是从现在去看未来。

让我们从未来出发，去思考我们近期的目标，以及我们现在需要采取的步骤。例如，奈飞对网络电视的未来持开放态度。这不仅让其盘踞新市场上风，还让其赢得了消费者的信任，让消费者从购买的预期服务中获得价值。

越来越多的企业用未来定义现在。有效的轨迹策略考虑了企业的基本需求和保持企业长期稳定的因素。让我们回到杰夫·贝索斯的"长期主义"。他提到：当你想建立一个成功的、可持续的业务时，你不能只关注未来10年内会改变的因素，更重要的是，你需要去关注持久不变的事物，并将所有的能量和精力投入到这些事情中。

要想成为一个敏捷的企业，你需要为未来绘制蓝图，不要对未来做过于简单的假设。轨迹策略不仅是对未来的期待，也是关注未来可能发生的一切。我们需要密切关注消费者行为的潜在变化，同时也需要关注那些不会改变的客户核心需求，而不仅仅是关注那些最新闪亮登场的新技术和产品。

第9章
敏捷策略和计划

◆ 好战略的关键因素

为了拥有成功的战略,我们要找到独一无二的价值定位。正如理查德·鲁梅尔特在其关于战略的优秀著作《好战略,坏战略》(Good Strategy/Bad Strategy)中指出的:

> 好的战略将带来自然的竞争优势,因为这是其他组织所不具备的。一个好的战略具有一致性,连贯地协调策略、行动、政策和资源,为了达到一个重要的目的,团队共同前行。

鲁梅尔特提出:许多组织用战略来替代业务进展中的多个目标和计划,但实际上它们却缺乏实现业务进展的连贯性方法。这些不是策略,它们只有反映进步的多个目标和行动,除了"花更多的钱,做更多的努力",没有一致的策略来取得进步。

在本书的第一部分,我们将数字转型中的关键性挑战描述为:技术变革呈指数级增长,而组织变革则呈对数级增长。我们可以通过有意识的选择来缓解这一潜在的不断扩大的差距。但正如多伦多大学罗特曼管理学院教授罗杰·马丁指出的,许多企业在制定战略时都回避了这一点:

战略的本质是明确的、有目的的选择。你需要明确、主动地说，我们要做这些事情，而不是基于什么原因去做这些事情。

他谈道：许多策略的问题在于，这些策略是非选择策略，它们不够清晰、直观。例如，简单而言，你的战略是以客户为中心，但是它并没有明确地告诉你什么该做，什么不该做。当你在制定战略时，你是否能够轻松地定义这个选择的反面是什么？

非选择策略（以及与此相关的任务）确实会给人们带来困惑，它会误导人们，让人们迟迟做不了决定。如果我们制定的有效战略是关于如何做出选择的，让我们结合第一部分中讨论的三个关键背景（消费者、竞争对手和公司），在敏捷业务的框架下，来界定我们所做出的选择。

消费者：我们需要有选择性地确定消费者的哪些行为变化是需要优先考虑的，客户的哪些需求又是需要放在首位的。这意味着我们要认清流行（一时的关注）和发展趋势（更根本的潜在转变）之间的区别。流行可能围绕着技术的发展，会以一种短暂的方式解决客户需求；而发展趋势是围绕着客户行为的变化，指向更基本、更长远的客户需求和行为。确定优先级的关键是要对客户行为变化的相对重要性有全面、清晰的认识。企业与客户紧密相连，企业愿意尝试任何学习机会，依靠网络，有效地利用各种数据资源，从中获得洞察力并创建有效的策略，从而实现价值创造。

竞争对手：我们需要选择我们在市场上的位置。我们要成为领导者，在竞争环境中勇于拼搏，而不是一味地跟随和效仿。我们需保持更开放的态度，乐于向竞争对手学习。

公司：我们需要了解新技术和现有技术的潜力和应用，以及它们如何以新的方式组合并创造非凡的价值。我们需要精通行业知识，并让知识流动起来，从快速实验和迭代性工作中汲取经验，以便在前进中选择正确的方向。

正如罗杰·马丁所言，如果制定战略被视为"一项主观活动，没有任何参考方案或连贯性原则来分配职责"（这意味着大多数战略计划被描述为"不确定的方案"），我们需要清楚，这并不适合当今不确定的、快速变化的商业环境。这会导致战略沟通不畅、战术执行不力，或者将一系列不同的目标混为一谈。理查德·鲁梅尔特说："目标不是战略。目标是愿望，战略是一种从全局考虑谋划、实现全局目标的规划，是一个人如何去实现目标。"同时他也定义了什么是好的战略：

> 战略意指为了应对重大挑战而进行的一套连贯的分析、论证和行动。一个好的战略源于对许多看似合理的行动方案的考量，并以理性的方式选择其中一个或一些方案，而排除其他。

理查德·鲁梅尔特将"战略"回归本质，分析了构成一个好战略的基本逻辑，需结合调查分析、指导方针和连贯性活动。敏捷业务将全面的分析与创造性相结合，让我们在调查分析、指导方针、连贯性活动这三方面创造优势。

◆ 随机应变战略和深思熟虑战略

为了实现真正的敏捷，我们需要一种组织战略，它能在稳定的、深思熟虑的战略和灵活的、随机应变的战略中保持平衡。克莱顿·克里斯坦森描述道：战略分析是一个过程，而不是一个随机的离散事件。战略并不是高管运用知名的分析数据，在会议上做出决定。相反，它是一个"连续的、多样的、不受约束的过程"，并且在不断地演变。因此，战略分析并不是要排除与最初计划相偏离的选项，而是要在变化的环境中，不断地确定更好的选择，通过灵活地调动资源来制定更好的方案。大型组织通常会制定严格的计划，对原有计划的挑战将会被组织视为一种破坏士气的行为，从而降低了组织应对快速变化环境所需的灵活性。

克里斯坦森用本田打入美国市场的方式来说明灵活性的优势。日本本田公司试图在美国的摩托车市场占得一席之地，而当时美国最受欢迎的是像哈雷这样的大型摩托车。本田公司在运大型摩托车到美国销售的同时，还顺带运了一批小型摩托车，这种车被叫作"超级幼兽车"，作为员工代步工具。当本田团队的成员骑着"超级幼兽车"来到洛杉矶西边，其他在场的人询问从哪儿能买到这种摩托车。不久以后，从事邮购业务的西尔斯公司找到本田的员工，问他们能不能把这款小型摩托车放到西尔斯公司的销售目录上销售。本田的管理层及时地调整了战略，小型摩托车成了本田的主推产品，这款车后来成为世界上最畅销的两轮车之一，这在很大程度上源于最初在北美市场的胜利。

几乎所有成功的战略都是周密战略和意外机遇结合的产物。现代商业环境具有高度不确定性和模糊性，因此，企业具有灵活的流动性尤为重要，越来越多的公司也以这种方式"转向"。图片分享网站 Flickr 最早是为了大型线上游戏"永不结束的游戏"（Game Never ending）而研发的。游戏的创造者 Ludicorp 公司随后将游戏搁置，专注于 Flickr 的发展。拼趣（Pinterest）[1]最初是一个名为 Tote 的移动购物应用程序，可以说它走在了时代的前沿，为我们今天所知的服务的发展奠定了基础。推特起初是播客公司 Odeo 开发的小项目。世界上最大的操作系统 Android 开发于一种基于数码相机的系统。

---

[1] 以图片瀑布流展示图片的社交网络。——译者注

需要转向的不仅仅是科技企业。阿玛尔·毕海德（Amar Bhidé）教授在《新企业的起源与演进》（The Origin and Evolution of New Business）一书中指出，在最终获得成功的企业中，有93%的企业不得不放弃最初的战略。即使在前进的过程中我们偶尔会犯错，生存下来的团队也能保持高度一致的战略方向和随机应变的能力。

◆ 愿景和迭代的平衡

杰夫·贝索斯曾说：

> 我们在愿景上固执己见，在细节上灵活变通……如果你不执着于愿景，你很快就会放弃实验和挑战。如果你不够灵活，你又会钻进死胡同里，看不到多样化的解决方案。

"在愿景上固执己见，在细节上灵活变通"，杰夫·贝索斯抓住了敏捷方法的本质。为了引导并实现宏伟的、方向明确的愿景，我们需要在愿景和迭代性方案之间保持平衡。迭代性方案可根据不断变化的环境和不断补充的信息，进行灵活的调整和修改。

没有方向的迭代是混乱的。我们应设定清晰的、具有挑战性和令人信服的愿景，它需要为整个业务的战略和决策提供方向。改变不是公司的首席执行官向员工阐述产品的PPT演示文稿，它来自不断地强化。通过团队协同共创的方式，让愿景在迭代工作中更完美地呈现。愿景应建立在高度统一的认知中，它来自高层领导和团队成员所表现出来的行为，来自团队的共同决定，来自团队的沟通和学习。每一次会议、每一次更新、每一次交流都是强调、巩固和激励这一愿景的大好时机。

然而，当企业一味地追求目标的达成，而没有经常性地回顾和调整，会导致团队学习受限、表现下降和机会流失。真正的变革来自持续迭代，它推动着企业愿景持续发展。当企业有足够的灵活性，团队才有自主的空间，通过不断的学习和迭代来适应高速变化的环境。每一次迭代、每一次回顾、每一次学习都是将愿景变为现实的机会。

在第二部分，我们讨论了闪电战如何运用作战部队的敏捷优势，以突然袭击的方式制敌取胜。这种方法使前线指挥官在面对快速变化的环境时能够快速做出决定。战略上整体协同，全局性强，让目标和方向清晰；战术上精妙奇特，灵活多变，结合前线指挥官的熟练程度，依靠"指尖感觉"，做出快速反应。这是一个以高效和可调动性建立起来的指挥方式。

用一个更现代的军事比喻来说，美国陆军用"指挥官意图"和"行动概念"来界定这种平衡。

> 指挥官意图集中在行动过程中，它包括计划、准备、执行和持续评估。指挥官意图是整个过程的核心，它将任务、行动概念和任务与下属联系起来。一个明确的指挥官意图有助于全员达成共识，并将重点放在满足任务完成的条件上。

指挥官意图是指将所有内容整合到一起的中心目标或理念，是计划的统一元素，用简洁的命令清晰地传达他们想要实现的内容。行动概念旨在指导下属协同完成任务，并制定达成目标的一系列行动方案。因此，指挥官意图应弥补任务和行动概念之间的差距。这一制度表明它不再过分依赖一种僵化的、不合时宜的、详尽的行动计划。这种规划过程在不确定的情况下并不能很好地发挥作用。同样，它是一种为敏捷性而设计的管理方案。

因此，敏捷组织能很好地理解什么是固定的，什么是灵活的，以及战略和计划之间的关键区别。英国劳伦斯·弗里德曼爵士阐述了战略和计划的区别：

> 战略远不止是一个计划。计划为我们假设一系列的事件，当事态如期发展时，我们会充满信心、从容应对。当情况出现了变化，有时候甚至与我们的预期相反时，我们必须有不同的应对策略。诸多偶然事件的发生，如对手的得利或同伴的失误等，以及不可预测的环境为我们制造了新的挑战。战略通常被描述为一个理想的最终状态，但在实践过程中，很少会如期完成预先设定的目标。相反，基于内外部条件的变化，这是一个延续和不断发展的过程，我们必须重新评估和修改最初的方案和最终目标。它是流动的、灵活的，引向不同的结果和终点。

因此，一个战略应该是灵活的，愿意创造多种潜在的成功之路。尼克·哈克韦（Nick Harkaway）在小说《消失的世界》（*The Gone-Away World*）中写道："制定战略的目的并不只是为了铺设一条通往胜利的道路，你要尽可能多地创造机会，让选择的道路不止一条。"因此，每个要素演变和适应的变化速度至关重要。

- 使命和目的：是固定不变的；
- 愿景：吸引和驱动人才，在大部分情况下固定不变；
- 战略：以选择、变化和演变为特征，因不断变化的环境和新信息的出现而不断演变，选择的过程会让节奏放慢；
- 计划或策略：高度灵活，根据反馈迭代性发展，在环境中学习，根据新信息实时调整。

在接近目标时，我们会更加灵活地行动。在组织内部，我们在制定计划、战术和战略时应足够灵活。团队必须认同和遵守企业的价值观，领导者需要设定目标，建立必要的边界，消除前进的障碍，并给予团队所需资源。激发信任，鼓励创新，让团队发挥最大潜能。

◆ "计划延续偏见"的影响

除了面临的环境压力，组织内部还会产生一些自然而强大的偏见，它们会降低企业的灵活性和适应能力。例如，"确认偏见"指团队所有人都必须寻找确定的数据和信息来支持现有的信念或前进的方向，这很容易阻碍业务的进展，导致不理想的局面出现。

类似地，"计划延续偏见"（plan continuation bias），指我们倾向于延续某一特定的行动路线，即使它已不合时宜或不可行，从而成为前进过程中的巨大障碍。我们常常盲目地追随技术。由于新的数据和其他信息不符合目前的解决方案，我们选择视而不见。

蒂姆·哈福德曾谈论"GPS之死"的现象。在美国死亡谷国家公园，护林员也表示对此类事件习以为常，他们用"GPS之死"来形容人们总是相信导航，而非他们的理智判断，从而将自己置于危险境地。一位28岁的护士和她6岁的儿子开车穿过死亡谷时，她跟随GPS行驶了320千米，直到她的吉普车最终深陷沙丘。一周后，一名护林员才发现了在挡风玻璃上用医用胶带贴着"SOS"的这辆吉普车。虽然艾丽西娅挺过来了，但很不幸，她的儿子却因此丧命。不幸的是，这类事件可能比我们想象的更为常见。一对夫妇驾驶汽车通过一座未完成的大桥，他们跟随GPS的引导，不顾多个道路封闭标志和橙色交通锥的提醒，最终垂直地从12米高的英国奔宁山脉坠下。一名男子跟随着GPS行驶在一条狭窄的小路上，直到他的小轿车在悬崖边摇摇欲坠。几名来自瑞典的游客在意大利度假时，在 GPS 系统输入地址时把"卡普里岛"（Capri）拼错了，结果误开了 540 千米，最终到达了意大利的卡尔皮（Carpi）。

正如蒂姆·哈福德所说，即使是短暂的停顿和向窗外看一眼，也可能足以引起警惕，但是人们毫不犹豫地相信 GPS。在很多方面，这项技术并没有错，它计算出最直接的路线，但我们对科技的信仰和依赖，会让我们无可避免地困在系统里，无法识别危险的信号。

同样地，在组织内部，危险来自我们盲目地跟随技术或某种算法，我们没有形成自己的观点，或提出质疑，实际上这样的质疑会引导我们走向最优方案。

缺乏监督也会导致严重的判断失误。在 2008 年的金融危机中，美国国际集团（AIG）一个季度就损失了 600 亿美元，因为它把所有赌注都押在了一个叫作高斯分布的金融概率公式上。这一金融公式已成为一种对复杂风险进行建模的广泛应用方式，它变得如此根深蒂固，以至于公式应用的局限性被人们所忽视。太多的人从中获利，以至于市场最终改变了方向。直到 2008 年金融危机爆发，由于流动性缺乏导致的额外信贷成本增加，使得该模型崩溃。

就 GPS 的案例而言，当我们过分关注技术所传达的信息，实际上会降低我们对周围环境的认知。东京大学的研究发现，依靠 GPS 到达目的地的人，对路线周围环境的认知度会降低。瑞士苏黎世大学和瑞典于默奥大学研究人员最近的另一项研究发现，自动导航在帮助人们找到路线的同时，也会对人们对环境的关注、空间信息的获取和记忆的留存产生负面影响。

显然，将人类的判断和批判性思维与自动化、算法和技术相结合，是全球范围内不断增长的趋势。然而，正如"GPS 之死"告诉我们的那样，我们需要敏锐的观察和批判性思考，来减轻"计划延续偏见"带来的影响。无论是在工作还是生活中，我们在做决策时都容易受情感影响，也许是因为我们已经花了相当多的时间和精力在特定的解决方案上，又或者我们想给团队留下富有洞察力和决策力的领导形象。但是这样的情况既不利于创新思想的形成，也不会帮助我们形成有效决策，甚至会将企业置于危险的境地。

即使外在条件或环境已改变，人们也不得不继续原来的行动路线，这就是航空飞行员所说的"为到达目的地，在所不惜"。尽管天气或其他条件已不利于飞行，但是他们已经下定了决心继续飞行。情况可能会缓慢地恶化，也许他们还存有侥幸心理，期盼转机会在下一个拐角出现。但是他们却没有退后一步，重新评估判断，从而做出明智的抉择。人们在一条既定的道路上走得越久，这种感觉就会越强烈。当人们在这个解决方案投入了大量的时间、精力和资源时，就越想证明自己最初选择的正确性。

美国国家航空航天局研究了美国九家主要航空公司。他们发现，在20世纪90年代发生的事故中，机组人员的失误是引起空难事故的原因之一。飞机离目的地越近，飞行员和机组人员的"计划延续偏见"就强烈。当飞机靠近降落地点时，即使周围的情况已发生了变化，机组人员也极有可能继续执行既定的行动计划。

同样的，在商业领域，当我们对一个方案投入越多，就越难改变方向，这既是管理成本风险，也是产品决策中可预见的损失。最好的企业文化，是压力与机会并存，犯错和成长共举。我们需要支持犯错、不怕失败的企业文化，勇敢地去开拓和冒险。即使在业务进展的中后期，由于环境改变或新信息的出现，有了更优化的方案，我们也应及时改变和调整方向。

真正的敏捷会鼓励学习和改变，因为它能为我们带来更好的结果。盲目追随技术和数据，不为批判性思维留出空间，不仅会破坏项目，还会导致糟糕的决策环境。领导者需要谦虚地认识到自己在专业知识方面的不足，团队需要定期地反思："我们现在拥有哪些新信息，需要在哪些方面停止、开始或继续。"最重要的是，关注结果，而不是产出。

◆ 对于行动的偏见

激励员工以不同的方式来思考问题，不仅要战胜对失败的恐惧，更重要的是企业在面对失败时是什么样的态度，这体现了一个企业的价值观。没有人想让自己难堪，如果企业文化不能给予员工积极的鼓励和支持，那么也不会有人去勇敢创新和冒险。

2007 年，本古里安大学迈克尔·巴－伊莱（Michael Bar-Eli）教授带领一组心理学家，对足球守门员在面对点球时的行为进行了研究。科学专家理查德·肖顿（Richard Shotton）描述道：286 次点球，有 29% 击中球门中间，守门员大部分时间会选择扑向一边，只有 6% 的时间会停留在中间。不管用哪种方法，守门员都能阻止 1/7 的进球，但是站在球门中央的守门员有 33.3% 的概率防守成功。肖顿这样描述道：

> 大部分的守门员都会选择扑向一边，这是为什么呢？因为就算扑错了方向也比傻傻地站在中间不动而让对方得分的情况好很多。守门员大多会选择假摔，如果他们选择不动而失球，他们将会受到教练的责备。因此，为了保护自己的职业生涯，他们会像其他守门员那样左右不停地换位。

盲目地随大流，过度地关注竞争对手，或者过度关注自己在组织内部留下的印象，很容易导致冒险精神的缺失，并且会导致糟糕的局面出现。这意味着我们需要重视合理的冒险，遵循我们认为正确的事情，并为我们假设的实验和数据寻找证据。

◆ 以客户为中心的组织

> 最重要的是，与客户保持一致。他们的胜利就是你的胜利。也只有当他们胜利了，你才有机会取得胜利。
>
> ——杰夫·贝索斯

在敏捷业务中，客户是组织使命、愿景和战略的灯塔，驱动团队前行。同时，客户也是操作优先级、战术设计和执行管理的参照手册，带动企业和团队往前奔跑。每家企业都自认为把客户放在业务的核心位置，但通常企业定位和优先级的确定是基于对公司更便捷和更高效的方式，而不是为了给客户创造更有价值的产品或更丰富的体验。不少企业在资源优先排序中，过多地强调了业务效率而不是客户满意度。过多的资源用于处理组织的失败，或做好某事（失败需求），而不是帮助创造更多价值（价值需求）。糟糕的自动化程序、复杂的脚本设计、僵化的规则和系统操作的烦琐等都给客户留下糟糕的印象（许多企业仍然在他们的网站上隐藏联系方式，更糟糕的是，向与他们交谈的客户收费）。太多的客户体验并没有与产品有效地结合起来，导致客户的重复努力，公司也白白失去了机会。

我们已经讨论了数字原生过程（如敏捷开发和精益）如何自然而然地以客户为中心，并让客户尽可能参与到开发过程中。然而，真正的以客户为中心应延伸到企业的各个方面，从业务流程、营销战略到企业文化、衡量标准甚至组织结构（我们将在第四部分更多地讨论以客户为中心的组织结构）。

我们讨论过亚马逊如何从长远角度看待创新，它是真正以客户为中心的卓越典范（请记住，亚马逊的使命是：我们将致力于成为世界上"以客户为中心的企业"中最杰出的代表，我们将服务于四个主要客户群体：消费者、卖家、企业和内容提供商)。"客户至上"的核心价值观在整个运作模式、企业管理和企业文化中都得到了完美体现。正如杰夫·贝索斯所说:

> 我们从不关心竞争对手,只关心用户价值。我们从客户的需求开始,然后退一步思考。

在亚马逊创立之初,贝索斯在开会时会带一把空椅子参加会议,代表这个房间里最重要的人物——消费者。每年都有数千名亚马逊经理(包括员工)在呼叫中心,真正地倾听客户需求,理解客户所需。团队目标和指标与客户体验紧密联系在一起,数据驱动的决策根据指标不断改进。每年亚马逊有500多个量化的指标来衡量运营表现,其中80%以上的指标围绕客户需求而制定。高度优化的算法在数亿用户中创造了前所未有的消费体验。在亚马逊看来,即便网页载入延迟也不是小事。根据他们统计:0.1秒的网页延迟,会直接导致客户活跃度下降1%。为了给客户创造更个性化的消费体验,亚马逊对效率几乎痴迷。贝索斯发动了一场名为"muda"(日语中浪费的意思)的战争。正是这种时时处处以客户为出发点和落脚点的"客户至上"的经营理念,让亚马逊深得广大消费者的信赖。

"以客户为中心"可以成为数字化转型的核心驱动力。英国政府成立了政府数字服务局,主要负责定制公众的数字服务。这一团队为典型的不敏捷环境带来了前所未有的敏捷开发。从一开始,其方法就以透明、以用户为中心和坚实的服务设计实践为特征。十条"政府数字服务设计原则"不仅是卓越的数字设计,更是真正的数字原生组织的工作宣言。

1. **需求**——一切从用户需求开始(用户不需要了解政府需求)。
2. **专注**——只做我们能做的,专注政府的核心业务,让工作可以共享,尽量减少重复工作。提供资源构建平台(例如API)帮助其他人建立在线业务。

3. 用数据来设计——利用数据来展示真实的行为。原型设计和测试都基于网络上的真实用户，通过观察并学习用户行为，进而调整系统来适应用户的需求，减少假设，推动决策。测试、改进服务以持续迭代的方式进行，嵌入式分析，为用户提供容易理解的界面。

4. 致力于简洁——努力使复杂的系统易于使用，尽可能地减少假设。

5. 迭代，然后再次迭代——"从小处开始，疯狂地迭代"。先发布一个最小可行性产品，用真实用户来测试，再不断增加其功能。所有的改进和优化都基于真实用户的反馈。迭代还能降低风险，减少失误，同时将问题转化成经验教训。

6. 具备包容性——设计应当尽可能地具有包容性、可辨识性和可读性。

7. 理解应用情景——设计的服务对象不是电脑屏幕，而是各种不同的用户群。必须深入理解这些人在使用服务时的各种场景。

8. 建设数字服务，而不仅仅是网站——将数字世界与现实世界连接起来，考虑服务的各个方面，对平台不做任何假设。

9. 保持一致性——保持语言和设计模式的一致性，而不是统一，同时尊重变化的环境。

10. 公开化让事情变得更好——开放让服务变得更好，被更好地理解和审视。分享知识、代码、想法、失败会带来想不到的好处。

传统的服务设计方法以政府为导向，从政策出发，构建实现该政策的流程，然后再设计支持该政策所需系统，用户需求被排在最后，这种方法导致过于详细的输入、冗长而复杂的程序、糟糕的用户体验以及基于传统思维方式的解决方案。

数字政府战略完全颠覆了传统设计理念。它以用户需求为基础，围绕用户设计公共服务，然后考虑支持这些服务所需的系统，再检查这些服务是否有效地传递了政策。新方法提高了管理效率，也推动了经济发展。在民众服务交互体验方面，英国政府通过多种渠道实现服务交互。英国政府数字服务局做研究，分析数据，观察用户，确保没有假设，专注于真正的用户需求（它结合一些传统的方式，如问卷调查、民意调查和焦点小组讨论，与用户实际行为相结合，通过观察或分析评估，得出对用户需求更真实、更多元的理解）。这种根本性的转变不仅确保了服务设计是基于对用户需求的深刻理解（从而带来更好的服务），也促进了更广泛的探索和组织的转变。通过以民众为中心的互动和与民众积极沟通，英国政府数字服务局提出了更深刻的关于资源、文化的探索方向，也引领着全球数字政府的发展。英国政府数字服务局执行董事斯蒂芬·福里秀-凯恩（Stephen Foreshow-Cain）向我们描述了这种转变：

> 我们力求用服务塑造政府，而不是相反的方向。我们把用户需求放在首位，以一种更灵活的方式工作，让数据更容易获取。政府本身必须做出改变。

他说，这种"组织理念"并不是在现有基础上修改，而是要重新去思考工作方式的转变。简而言之，将服务设计方法与小型、多学科的团队相结合，通过敏捷开发和精益创业理念为组织拓宽创新的深度和广度，从而带来真正的转变。

◆ 敏捷业务成熟度

在现代业务环境中，无论业务规模大小，敏捷都需要贯穿于业务之中。从初创企业，到规模逐渐扩大，再扩张到大型企业，业务的成熟度不同，敏捷的应用也不尽相同。技术专家斯特凡·纳塞尔（Stephane Nasser）将描述业务成熟度和成长路径的4种方式浓缩成一张图（见图9-1），这4种方式分别来自史蒂夫·布兰克、摩根·布朗（Morgan Brown）、布莱恩·巴尔福（Brian Balfour）和雷德·霍夫曼。

不同的模型为我们提供了实用的分析方法，在业务成熟度的不同阶段，敏捷性对应该阶段业务的重点，让所需完成的关键任务变得清晰起来（见图4-2）。

- 初创公司的任务是在扩大规模之前找到适合市场的产品，我们称之为敏捷业务类型1。
- 在业务扩张中，产品或服务有效地与客户的需求相结合或致力于解决客户的痛点。这里的目标是扩张渠道和业务，这是敏捷业务类型2。
- 在公司中，不同的部门都有不同的项目在进行，其目的是节约成本、提高效率、推出新产品或通过并购获得更大的市场份额。这是敏捷业务类型3。

组织在发展的每个阶段以不同的方式应用敏捷方法，有一些地方需要我们特别注意：

创业（探索）——敏捷业务类型1，创建商业模式，定位客户需求，并找到产品市场契合点。

扩大化生产——敏捷业务类型2，需要专注于快速增长、客户获取和组织扩张，专注于客户和业务增长。

扩展和回顾——敏捷业务类型3，需要关注规模效益和股东价值，并结合持续的创新和探索。这种"双重操作系统"需要在优化现有业务的同时，不断开发新的业务，创建新的模式，发掘新的机会，以实现水平增长和垂直增长。

业务敏捷化需要利用业务环境的变化，并迅速将其转化为企业优势。

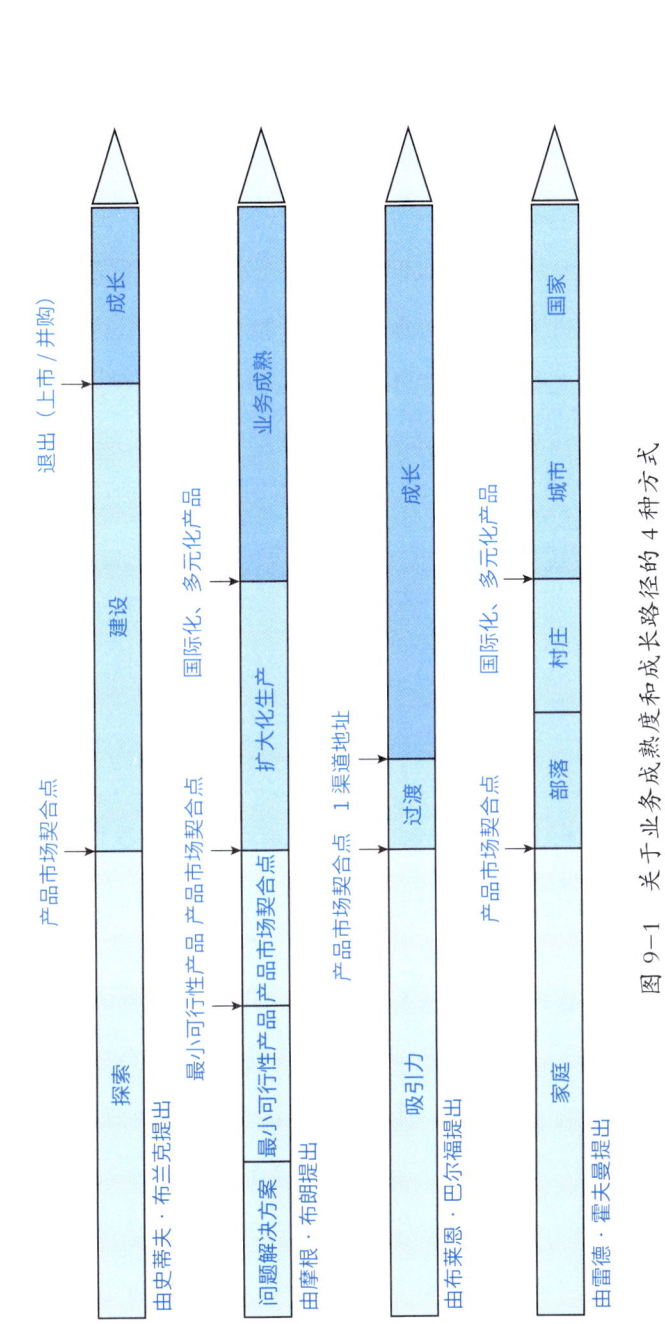

图 9-1 关于业务成熟度和成长路径的 4 种方式

◆ "P"代表优先级

每家企业在数字转型中面临的关键性挑战,就是如何优先分配有限的资源,如何科学有效地进行优先级排序,解决这些问题将对企业转型起着决定性作用。许多组织会陷入优先级设定的陷阱,高管如果不懂技术,则很容易在项目开发优先级排序中做出错误决策。在加速创新变革的时代,行业竞争加剧,设定组织优先事项、合理分配公司资源具有非常重要的意义。

对企业而言,市场定位和战略分析非常重要,但很多组织会把时间浪费在分析竞争对手上。拉里·佩奇曾说:我的工作就是让员工不要去想我们的竞争对手在做什么,因为我宁愿员工们专注于竞争对手们还没有想到的事情,而不是去想已经存在的项目。如果仅仅把竞争作为前进的动力,那么在团队中很难发生颠覆式创新;如果专注于击败同行,也不会为企业吸引到优秀人才。

> 这就是为什么大多数企业会随着时间的推移慢慢衰退。人们自然而然地会选择他们相信不会失败的事情。他们倾向于做一些类似的工作和渐进式的改变。但是,随着时间的推移,这种渐进式的改变会跟不上时代的步伐,从而被淘汰。

客户需求是确定优先级的关键因素之一。当英国政府数字服务局开始重新设计英国政府门户网站时,他们面临着艰巨挑战——如何对各个部门服务的优先级进行排序?这涉及16个部门的660项服务,13亿笔交易。该团队从用户的需求出发,根据用户使用模式对项目进行优先级排序。通过数据分析,他们得出结论:26%的服务项目(或服务总额的4%)覆盖了90%的交易量。因此他们把排名靠前的25项服务作为优先级项目。这确保了他们能在最短的时间内为人们带来最大的改变和影响。在早期转型期担任政府数字服务局战略总监的拉塞尔·戴维斯描述道：你需要从绽放的烟花开始（让人们快速兴奋起来），然后做一些快速修复（让人们在使用过程中感觉特别好、特别快且花费不高），然后迅速地从创新转向解决基本问题（改变组织的基本现状），并专注于数字基础设施（招聘、采购、合同、管理等）、分析和测量（包括跟踪关键指标）、组织障碍分析、治理和报告等（转型需要消除各自为政的现状，当然这无法只通过一个部门来解决），当然还有文化。

一线案例

拉塞尔·戴维斯：数字化转型中的优先级划分

如果你正在进行数字化转型，首先你必须做所有的事情，所有相关的事情。所以你必须做所有的事情。

有些事情会首先发生，但你必须尽快、尽可能解决。

例如，与英国政府一起推进政务信息发布系统，这是政府服务改革计划的一部分，也是我们优先考虑的内容，因为它相对快速、廉价且容易改进。它的效果清晰可见，且惠及很多人。

在这个项目中，还涉及许多其他的优先决策，这些决策既简单又有显著影响。随着时间的推移，这些优先项也会发生变化。

当你学习做什么并试图说服人们让你做时，你优先考虑的事项，与你完全掌控并努力落实计划时不同。部长们会立即关心的事情被列为优先事项。一旦他们的支持到位，接下来才是真正重要的事情。总的来说，我们对推动力进行了优化——众所周知，最终官僚机器会醒来，并试图拖后腿，所以我们试图尽快做出尽可能多的改变，以避免反复。

然后，在数字化转型中有大量的决策：我们从什么服务开始？哪些部门应该先开始转型？我们需要确定优先级中的优先级。最终，通过团队配合来一起解决这些问题。你描述一些结果，强调一些事情重于其他，让团队成员确定自己的交付顺序。在各个层面设定具体的优先事项会适得其反，因为这样会变成瀑布式创新，或者变成非常糟糕的目标操作模型。

当然，你需要站在更高的角度来思考问题，你不能孤立地设定优先事项。以政务信息发布系统为例，政府需要数字专家的加入，需要改变人力资源结构。这意味着我们需要改变招聘信息，在人员配置和人员招募方面找到恰当的方法。你必须给人们正确的工具，允许人们获取网络资源，运用"会计创新"给管理带来便捷。人们可以使用政府采购卡签署 Heroku[1]（只需 30 秒，花费 99 美元），而不是使用单一托管合同（需要耗费上百万，花费几个月时间），这看似是一些小的改进，但实际上会为我们带来本质的区别。在更明显的层面上，对于现在和政府合作的 IT 组织及供应商，我们不得不终止合作，收回权力或采用回避的方式，这可能意味着更改董事会的组成。我们需要重新定义，告诉团队什么是优秀的 IT 合作。

你可能需要使用数字传播渠道来推广产品和服务。在变革中创新，前行永不止步。

在产品管理中通过影响力来确定优先级并不是什么新鲜事，我们需要清晰的条理去思考项目里的每个因素，在转型项目早期就凸显其价值，这尤为重要。简单而言，在短时间内展示出巨大的影响力将会为你赢取更多的时间，尤其是当你能创造切实的利益，并且还能从客户的角度建立优

---

[1] 这是一个支持多种编程语言的云平台。——译者注

先级排序框架（没有人会对客户数据有异议）时。除了影响和努力，需要优先考虑的是时间因素。正如美国前总统德怀特·D.艾森豪威尔（Dwight D. Eisenhower）曾说："重要的事情很少是紧急的，而紧急的事情很少是重要的。"

我们可以使用艾森豪威尔矩阵来提高工作效率。艾森豪威尔矩阵是简单且有力的优先级排序的方法，它将所有的事情分解成一系列清晰的项目，区分哪些是紧急的优先事项，然后迅速行动（见图9-2）。

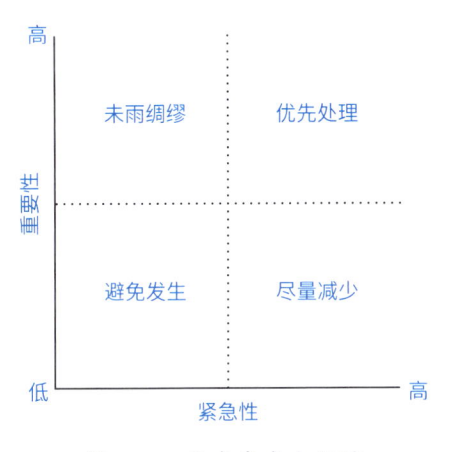

图 9-2 艾森豪威尔矩阵

我们应根据短期和长期需求，合理分配资源，这有助于减缓紧急状况的发生。从长远来看，我们应该优先安排重要但不紧急的事务。这些事物现在看来并不紧迫，但对组织长期发展有着至关重要的作用。我们可以使用简单的记分卡（例如，对客户影响、风险、成本、时间和利润贡献）进行评估，这可以帮助我们高效地制订优先级计划。任何转型计划都可能被糟糕的服务设计和延迟交付严重削弱。因此，设计修复服务或产品，为用户打造无缝连接的极致体验，将成为变革的强大动力。记住，创新不能取代基本能力。

清晰的路线图包括具体的途径和方法。根据既定标准，制定强有力的优先排序和规划，能防止资源分配不平衡或不合理的优先权分配，例如，错把资源优先分配给那些呼声最高的项目，而不是对客户真正有意义的至关重要的项目。

但什么时候倾听客户的需求？倾听客户需求是否会给我们带来局限？史蒂夫·乔布斯描述了设计新产品时客户反馈的局限性：

> 通过焦点小组来设计产品是非常困难的。很多时候，人们不知道他们想要什么，直到你展示给他们看。

科技和无人机企业 Parrot 创始人兼首席执行官亨利·赛杜（Henri Seydoux）描述道，企业在做决策的过程中，有时候不会考虑用户需求，而有时候对用户需求又会极其敏感：

> 当你拥有全新的想法时，你不能要求用户和你保持一致的方向……他们有可能不会理解，或者对这个愿景并不看好。

赛杜讲述了一个井然有序的构思如何被焦点小组复杂化的故事，参与者们传达了各种附加功能，最后让这个想法不能落地。然而，对于一个正在发展或已经存在的市场，持续的客户反馈是关键。正如克莱顿·克里斯坦森所言：

> 新技术的出现，会给我们带来新的问题，我们需要更努力地工作，更聪明、更积极地投资，更敏锐地倾听客户的意见。但是，在许多情况下，当颠覆性的技术出现时，健全的管理方法会变得毫无用处，甚至适得其反。

成功的秘诀在于在设计产品时要有先见之明，在产品优化时需要客户的实时反馈。

重新确定工作的优先级和准确性

敏捷业务的一个关键原则是根据最新的数据输入、业务信息和客户信息，定期对待办事项进行优先级调整。除此之外，另一个重要原则是尽可能消除流程中的浪费，当项目产出价值较低时，降低其优先级排序，避免不必要的时间浪费。将敏捷性原则贯穿优先级排序，效率与适应性都是我们需要考量的重要因素。

企业在去除优先级排序方面往往表现糟糕。新的想法或计划往往会增加现有工作的负荷，这意味着团队会变得负担过重或效率低下。团队成员一方面要完成现有工作，另一方面还要创新和探索。企业往往缺乏一种"去除优先级排序"的文化，也缺乏正规的方法来定期确定和终止低价值产出的项目，这会让情况变得更加复杂。

我们可以采用敏捷开发中的 MoSCoW 优先级排序方法。一般会在迭代计划会上使用 MoSCoW 方法来排序，帮助团队定义每一个迭代中的优先顺序。简单而言，对几个月后的工作进行详细的前期评估和分级毫无意义，因为客户需求随时可能发生变化，这是不必要的工作。因此，在做优先级规划时，随着工作完成时间的推移，我们对项目规划的详细程度也会降低。

MoSCoW 代表：

必须有（Must have）：这是当前迭代中正在进行的工作，因此也需要最详尽的规划。

应该有（Should have）：这与下一个迭代或下一个迭代将要完成的工作有关，这些业务很重要，但并不是当下必需的，因此我们需要合理地对其规划。"应该有"的要求与"必须有"一样重要，但它们不能像当前迭代中的工作那样规划详细。

可能有（Could have）：这是一项仍有一定距离的工作，因此还不需要深入了解。通常现阶段不会做，会挪到下一阶段执行。

（这次）不会有［Won't have（this time）］：最不重要、最低回报，或在当下不适合的项目，因此被剥夺优先权，为高价值工作创造空间。

将 MoSCoW 优先级排序方法嵌入产品迭代中，就可以保证更高价值的工作不会被牺牲，并以及时和合适的方式被优先考虑。在整个业务中，我们需要建立一个通用的优先级划分，这有助于团队形成共同的价值观，提高一致性并减少内部矛盾。

◆ 将策略看作一种不断演变的算法

> 每个人在被对手击中要害之前，都有自己的一套战术。
>
> ——迈克·泰森（Mike Tyson）

我们已经讨论了建立强大的业务敏捷性的技巧，我们需要在愿景上固执己见，在细节上灵活变通。我们需要随着环境的变化而变化，不断定义更好的选择，并且具有高度流动性和适应能力。营销技术创业公司 Percolate 的联合创始人诺亚·布利尔（Noah Brier）将战略描述为一种不断演变的算法——这是一个非常有用的类比。他说道：如果算法创造了一套能够解决问题的规则，那么战略实际上就是构建算法，帮助我们找到最佳决策。

如果我们将战略视为一种不断演变的算法，那么我们所设定的规则或指导方针能够帮助我们找到前进的方向。算法因为输入新的内容而不断演变，策略也应不断融合新环境、新数据，以便帮助我们找到最优解决方案。谷歌每年都会对其搜索算法做出几百次的修改，并且会周期性地进行重大调整，优化团队的工作方式。为了应对策略的不断变化，避免企业出现偏离轨道的危险，我们需要周期性地进行重大调整，以保证我们行驶在正确的方向上。

一些传统企业会设定严格的自上向下的战略。敏捷业务要求我们在竞争优势日益变化的环境中，具有持续的洞察力，利用数据和客户反馈迭代性发展，即使在业务仍然可行的情况下，也要做好退出和重新聚焦的准备。正如丽塔·冈瑟·麦格拉思所描述的：

> 可持续的竞争优势和动态变化的战略之间最显著的区别是：在战略中，我们需要考虑从衰退的趋势中退出。与创新、业务增长和产品开发一样，这也是业务的核心组成部分。

因此，正如我们应努力加快变革速度和组织反应速度一样，我们需要在战略规划过程中将效率提升嵌入日常工作和思考中。保罗·亚当向我们描述了一种有效的方式，帮助我们分析产品路线图的三个时间——下一个6年，未来6个月，接下来6周——你的计划是什么？保罗将"666路线图"应用于产品路线图设计、适应性决策制定及企业管理中。

- **下一个6年：** 这是你对6年后世界格局的认识，你的"策略"要随趋势的改变而改变，这是企业战略路径规划。

- **未来6个月：** 你的重点是建立、创建或执行短期计划，在滚动的时间轴里完成目标和计划，这将对长期战略产生重大影响。在6个月里，你可能会完成计划50%~75%的内容，但剩下25%的内容将是你意想不到的创新。

- **接下来6周：** 当前的详细规划，每一到两周就会有一个滚动的时间表进行迭代。

滚动式规划是一种迭代式规划技术，详细规划近期要完成的工作。"666路线图"的设定无疑为产品团队创造了大量的机会。企业在远期计划中提出战略目标和要求，在中期计划中将长期战略目标具体化，同时根据实际情况制订高度迭代的短期计划。

◆ 发现－驱动计划

在敏捷和精益中，我们需要尽可能多地从开发中移除假设。随着可用数据的数量呈指数级增长，我们会将这些数据应用于假设条件的验证（特别是验证一些隐藏的、有害的，甚至权威的假设），这是实现敏捷业务的必要条件。

与此同时，如果我们从未来出发回顾现在，重新设想我们当前业务优先级（而不是从可能已过时的假设去推断），那么我们将为敏捷战略建立坚实的基础。有时候，当我们进入新的领域，面对不确定的项目时，假设所占比例会异常高，这会导致战略或项目有可能出现重大风险。我们需要紧急的迭代性策略，并且尽量去识别可避免的或隐藏性的假设，这非常重要。

丽塔·冈瑟·麦格拉思提出"发现—驱动计划"，这是一个非常实用的概念，它迫使我们去设定确定的结果，然后为了实现这一结果去验证我们的假设。按照传统的方法，未来的结果是从过去的数据，通过可预测平台推断出来的。在稳定的、渐进式的增长或已知的场景中，我们会运用到这样的方法。"发现—驱动计划"专注于建立实现结果所需要的关键事项，因此对于那些创新型、未知的或具有更大不确定性的案例会更加实用。

麦格拉思在谈到为什么迪士尼会在巴黎失败时，为我们提供了一个值得深思的反面案例：

巴黎迪士尼在1992年的开园可以说是一场灾难。在头两年里，损失将近 10 亿美元。在门票价格大幅下跌后，它才实现了 1100 万人次的目标。在项目规划过程中，迪士尼基于它在其他地方（美国和日本）的运营经验而做出相关假设，如入场价格、游客准备支付的费用、客户想吃什么、他们想购买的商品类型等。它假设游客平均会在园内的酒店里住 4 天，然而实际上早期的平均停留时间只有 2 天。在其他迪士尼公园，迪士尼建了 45 个游乐设施；但巴黎的迪士尼乐园只设计了 15 个游乐设施，人们在一天之内就能玩遍所有设施，因此没有理由待得更久。

只有了解潜在假设的真实性，才能避免出现这样的结果。麦格拉思为我们定义了许多衡量规则，包括：为项目制定一个清晰的框架（包括可量化的目标）；根据市场和竞争环境制订计划；将战略转化为具体的、可执行的行动（从你必须交付的内容开始）。在"发现—驱动计划"中，团队成员需要迅速以最少的开支去证实最关键的假设是否有效。

小说家 E. L. 多克托罗（E. L. Doctorow）曾经写道：写小说就像是开夜车。你只能看到车灯照射到的距离，但你可以沿着车灯的方向行驶。

使用"发现—驱动计划"，我们有足够的信息来制订详细计划，到达下一个里程碑，但不是超越它，所以关键是在重要节点上测试假设。就像敏捷和精益一样，这种方法很有激励性，给人们以测试和学习的自由，而非被迫证明偏离有缺陷的原始计划是合理的。始终要问的关键问题是：为了实现这一结果，需要什么是真实的？这种形式的应急策略从未像今天这样适用。

第 10 章
战略与执行的结合

◆ 五个问题

> 要理解一家公司的战略，得看它实际做了什么，而不是听它说将要做什么。
>
> ——安迪·格罗夫（Andy Grove）

在敏捷业务中，战略和执行的结合至关重要。产品质量、创新水平、创收能力和增长能力，都取决于战略和执行的无缝衔接。企业战略是什么？它与团队执行力的关系又如何？人们往往对此会产生困惑。罗杰·马丁为此提出了五个关键问题，让我们将战略与执行紧密结合起来。这五个问题分别是：

（1）企业的发展愿景和具体目标是什么？

（2）企业的目标市场在哪里，顾客有什么需求？

（3）企业如何在目标市场获取竞争优势？

（4）企业需要什么样的能力才能获胜？

（5）企业需要一个什么样的管理系统，来建立、运行和维护这些关键能力？

罗杰·马丁在谈到如何将这五个问题与实际工作联系起来时表示，它们是相互关联、相互影响、相互强化的，这意味着我们需要采用逐次逼近的迭代方法。举个例子，我们可能在一开始并不能设定引人注目的愿景，不能同时找到每个问题的答案，我们需要在这五个问题之间反复迭代。当我们找到了一个问题的答案，它将会引领我们去解决下一个问题。这种迭代方法实际上让公司战略的制定变得更为简单：

> 它将让你免于一次次去制定愿景、进行错误的 SWOT 分析（即基于内外部竞争环境和竞争条件下的态势分析），或者避免一些空话、大话。通过迭代方法，这五个问题将一步步地引领你找到答案，帮助你在目标市场上获胜，同时减少人员焦虑和时间浪费。

在传统组织中，领导类似于大脑的角色（做出关键选择，控制一切），其余的人员类似身体的各个部分（行动受大脑控制）。在敏捷组织中，我们在这个五个问题的启发下，制定企业发展的整体目标和业务层面的具体计划，从而将企业、战略、团队和个人结合在一起，确保战略与执行紧密相连（见图10-1）。

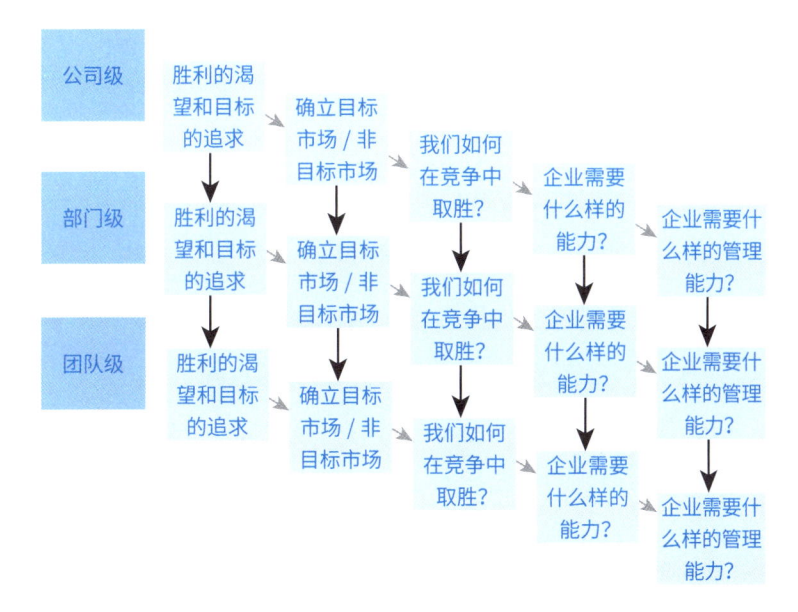

图10-1　五个问题的串联

◆ 战略和战术树

能将战略和执行紧密结合的另一方法是选择战略和战术树。许多企业会制定一个整体的战略计划，然后把其他的都视为有助于实现该战略的策略，但是这样的方法并不能将战略与执行紧密相连。约束理论创始人伊利雅胡·高德拉特（Eliyahu Goldratt）博士在 2002 年提出：战略本身会有一个层次结构，我们会制定好几个层次的策略，每个层次都由必要的条件相互连接。较低层次的目标是较高层次目标的先决条件——前者比后者更具体或更详细（见图 10-2）。

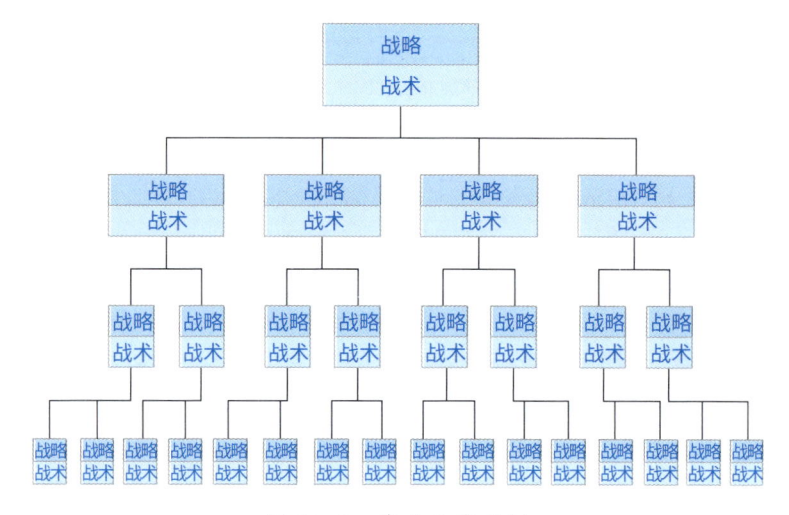

图 10-2　战略和战术树

高德拉特将战略定义为"我们为什么这么做"（换句话说，就是达到目标的方向），以及"如何做到"（实现这一战略的过程）。在定义"战略和战术树"时，他认为，如果战略是分层的，那么每一个战略都应该有一个相对应的战术，战略和战术应该总是成对地存在于组织的每一个级别。战略和战术树（S&T）就是这样一层层地往下展开，因此，我们可以让一项战略具有生命力，并与各层级的具体行动相互关联。作为这个概念的补充，我们还应该考虑到衡量标准的作用，在组织的每一个层次上，战术和战略相互结合，并且我们的衡量标准也是相互联系的。只有如此，才能保证战略与执行真正地紧密结合在一起。在本书的后面，我们将通过具体的案例来说明：企业如何在敏捷环境中将战略与执行相互结合。

◆ OKRs——让团队与你同行

OKRs 是定义和跟踪目标及其完成情况的管理工具和方法，由英特尔公司在 20 世纪 70 年代设定。英特尔高管、谷歌董事会成员约翰·多尔（John Doerr）在谷歌成立后不到一年的时间，向谷歌介绍了此系统，帮助它在业务迅速扩张的过程中实现目标和方向的统一。谷歌将这套系统沿用至今，OKRs 也扩展到诸多高科技公司，如领英、甲骨文（Oracle）、推特等。

该体系包括在公司、团队和个人层面设定季度可衡量的明确目标，然后用可量化的关键结果来支持目标的达成，以此来衡量业绩。每个人的 OKRs 在全公司都是公开透明的。比如每个人的介绍页里面就放着他们的 OKRs 的记录，包括内容和评分（例如在谷歌，从首席执行官拉里·佩奇到基层员工都可以相互查看各自的 OKRs）。它为企业提供了明确的方向和期望，确保在每个级别上的目标保持一致，并且让员工对其他人和团队的优先级有了更深入的认识和理解，能让每个人对目标的理解都保持在一致的方向，从而加强团队的凝聚力和企业的核心竞争力。

通常，我们会在每一级别设置 3~5 个雄心勃勃的、可实现的、有期限的目标。每个目标都有 3~4 个可衡量的标准，这些结果是可以明确量化的、可实现的目标，为员工绩效评分提供评价基础。成绩的评分可以从 0 到 100 分，也可以从 0 到 1.0 分。

结果指标可以在一个季度里定期更新，也可以每周更新一次。在设定目标时，我们要设定有挑战性的目标。如果100%地完成了任务，说明这个目标还不够有挑战性。我们可以设定更宏伟、更长远的目标，同时定期审查，让OKRs与不断变化的战略需求保持在相同方向。

当你在企业里设定了清晰的使命和长远的愿景，在组织层面我们会设定数量有限的目标和衡量结果，然后将具体的可量化的结果在团队和个人OKRs中展示出来（见图10-3）。

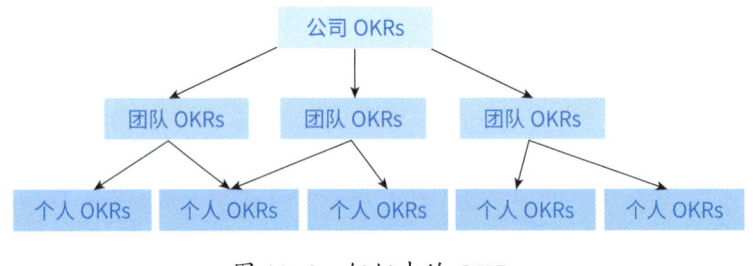

图10-3　组织中的OKRs

OKRs系统的主要好处是，它清晰地将企业战略，以自上而下地的方式与组织各个层级的执行和考核结合起来。它确保围绕目标进行有条理的思考，向每个人清晰地展示什么对组织是最重要的。它让个人和团队的优先级变得清晰，并确保定期审查目标，激励和跟踪员工的进展。

一线案例

邓肯·哈蒙德，《卫报》（The Guardian）新闻与媒体发行总监：使用OKRs来推动变革

2015年，《卫报》任命了新的主编凯瑟琳·瓦伊纳（Katharine Viner）和新的首席执行官大卫·彭塞尔（David Pemsel）。这是《卫报》多年来最大的一次领导层变动，这给了我们一次很好的机会来重新评估和审视战略重点。

2021 年,《卫报》迎来了 200 岁的生日。凯瑟琳和大卫向我们提出了一个简单的问题：200 岁的《卫报》会是什么样子？为此，我们进行了为期 6 个月的战略评估，将此命名为"2021 项目"，并制订了一项全新的 3 年战略计划，旨在改变组织，走上可持续发展之路。我们称这项计划为"关系战略"。

"2021 项目"揭示了《卫报》所面临的一些艰难挑战，我们称之为"不加掩饰的真相"。这些事实是实现可持续发展的主要障碍。

事实证明，我们的组织关系复杂，缺乏灵活性。我们的战略重点是什么？我们如何为优先级分配资源？我们如何表达我们的意图？如何衡量成功或失败？我们如何确保正确的人员在正确的时间点密切配合？如何关注到正确的事情？

在推出"关系战略"的前一年，我们一直在较小的团队试验 OKRs。OKRs 是英特尔在 20 世纪 70 年代末发明的，并在 2001 年被谷歌采用。这是一个简单的框架，明确和跟踪目标及其可衡量的结果来判断成功（或失败）。在小范围的试验中，我们在 OKRs 方面取得了一些成功，我们希望将其作为新战略的一部分，在企业内部更广泛地使用。

我们采取的第一步：在第一年设定五个全组织范围的目标（OKRs）。这是主编和首席执行官为《卫报》设定的宏伟愿景。如果我们能如期实现这五个目标，我们就能在接下来的几年中成功地实现"关系战略"。

接下来，我们引入了"Huddles"的概念。Huddles 是指小型的、跨职能的团队，专注于交付自己的 OKRs，通常以三个月为一周期。他们可以自由地完成他们自行设定的挑战，并采用"测试—学习"的方法来提供最佳解决方案。

　　小组的 OKRs 来源于组织的战略目标，这确保人们专注于企业战略目标。小组成员能够看到他们的日常工作助力《卫报》的整体愿景。

　　当我们找到共同的方法来设定目标，并使用共同的语言来阐述这一目标时，它迫使我们做出新的改变，鼓励团队从更高的角度来思考。OKRs 的主要目标不是考核某个团队或者员工，而是时刻提醒每一个人当前的任务是什么，相信并依靠员工的自主性和创造性去完成任务，使自由和方向达成一种平衡。它让管理层在优先顺序和资源分配上更加清晰。

　　OKRs 系统改善了我们的工作重点，并增加了工作实践的多样性。虽然这并不能解决我们面临的所有问题，但它们在改善《卫报》传达战略重点的方式上发挥了巨大作用。

◆ "冲刺"为变革带来驱动力

　　在迭代的时间块或冲刺周期中工作，以敏捷和精益为核心，可形成一个可重复的工作循环。在这段时间内，开发团队从开始到结束持续创建特定的一组产品功能。"冲刺"给我们带来不容忽视的好处，包括：

　　● **明确关注在迭代周期结束时需要交付的结果**——每个"冲刺"，项目团队需快速完成预定的工作，并定期回顾和重新确定优先级。

　　● **嵌入式反馈循环和学习**——在真实的客户中进行测试（只要可能）和定期回顾，不断地在新环境中学习，数据驱动让决策更精准、高效。

　　● **多学科工作**——大多数致力于"冲刺"的团队规模较小，且多学科交叉，团队密切、高效沟通，从而保持持续的进展，确保良好的沟通，并有助于团队合作。

- **更快的速度**——团队朝着明确的方向、可实现的目标协同工作，专注于消除前进的障碍，确保团队以最快的速度完成交付。不断的迭代和持续的改进提高了团队开发速度和产品性能。

- **透明度提升**——整个团队（和其他相关人士）都可以看到每个"冲刺"的任务、难度和具体任务的进度。每日站立会议是敏捷方法中很重要的制度之一，团队尽可能向有困难的小组成员提供帮助，让困难尽早得到解决。

- **更高的准确性**——迭代工作有助于消除假设，提高预测的准确性。

- **员工激励和积极地工作**——参与者可以看到工作成果和长期目标的进展方向。激励员工，赋予员工自主权。

在实践中，每个团队根据所在环境和条件确定一个合适的迭代周期，保持相对稳定的开发和交付节奏。时间要足够短以实现项目快速进展，时间又要足够长以确保在每个迭代结束时产生有效的工作输出。例如，在Scrum等敏捷方法中，迭代周期可能长达两周；但在有些敏捷方法中，迭代周期有可能短至一周。例如，谷歌的创投部门的敏捷设计（Google Ventures Design Sprint）是一项为期五天的迭代计划。

第一天——理解：团队达成一致目标，描绘共同挑战，通过团队分析、研究，提供数据和信息。

第二天——分歧：团队灵感碰撞，混合想法，构思解决方案。

第三天——决定：评价解决方案，彼此分享每个人想到的解决方案，抽取出其中较为优秀的部分。将这些较优秀的部分联结成一个故事（产品使用过程）。

第四天——原型：指派工作给每位成员（研究人员、使用者界面设计师、各组件的制作者），制作产品原型，进行测试。

第五天——验证：尽可能与真正的用户一起，以辨别出哪些产品原型比较优秀，哪些又没那么好用。依结果判断有没有进行下一次敏捷设计的必要。

迭代工作是敏捷业务的核心，它的应用范围远远超过简单的技术叠加和创新团队的合作。这是一种天生的赋权、激励式的工作方式，可以激发创新，作为新的思维和行为的催化剂，支持更大的敏捷性。不要把一切都局限在技术团队。

◆ 敏捷规划具有层叠性和节奏性

在敏捷组织中，如何让高层战略与执行无缝连接，让以客户为中心的核心价值与产品战略无缝对接，将战略规划与执行紧密连接起来？我们需要理解组织战略与实际工作之间的联系。在敏捷业务中，我们可以通过最初的计划、长故事和最终的用户故事来表达：

- 业务愿景和目标：业务的总体愿景，以及业务前进方向和成功的目标。

- 经营战略和产品战略：战略从企业愿景和目标展开，是企业目标的具体表达。产品战略和经营战略很可能一起创建，是通过产品开发实现商业策略的一种方式。

- 计划和主题：这是可以交付业务和产品战略的重点领域，主题可能跨越更广泛的组织，这些可能被分解得更为具体。

- 长故事：计划可以进一步分解为长故事，这是一项复杂大型的任务。

- 用户故事：长故事可以分解成用户故事的合集。用户故事以用户为中心，从用户的角度来捕捉其特定需求，可以描述为：作为谁（角色），我想做怎么（行动），我能得到什么样的好处。

通过这样一层一层的构建方式，敏捷组织将企业的总体战略与执行紧密相连，让经营目标与客户需求无缝连接，从一个关卡流向另一个关卡。同时，为了能设计出有较高适应性的产品模型，我们需要理解各个层次不同的规划节奏。Scrum 和敏捷专家麦克·科恩（Mike Cohn）用"洋葱规划"阐述了这一点。他提出一个简单的分层结构，其中规划是迭代的，但从年度战略到日常执行以不同的节奏迭代，随着你对工作的定义越来越详细，节奏就变得越快，迭代周期时间也越紧凑。

- **每日计划、迭代和发布：** 这是洋葱的内层，这三层可能发生在团队环境中。发布计划按照发布周期的节奏工作，但可能需要不止一个迭代来完成一个发布周期，并且一个迭代可能包含多个每日站立会议。以这样的方式，每日计划节奏最快，接着是迭代，然后是发布。这样的计划能够使团队具有良好的可见性，并将重点放在跨多个项目的重要内容上，而不是过于线性的计划。

- **产品、投资组合、战略：** 这是洋葱的外层。我们需要看得更远，在产品规划中，产品经理需要比当前版本看得更远，以考虑产品或系统的长期发展。投资组合规划考核产品的潜力，通过战略规划实现企业的愿景，以确定投资和努力的方向。

产品战略与企业战略或经营战略密切相关。它们之间的密切联系对于实现战略愿景至关重要。一些组织未能对产品战略的创建进行优先级划分，结果让产品战略不仅不符合业务需求，还导致产品团队变得非常被动。明确的产品战略和对应的优先级对产品管理至关重要。项目的利益相关者需要理解产品的重要性。产品经理和所有参与者都需要真正了解业务的需求和发展。

以这种方式进行规划时，重要的是警惕可能出现的线性思维，例如，为了完成一个主题，我们认为需要在该主题内交付所有长故事。这种万事俱备才能继续下一步的信念可能与以最小努力实现最大价值的敏捷原则相冲突。我们不能预测哪些用户故事或长故事将贡献最大的价值，所以我们需要保持灵活，能在每个阶段重新安排优先级。另一个需要注意的地方，正如敏捷教练索伦·拉绍（Soren Raaschou）指出的：将主题、长故事和用户故事的层次结构映射到组织层次结构，并将所有权分配到企业内部，这是诱人的陷阱。这里的危险是：交付团队的执行力会非常强，同时他们也失去了自主权，不能做出最佳优先级和重新定义优先级的决定。团队成员也会因此失去激情和动力。而这种激情和动力往往伴随着你在所负责的领域做出改变的能力，以及对更大目标做出贡献的能力。另一方面，内部政治可能使价值的传递偏向个人利益，而不是客户真正需要的产品或服务。

战略与执行的紧密联系让企业的宏伟战略得以实现。敏捷组织优先考虑客户价值，允许团队级别所需的灵活性，围绕客户需求和反馈重新安排优先级，以最少的努力做最有价值的事情。

◆ 利用"当前现实树"找到问题的根源

在组织中，用敏捷方法来指导工作和学习时，不可避免地会遇到需要解决的挑战和障碍。在这种情况下，最有用的工具之一就是使用"当前现实树"（CRT）来迎接挑战。

以色列教授伊利雅胡·高德拉特提出了CRT，并将其发展为约束理论中的思维过程和工具。简而言之，这是一种描绘问题的方法，我们可以通过一张图来厘清错综复杂的因果关系，从而找到问题的根源所在。它的应用原则是，我们面临的诸多挑战实际上是由一些隐蔽的深层次问题引起的，我们需要识别并解决这些根本问题（见图10-4）。

将可感知的"不良效果"映射出来，然后将任何继发的（或可能隐藏的）症状融入其中，能更好地理解因果关系，也帮助我们找到可能导致多重影响的根本原因。

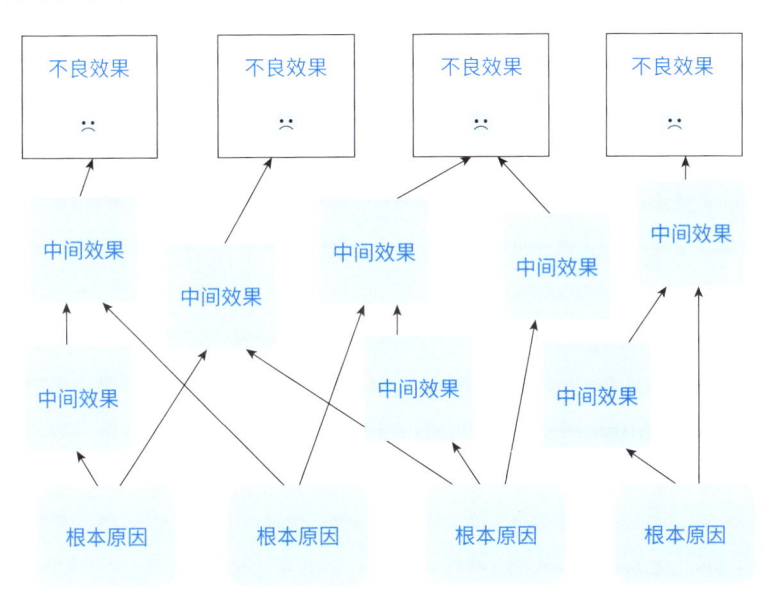

来源：特里维希克（维基共享资源）

图 10-4　当前现实树

解决问题的根本原因才有助于找到问题的症结所在，并让不良影响消失。首先我们需要试图理解当前的业务系统；其次，列出并描述看到的所有不良影响（最好是 5~10 个）；最后再分析出现这种结果的原因。如果不良效果是由 2 个或 2 个以上的原因引起的，则可以将其表述为"如果 x 和 y 发生，我们就会得到这种不良效果"。在绘制出所有的不良效果之后，可以反推出一两个核心问题，它们是系统中所有问题的根源，这个根源导致了其他的问题，而这个根源问题，通常可能是一个组织里长期存在的某项制度、政策或某些观念等。我们可以运用第 7 章中学到的"五个为什么"来找到根源问题。想想那些你可以控制和影响的事情，这将给你带来很大的帮助。

绘制出当前现实树后，你可以用一些简单的方法来验证它。我们可以从上到下使用"因为"来验证。例如，用户对服务不满意，"因为"响应时间太慢,"因为"组织中两个部门不能良好地沟通,从而无法很好地协作。我们也可以从下到上使用"因此"来验证。比如,两个部门之间的沟通不太好,"因此"他们不能很好地合作,"因此"响应时间受到影响,"因此"客户会感到沮丧。

确定了需要改变的根本问题,我们就可以专注在"要改变什么"和"如何改变"上。由于现实树将根本问题映射到明显的结果上,它在处理不太容易理解的问题或依赖关系时特别有用。让跨学科的团队参与映射过程也非常有帮助。特别是在涉及依赖关系时,通过协作的方式可以找到问题的根本原因,同时它也可以集中团队的力量,最大限度地消除前进路上的种种障碍。

◆ 复杂性偏见和刻舟求剑

作家谢恩·帕里什(Shane Parrish)将复杂性偏见描述为:

> 当我们在面对一些容易理解的问题时,或者在困惑的状态下,我们倾向于去关注那些让人难以理解的部分。

与直觉相反,我们往往倾向于让事情看起来比实际情况更复杂,或者在面对两个相互竞争的假设时,我们很可能会选择最复杂的一个。这种偏见也许来源于我们想展现高人一等的智慧(换句话说,是为了让自己看起来更聪明),或者想展示我们在解决问题上花了很多精力和心血。不管是出自什么样的心态,复杂性偏见都是危险的,因为它会导致我们忽视更简单、更直接的解决方案。正如谢恩指出的,大多数认知偏差的产生是为了节省心理能量。复杂性偏见在某种程度上也是一种捷径,因为它会导致人们对理解需求的回避。

因此，我们会将相对简单的概念用行业术语表达出来，试图掩盖自己不太理解的部分，倾向于选择外部顾问的建议。这些建议让问题看起来更加复杂，我们以此来证明向顾问支付高昂费用的合理性。一般而言，我们不会将时间和精力用于简化或去除不必要的复杂问题上。正如奥卡姆剃刀原理所说，需要最少假设的解释通常是正确的，而最简单的解释往往被人们忽视。

例如，十几年来，澳大利亚最著名的天文台——帕克斯的科学家一直对他们设备上收到的无线电信号感到困惑，试图用各种研究和理论解释这些神秘的信号。在该设备上工作的天文学家首先发现了短暂的无线电信号，这个时隐时现的神秘信号被称为"佩利顿"。1998年，研究"佩利顿"成为天文学家的主要工作，这一短暂而难以琢磨的信号可能起源于银河系外，但它时断时续，又被认为与大气层、雷击有关。然后进一步的研究表明，它们往往发生在白天，并且只有当望远镜指向某个特定的方向时才会接收到。

经过多年的搜寻，天文学家确定了神秘信号的来源——该天文台休息室里的微波炉。当天文学家远程操作望远镜时，如果某人打开正在工作的微波炉，它就会发出信号，当望远镜指向某个特定位置时，就能收到这样的信号。

多年来，一名维修工人在加热午餐时微波炉发出的神秘信号就是"佩利顿"——答案往往比我们的想象更简单。

◆ 重点运用数据

如果你误解了数据在业务中的价值，你就错过了未来成功的基本支柱。数据提高了洞察的速度，为大规模更智能的决策和执行提供了机会，并有可能将人类解释与机器驱动的模式结合在一起，创造真正的优势。谷歌位于搜索数据之河，亚马逊也建立在购物者数据的河流之上，其基础设施平台 AWS（Amazon Web Services）也在不断收集数据。苹果和安卓都坐拥数据之河，脸书平台构建了社交产品矩阵，打造广泛覆盖全球的社交网络。特斯拉真正的竞争力在于对数据的整合与运用，将其凝聚成特斯拉的神经网络。

当今，每一家企业的工作都按照一定的速度和规模在数据之河中前行。我们通过收集、整理、分析和学习数据，为企业经营（无论是产品设计、品牌收购还是多元化和企业扩张）的方方面面提供决策信息。

然而，许多公司难以从已有数据中获取真正的价值。仅仅购买技术解决方案是不够的，仅仅靠收集数据是不够的，仅仅靠数据报告也是不够的。例如，研究人员克里丝汀·穆尔曼（Christine Moorman）对市场分析使用的数据进行调查，结果显示，在过去的 7 年里，这些数据在决策分析中几乎没有改变（见图 10-5）。

企业依靠市场分析来进行决策的比例缓慢上升

在决策中使用市场分析的占比

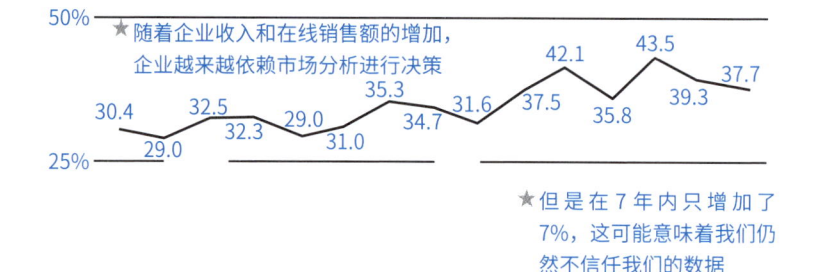

★ 随着企业收入和在线销售额的增加，企业越来越依赖市场分析进行决策

2013年2月	30.4
2013年8月	29.0
2014年2月	32.5
2014年8月	32.3
2015年2月	29.0
2015年8月	31.0
2016年2月	35.3
2016年8月	34.7
2017年2月	31.6
2017年8月	37.5
2018年2月	42.1
2018年8月	35.8
2019年2月	43.5
2019年8月	39.3
2020年2月	37.7

★ 但是在 7 年内只增加了 7%，这可能意味着我们仍然不信任我们的数据

图 10-5　市场分析在决策中的应用

在竞争激烈的商业环境中，企业能够感知周围的环境并进行反馈。分析数据并依此行动，这将推动企业真正的价值和业务增长。IBM 发布了

2020年全球最高管理层调研报告，其数据表明：那些在研究中被定义为"火炬手"（有效利用营销分析）的企业，其收入和营利能力都大大超过那些被定义为"有抱负"（在该领域能力较低）的企业，分别高出43%和44%。

平台化运营模式的持续发展和数字商务日益分散化的本质，导致客户数据和新的赢家（以及潜在的输家）的分散。例如，传统零售商和生产商见证着越来越多的数字交易发生在社交平台之外，或通过亚马逊和谷歌等科技巨头进行交易，这让零售商和生产商更难以了解客户的行为模式。在新冠疫情期间，电子商务加速发展，让客户数据动态得到高度重视，但可能也会影响到企业识别机会、迅速采取行动和敏捷行动的能力。此外，D2C营销模式的增长，是许多企业更广泛关注第一方数据（直接从客户那里收集）的一部分，这使得数据更加利于操作（见图10-6）。

在接下来的几年里，企业必须选择有多少产品类别可以在自身平台之外销售。例如，许多零售商目前会在官网之外提供更便宜的相同产品，同时继续引流到自己的门店，从而在内部部门内有效地制造了价格战。

数据整合思维是关键。拥有端到端产品（从制造到客户交付），可以为客户提供更具个性化、有独特价值的商品或服务，但这对商家的覆盖范围和规模提出了要求。尤其是如果该行业正处于直接面向消费者的早期阶段时，可能会成本高昂而耗时良久。不过，客户数据的智能应用可以有效推动规模扩张，特别是当你有规模庞大的客户数据池时。识别出哪些产品适合于哪些平台和渠道的销售，可以极大地提高预算分配的效率，并有助于企业做出关键决策，决定是推动现有销售，还是通过创新开发新项目。

数据专家和分析专家越来越多地处于敏捷开发和变革的中心。正如谷歌的数字营销专员阿维纳什·考希克（Avinash Kaushik）描述的：

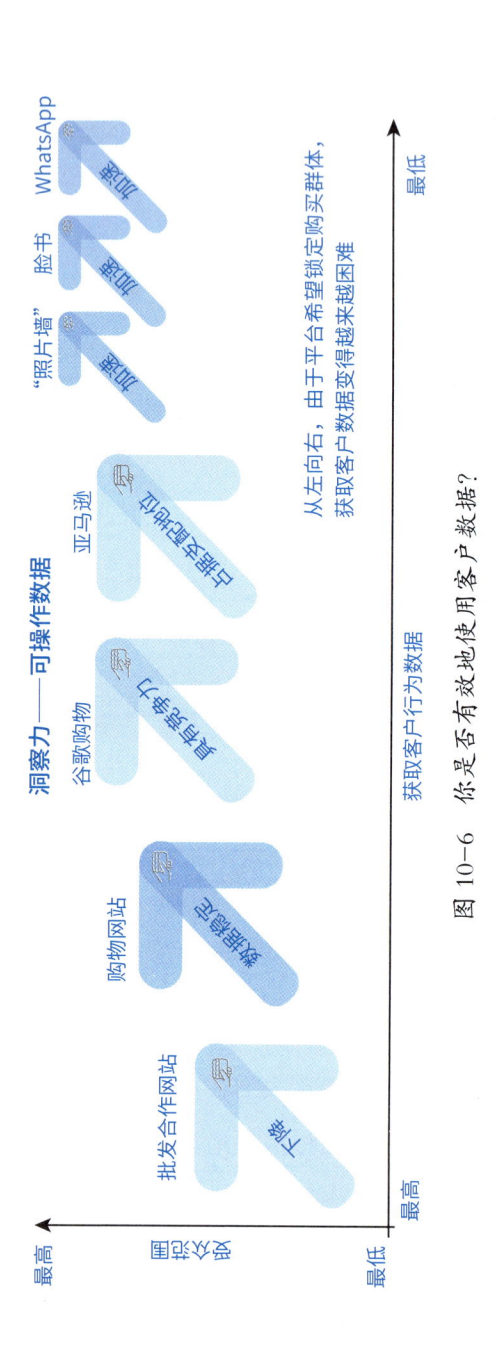

图 10-6 你是否有效地使用客户数据？

一名高级分析主管的工作是专注于深化数据的影响，让数据驱动人类行为的转变，从而带来业务上的转变。因此我们需要资深的分析领导者成为变革的推动者。

这里的关键词是行动。阿维纳什接着解释，公司在甄别、聘用具有强大数据分析能力的领导者时，应用"70-20-10"原则来综合考察和评估分析师：70%的变革推动者特质（包括优秀的讲故事的能力和化繁为简的能力），20%的原始分析能力以及10%的业务领域专业知识。他说，更具体地说，"70-20-10"类型的分析师将具有以下能力，为企业架构起完善、成熟、先进、科学的数据分析系统，从而为企业带来真正的变革：

（1）批判性思维；

（2）优秀的统计技术；

（3）解决问题的能力；

（4）能构建简单的数据环境；

（5）从复杂环境中提取有用信息的能力；

（6）逻辑思维能力；

（7）有定性和定量数据分析经验；

（8）当数据不完整或不充分时，控场能力强；

（9）识别数据偏差的能力；

（10）分析数据（人员、流程、数据、可视化、通信）和化繁为简的能力，分析师的见解是否能被团队接受，取决于分析师讲故事的能力。

通常假设：当业务运行分析技术报告发布时，我们能够从数据中获取价值。高管需要向业务分析师和分析团队提出尖锐问题，以检验他们所呈现的信息是否有效，最后的结果是什么，这将为我们带来什么样的改变。

当你进入新的岗位，你可以通过查看当前业务运行分析报告，更好地了解企业现状。如果你是首席财务官或研发总监，你可以做的最好的事情之一就是对在线资产、数据进行审查，这可以为你创造快速胜利的机会，并且能在多变的环境条件下帮助你有效地制定两年的行动路线图（首席营销官/研发总监的平均任期为两年）。随着自动化和人工智能的应用日益渗透到商业和我们的日常生活中，其影响将是深远的。我们可以在风险较小或单一的任务中去使用简单的自动化模型，但随着任务属性变得越来越复杂，我们需要人工智能来帮助我们决策。但首先我们需要掌握基本的数据分析能力。

◆ DIKW：从数据中提取价值的基本方法

通常，我们根据数据来推导信息，根据信息来获取知识，根据知识来形成智慧。

正如我们之前讨论的，许多公司并不缺乏可访问的数据数量，其中的关键挑战是，这些公司能否提取重要的数据，从而获得真正的价值。在信息管理中，最基本的模型是 DIKW（数据、信息、知识、智慧）层次模型（见图 10-7）。它可以很好地帮助我们理解数据、信息、知识和智慧之间的关系。

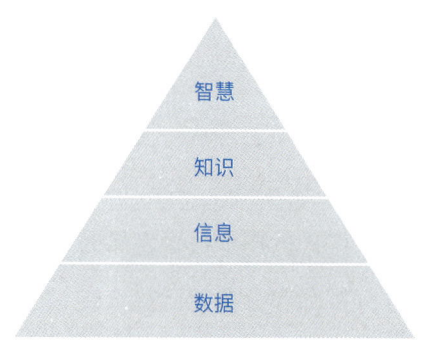

来源：Longlivetheux，cCBY-SA4.O（维基共享资源）

图 10-7　DIKW 层次模型

DIKW层次模型中的数据代表原始数据，位于金字塔的底部，不包含任何潜在意义。通过某种方式组织和处理数据，分析数据间的关系，数据就有了意义，这就是信息。信息可以回答一些简单的问题，如：谁？什么？哪里？什么时候？知识是对信息的应用，是一个对信息判断和确认的过程，这个过程结合了经验、上下文、诠释和反省。知识可以回答"如何"的问题，可以帮助我们建模和仿真。智慧，在金字塔的顶端，可以简单地归纳为做正确判断和决定的能力，包括对知识的最佳使用。智慧可以回答"为什么"的问题。

数据智能应用的机会显而易见，但很少有公司会投入时间和资源来创建综合性的数据战略。在创建数据战略的过程中，我们需要关注的关键领域包括：

- 数据收集——我们需要收集什么样的数据来推动业务进展？我们要提出什么问题？数据来源是什么？我们需要了解哪一层级的细节？
- 存储、管理和访问——我们需要采用什么样的技术、流程、治理、隐私规则、位置、安全？
- 数据架构、集成和数据流——数据结构，网络，打破数据竖井。
- 洞察力、分析和应用——谁需要什么样的信息？如何将信息转化为知识？目前的需求是什么？我们如何与组织目标保持一致的前进方向？团队成员需要什么样的技能？我们需要担任什么样的角色，承担什么样的责任？我们如何让想法付诸实践？在实践中，如何看待人工智能、机器学习技术以及它在自动化过程中所扮演的角色？

商业从简单的分析转向数据科学，不仅对技术和人员能力提出了更高的要求，业务流程、数据管理也需要上升到新的高度。敏捷业务构筑组织基础设施平台，实现动态能力灵活流动，让分析（通常是实时的）成为业务管理和运营中心。用英国政府数字服务局的话来说，我们要努力让它保持简单。

要想通过数据取得成功，我们不仅要广泛地收集数据，还要在生产过程和实践中使用数据，让数据助力战略布局和科学决策。打造数据驱动型组织取决于企业高层的支持，它需要被嵌入到组织文化中。

◆ 技术是变革的障碍

新技术通常被视为变革的驱动者和推动者。但有时情况正好相反。大型企业通常会提出耗费财力物力的解决方案，为决策花费较高的代价（类似于美国空军阶层中流行的"大－高－快－远"的哲学，约翰·博伊德曾极力反对这种哲学）。当公司将一个大型、昂贵的专有软件系统视为商业需求的唯一解决方案时，我们可以借用《星球大战》中"死星"的比喻，来形容这样的解决方案。

由于该软件系统价格昂贵，非常复杂，人们需要接受很长时间的培训课程才能理解其中的奥秘。虽然配有厚厚的用户手册，但很少会有人翻阅。因为它非常复杂，当人们犯错时，需要花费更多的时间来学习这套系统。它不能灵活地适应不断变化的需求，它试图让人们来适应它的需要，而不是让自己去适应人们的需求。因为它没有开放源代码（这是一种人们司空见惯的对知识产权的保护意识），更新速度难以跟上不断变化的需求和环境。它通常是为了以特定的方式实现特定的功能而设计的，因此适应的成本会很高，当有新的场景加入时（这是不可避免的），新功能需要分层添加，随着时间的推移，它会变得越来越笨拙。

在系统中添加更多的用户和场景，只会让它更昂贵，而不是更强大。由于它成本高昂，它会被企业保留较长时间，最终需要完成那些它被设计出来时并未要求的功能。因此它做得很糟糕。也许它会成为组织中一个与其他系统格格不入，至少无法直接对接的系统。因此，数据和输出很难结合起来，并且需要花费更多的管理时间来处理异常情况。有时，一个昂贵的大型系统才是正确的选择。但我们所做选择的后果和机会成本往往是隐藏的。如果你让改变变得昂贵，那么你很可能不会改变。没有什么是持久的，除了变化本身。

◆ 技术是变革的推动者

2013 年，英国政府内阁办公室（UK Government Cabinet Office）与 GDS 合作，以不同的方式开发，为政府部门和政务服务提供技术支持。

> GDS 的目标是提供现代的、灵活的技术服务，这些服务至少要和人们在家里使用的服务一样好，而且要比现有服务更便宜。

他们制定了一些指导原则，为技术采购和转型提供蓝图。他们不需要预先制定严格的、详细的规划过程，他们需要的是灵活性。为避免设计"死星"般的系统软件，他们会选择类似兼具速度和灵活性的"X 翼战斗机"[1] 系统。让我们来进一步阐述设计原则：

- 从用户需求开始：首先了解用户想要什么。
- 设计时要考虑到选择性和灵活性：提供对个人和团队都有益的解决方案。
- 过程透明：通过公开决策和行动，确保用户和利益相关者们理解关

---

[1] 源自《星球大战》系列的虚构星际战斗机。——译者注

键步骤。

- 设计松散耦合服务（相互联系却又彼此保持独立）：允许更大的灵活性，减少依赖和重复（这是项目成功的关键措施），服务可以独立地被替换。
- 支持短期合同：灵活应对技术的快速变化。
- 利用企业设备和云计算带来最好的用户分析：直观、现代。
- 尽量让安全保障可靠不可见：安全性很重要，但它不应该妨碍用户体验。
- 建立长期能力：不要依赖单一的外包供应商，在内部建立必要的技术支持（让技术交付不会随着项目结束而结束）。

技术可以成为变革的强大推动者，三个互补且重叠的要素将为我们带来重大机遇：

1. 分析、跟踪和测量：社会学家威廉·布鲁斯·卡梅隆（William Bruce Cameron）曾说："不是所有可以计算的东西都有价值。不是所有有价值的东西都能被计算。"（这句话经常被错误地归为爱因斯坦的名言）这就是为什么我们应该花至少和我们测量一样多的时间来关注要测量什么。数据为我们提供信息，但不能武断地使用数据来决定一切。我们需要洞察力，专注于衡量真正重要的东西，而不是那些虚荣指标（那些可能看起来有大量数据，但最终是浮于表面，或容易被影响的指标）。在物理学中，动量是物体质量和速度的乘积。在追踪变化的动量时，我们不仅应该关注速度的变化，还应该关注质量的改变（行为和态度变化）。

2. 自动化、通信和基础设施：从动态定价系统到自动驾驶卡车，再到新的通信工具，技术可以促进变革，增强沟通，优化产品，聚合思维，过滤信息。从业务流程自动化到通信和推送系统，从客户服务交互到营销自动化，自动化强有力地提高了效率，增强了管理层的决策能力。然而，我们需要谨记，并不是所有的业务流程都可以自动化，人类的监督、干预和创造性输入，永远不能与熟练的机器应用脱离关系。

3. 人工智能和机器学习： 将简单的自动化提升到新的水平，敏捷组织将越来越多地应用机器学习，在客户分析、预测、生产、服务优化、信息流、分销和需求预测等领域实现模式识别和持续改进。机器学习已经被用于帮助解决简单的问题，或者作为复杂的决策流程的重要组成部分，人工智能已经成为全球科技发展的前沿技术和竞争优势。

要想真正做到灵活，就不应该让员工在进入工作场所时抱怨技术不够先进。技术堆栈应具有足够的可塑性，能够很容易地适应需求变化。界面应直观且易于学习，通信技术应促进敏捷、快速的对话和连接。想想像Slack这样的即时通信和聊天服务，它可以把各种碎片化的企业沟通和协作集中到一起。灵活性、适应性和延展性是技术作为变革驱动力的指导原则。

◆ 敏捷性预算

我们可以建立高度灵活的、自适应和可迭代的项目或产品，但是如果没有灵活的、自适应和可迭代的预算支持，这样的项目就不会成功。

正如我们在第二部分所讨论的，传统的会计方法可以很好地适用于现有业务，但涉及创新性领域，它就具有高度不确定性。测试和学习不应该被束缚在短期目标上。埃里克·莱斯提出"会计创新"，即我们需要把重点放在早期可操作的指标上，这些指标可以在项目获得利润之前展现其价值，足以证明我们朝着让客户满意和利益最大化的方向取得了阶段性进展。更广泛地说，资源配置不仅需要支持短期目标，还需要支持长期目标的创新和实现。

企业管理层可能会对此起到阻碍作用，在财务控制方面过于层级化的决策会减缓进展，过于官僚的预算制定过程会耗费管理人员的时间，孤立地控制财政资源会降低项目的灵活性和机动性。正如丽塔·冈瑟·麦格拉思所指出的，这涉及对灵活性的投入：

> 在瞬时优势下发展起来的企业，处理资源的方式不同于传统型企业。以开发为导向的企业，会看中可靠的性能、规模和从一个地方到另一个地方的流程复制，可以有效地操作并获得规模效益。在这些传统企业中，资源被用于支持固定的目标，让资源流动是异常痛苦和困难的。另一方面，以瞬时优势为导向的公司，会分配资源来提高灵巧性——更轻松、快速地重新配置资源并改变业务流程。我们鼓励持续性的变革，以规避僵化带来的风险。

资金来源不仅为了效率和优化，还为了寻找下一个明星产品，下一个突破，下一条曲线。企业应通过投资于多种测试和学习场景来探索新的机会，支持降低风险的资金来源，而不是依赖"大、高、快、远"的融资机构，从而更快速、灵活地支持敏捷组织的财务资源配置。

◆ 灵活的预算和市场预测

对于市场营销环境中的预算和预测，目前有的企业会采取"零基础预算"，即营销人员以零为基点编制的预算，一切从实际需要，来计划市场营销支出，定期监控绩效，不考虑过去的预算项目和收支水平。这已经成为许多公司（包括联合利华和帝亚吉欧）的选择模式，它允许营销团队深入思考未来一年的价值驱动因素，而不仅是依赖假设，在快速变化的市场中，这是一种冒险的方式。

尽管这样的方式高效且具有灵活性，但其与一些预测能力强的方法相比仍然存在着较大的差距。例如，《市场营销预算和预测指南》(Crank Guide to Marketing Budgeting and Forecasting)中的数据详细说明了，营销人员之间的关键差异来自他们能否有效地利用预测来驱动预算，从而对收入和利润产生积极影响（见表10-1）。有的市场营销人员会采取较为被动的方式，他们接受预算分配。有50%的受访者表示没有做过预测。预测是困难的，但是它能帮助我们抓住增长机会，并且更容易实现真正的转型。

表10-1 传奇与懒汉：数字化预算和预测的胜利

传奇 ←	→ 懒汉
按项目支出和营销渠道定期评估营销绩效	设定预算后弃之不管
商业智能工具+谷歌分析	仅使用谷歌分析和Excel表格
谷歌分析的复杂应用	谷歌分析的基本功能（即仅用于流量或虚荣指标）
内部能力	严重依赖外包
加大数字投资	低数字投资
使用内部和外部基准	很少或没有基准
每年至少两次修订预测	从不或一年一次
预测客户营利能力和广告支出	对投资回报率不做测算
回报率增加10%以上	收入保持不变
数字化管理的支出占营销总支出的20%以上	数字化支出占比不足总营销支出的10%

◆ 关键点

在这一部分中，我们专注于为组织增强动力，通过提高效率或激发组织活力，推动新的工作方式。其中的关键点包括：

（1）制定公司的宗旨、使命、愿景和价值观。让它们独特、引人注目、易于掌握、雄心勃勃，且形成激励人心的召唤力。

（2）创造一种积极的紧迫感，推动持续的变革，引领团队朝着引人注目的愿景前行。反复传达愿景，抓住每一个机会将其付诸实践，体验它、呼吸它，并在领导行动和行为中展现。

（3）创造空间去追求长远的愿景，去解决大问题，去实现突破性的创新。减少对短期目标和优先事项的资源消耗。

（4）对未来有自己的看法。注意那些没有改变的，以及那些正在改变的事物。从未来的愿景出发，让不同的思考方式得以实现，并将近期的优先事项转变为长期目标。

（5）根据消费者、竞争对手和公司环境做出明确选择，规划清晰的战略。

（6）在愿景上固执己见，在细节上灵活变通。将应急策略与高度流动的迭代计划结合起来。

（7）面向客户制定战略、流程、资源、运营优先级和执行方针。不要为了提高效率而牺牲客户体验。使用敏捷和精益等流程中固有的短而快速的客户反馈循环，将"客户关注"嵌入开发和运营工作中。以用户需求为中心，从客户出发，逆向工作，有远见地设计，利用客户反馈去优化，在设计过程中使用数据来验证和推动决策。

（8）学会放弃，做"无情"的优先排序者。了解你的竞争对手，但切忌模仿与跟随。在优先级排序中需平衡业务对组织的重要性和对客户的影响。在投资之前，先修复有缺陷的客户体验。

（9）使用三个时间表的战略框架，协调短期、中期和长期的战略和计划。努力消除尽可能多的假设，询问为了达到预期结果，什么样的需求是真实的。

（10）使用战略和战术树和OKRs理论将战略与组织中每一个层级的执行力紧密结合。

（11）将"冲刺"作为变革的驱动力，转变团队行为、思维和工作流程，促进创新，以新的工作方式和变革，为组织带来动力。

（12）启动一个成功的数据策略来支持变革。

（13）以用户为中心的技术方法，其指导原则是灵活性、适应性和延展性。

（14）用快速、灵活的预算支持变革，为创新提供空间，随变化灵活调整。

第四部分
灵活性
PART 4

灵活性，指适应性和操作性强，能够适应环境的变化，具有延展性和柔韧性。

在这一部分，我们考虑人员、文化、结构和资源在变革中的灵活作用。

第 11 章
敏捷结构和资源分配

◆ 定义灵活性

2014 年，作家、社会创新学家查尔斯·利德比特（Charles Leadbeater）在论文《伦敦食谱：系统和同理心如何造就城市》（"The London Recipe: How Systems and Empathy Make the City"）中，试图为人们定义创建智慧城市的关键因素。利德比特说，最好的食谱包含两种关键元素（像鸡蛋和培根或鱼和薯条的组合），而在城市建设中，决定成败的两个关键因素是系统和同情心：

> 没有有效的电力、交通、卫生和教育系统，城市就会分崩离析。而同理心让城市变得人性化。

我们需要将完全不同的、相互作用的元素组合在一起，从而实现共同的目标，让所有事情有条不紊地进行。没有共享系统，生活就是一片混乱。然而，我们也依赖同理心，我们的洞察力、亲和力、融洽关系和相互理解能帮助我们找到共同点，彼此分享、交流、合作，形成合力。

利德比特说，当这两者结合在一起时，城市就会处于最佳状态，许多人会使用高效的系统来获取高度愉悦的共享体验（见图 11-1）。

成功来自系统和同理心的结合（利德比特以 2012 年伦敦奥运会为例，

大规模的高效系统与非常人性化的设计相结合，可以发挥巨大作用）。规模庞大的系统常常会让人感觉死气沉沉，同理心为我们带来了无数改变，让系统富有人性。

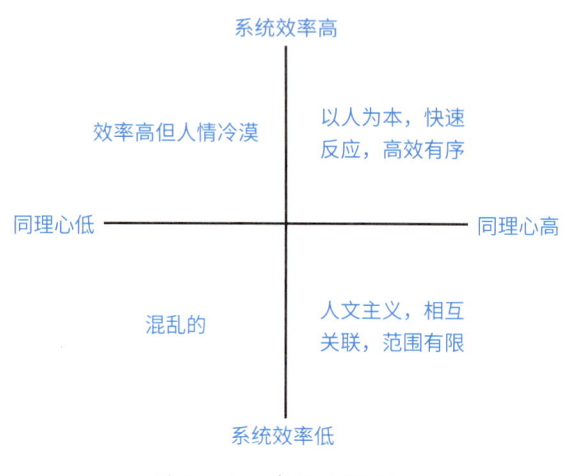

```
                    系统效率高
                        |
                        |
   效率高但人情冷漠      | 以人为本，快速
                        | 反应，高效有序
                        |
   同理心低 ─────────────┼───────────── 同理心高
                        |
          混乱的        | 人文主义，相互
                        | 关联，范围有限
                        |
                    系统效率低
```

图 11-1　系统和同理心

在他的论文中，利德比特谈到了构建系统的关键挑战是如何扩大同理心。城市就像一个大型组织，是一个社会系统，它由许多元素以不同的方式交互形成。不同的元素随着时间的推移相互作用，这是系统的构建方式。它们会自然地发展出公认的边界，这种边界有助于指导和塑造系统的运行方式，同时也可能会成为发展的限制。随着规模的扩大，曾经在关系和互动中创造价值的因素可能会受到挑战和破坏，从而让我们失去联系和同理心。

组织是一种组成方式，在数字时代，我们比以往任何时候都更需要高度的同理心来支持组织的生存和发展。想成为一个真正的敏捷组织，我们要将以人为本的方法、过程和经验与高效的组织运营模式相结合。《敏捷宣言》表达了以人为本的思想和文化变革，没有以人为本的思想为支持，组织不会转型成功。同时我们需要团队合作，需要人与人的沟通与协作。如果我们不能从不同角度来思考资源的流动性，那么企业就不会具有高度的适应性。

为了让组织变得更加灵活，我们需要将"以人为本"的思想嵌入组织文化，在资源和行为等方面创造真正的变化。我们将其概括为如下公式：

$$（快速 \times 焦点）- 灵活性 = 失败$$

◆ 敏捷结构和资源分配

我们如何构建组织结构？如何分配资源？团队的行动影响着企业战略目标的达成，也是敏捷组织转型的根本原因。传统组织的特征包括：严格的部门分工、固化的岗位职责、注重资产规模、大规模裁减方案、对职业流动采取限制性办法、消极的业绩审查制度、对资源的严格控制被视为权力的象征、人们不喜欢或避免改变。

传统组织强调垂直管理和专业分工，这虽然很有价值，却以损失机动灵活性为代价，并让跨部门协作难度提高。在快速变化的环境中，我们需要更努力地寻找更新、更灵活的方式，打破部门壁垒。我们需要更容易的学科之间的合作，增强资源的流动性。允许员工有更强的流动性，从刻板的职位角色转变为以人为本的创新团队，角色之间实现能力互补，以更熟练地方式吸引、保留和结合所需技能。我们应采用更明智的形式进行外包，减少对自有资源的依赖，不断修改，以释放资源，将重点放在新的项目和计划上。组织的转型与变革将为我们带来重大机遇。

正如丽塔·冈瑟·麦格拉思所描述的：我们需要在中央控制下管理关键资源，从而让资源有效地流动，不受部门限制。我们需要建立反应更迅速的创新型组织。她说，以开发为导向的企业，会有较高的效率和稳定的表现。资源被用于支持固定项目，改变资源的流动是困难和痛苦的：

要保持领先，企业需要持续采取新的战略行动，同时建立并利用多个瞬时优势。以瞬时优势为导向的公司，会通过资源配置来提升组织的灵活性——实现快速迭代、更具柔性的流程管理。

更大的优势来自市场效率，或建立紧密的客户反馈循环。塑造组织结构价值取向，从而让组织内的资源可以在组织结构中高效有序流动，为生存发展争取外部有利条件。例如，当我们设定以客户为中心的战略时，组织结构也需要调整为以客户为中心，否则在前进的过程中就会遇到障碍。我们与其支持有限的、时断时续的创新和单一的计划，不如将资源用于支持持续的创新和多个项目，让这些项目结合起来，创造持续的动力和改变。

表 11-1 列出了遗留系统和敏捷系统的主要区别：

表 11-1 遗留系统和敏捷系统的主要区别

遗留系统	敏捷系统
围绕开发、执行和优化运行	围绕不断的实验、探索和学习运行
部门彼此独立，难以实现跨部门合作	轻松的跨团队协作
部门规模大、管理模式单一	多学科交叉的小型团队
固化的岗位职责、职能角色、职业流动受限制、定向学习模式	自学能力、主人翁心态、灵活的职能角色、打破部门壁垒、职业流动性高
强调垂直聚合专业知识	跨学科融合，发挥多学科知识的交叉效应，让技能、知识融会贯通
定期观测，平衡资源的集中与分散	中心和本地资源的持续流动
关注自有资产、内部员工人数和能力	轻资产业务、人才和资源网络生态系统
现有结构的改变带来负面变化	欢迎变革，不断更新，以机遇为导向
功能导向型结构，效率低下	面向客户的结构、密切的反馈循环、市场效率高

公司通过垂直管理（营销、销售、财务、工程等），实现高效和专业化。随着组织规模扩大，多条产品线同时运行，各个项目、各个部门彼此独立，难以实现跨部门合作。在快速变化的时代，我们需要打造多维度的竞争力，需要专家资源与其他职能部门协同合作，以小型的多学科交叉团队增强实验和创新能力，应对关键性挑战。我们需要改善中央和地方、内部和外部资源的流动性，为变革创造真正的机会。

◆ 并发运行、同地协作的工作

我们通常称传统的工作方法为"瀑布式"，每一个部门完成项目中自己的部分，然后将其移交给下一个部门。例如，在一个产品开发过程中，设计师会将最初的外观和功能设计方案交给工程师，工程师会选择适合落地的方案，让创意想法能够实现，然后是产品生产过程，最后是销售和推广，获取产品的最大价值。

然而，正如创新作家史蒂文·约翰逊所指出的那样，这种模式无处不在，当人们将效率作为最重要的考虑因素时，这样的方法确实非常有效，但同时也扼杀了创造力。最初的创意在每个阶段都会被削弱。相比之下，苹果的开发模式是让所有团队（设计、工程、制造、销售）在整个开发过程中不断讨论，优化最初方案，虽在早期阶段较混乱，但避免了伟大的想法慢慢消失。

> 与传统的开发流程相比，这个过程吵吵嚷嚷，以更加开放和激烈的讨论形式，吸引不同领域的人才加入，同时也为我们带来了多维的理解。

单个团队的瀑布式流程（如 IT 项目开发）可能会效率低，无法适应变化的环境；而多个团队的瀑布式协作可能因为缺乏良好的沟通，进展缓慢，流程僵化。通常我们会找到更好的解决办法，通过并发运行、同地协作，在同一时间和同一地点解决问题，建立起关键性优势。它能打破部门壁垒，让跨职能团队在优先事项上达成一致，让团队朝着共同的目标努力。它让不同的学科相互激发，催化创新过程。它允许从多个角度同时输入信息，鼓励"来自任何地方的想法"（最好的想法并不总是来自我们最期待的地方）。它简化了沟通方式，并能提高透明度，健全问责机制。

与外部合作伙伴（如创新机构或营销机构）在同一地点工作，可以通过更高效地沟通，更好地理解彼此的优先事项、明确的承诺、共同的目标和流畅的工作流程。换句话说，这是真正的合作伙伴关系。例如，阿斯利康公司（AstraZeneca）与数字代理公司 DigitasLBi 合作，成立了数字创新集团（DIG），以解决医疗保健领域的"邪恶问题"[1]。

> 一个邪恶问题的产生有无数的原因，我们很难去描述，并且难以找到正确的答案……传统的方法不仅不能解决棘手的问题，并且还可能让情况进一步恶化。

由于这些问题的复杂性，传统的线性、按顺序工作方式不再适用，我们需要快速迭代、高度互动、敏捷的工作方式，包括在 12 周的创新周期内不断收集、构建和学习的快速"冲刺"过程。阿斯利康公司的利益相关者、DIG 团队和最终受益者密切配合、分工协作。12 周的创新冲刺（见图

---

[1] "邪恶问题"是 20 世纪 70 年代由包豪斯设计学院的一位教授提出的，并一直沿用至今，代指复杂的突发性危机。——译者注

11-2）从沉浸式会议开始，接着是快速概念形成和原型设计阶段。多个想法可以同时进行，通过一系列的"关口会议"来过滤掉那些不能实现商业价值的概念想法。

DIG 已经启动了一系列新的项目和服务（有的项目已获得国际大奖），包括帮助药物试验者参与心脏病患者项目，为肺癌幸存者和非洲人种学研究建立联系。阿斯利康携手跨领域合作伙伴，对更广泛的受众群体产生积极影响。

正如我们讨论的，如果以较小的团队应对挑战，核心小组被授权进行迭代有序的开发工作，不被外围专家组干扰，或者只是周期性地接受外围组的建议，他们就可以真正快速地前进。由小型、多学科交叉团队加快组织节奏的可能性被大大低估了，这是一种新的工作方式，我们应该更加重视这种新型组织形式，并且强调它作为组织变革催化剂的力量。

◆ 业务内包和外包的动态平衡

企业选择将业务内包给团队成员还是外包给合作伙伴或第三方，这个过程是一个动态的变化过程，企业需合理地配置内部和外部的资源，利用企业外部资源为企业内部的生产和经营服务。在这里有一个明显的趋势，即组织通过建立更复杂、更微妙和面向外部的合作方式和外包方法来促进更大的灵活性。选择内包的主要考虑因素是沟通成本和核心技术，包括更直接的控制、团队一致性响应。要在许多领域（特别是至关重要的领域，如团队能力、客户体验、数据和技术的有效合并）提升组织的响应能力和敏捷性。

随着数字技术的普及，各行业数字化转型已成为常态，企业内部的工作似乎越来越多。然而，实际情况会更加微妙。一个成熟的外包可以为我们提供机会，以更灵活、可扩展，甚至更低成本的方式，利用更广泛的专

图 11-2 阿斯利康公司的 12 周创新冲刺

业知识、资产和资源（无论它们来自何处）增加效益。

多年来，基于云服务的增长一直是这方面的典范，它也是敏捷组织如何培育日益网络化的合作伙伴和利用资源生态系统的一个案例。无论是利用第三方数据，还是通过 API 远程服务，或者通过专家、资产和资源的远程协作实现特定功能，这样的网络能极大地增强组织能力，帮助提升内部学习能力（例如，机构或咨询公司的关键产出），并带来新的灵活性和敏捷性。外部资源可以为企业增加价值（提升效率，对现有产品的流程和服务进行增量改进，提升自动化管理水平，优化产品，让不合理的想法边缘化，项目早期判断等）。但是我们永远不能把企业的未来外包出去。批判性思维、决策、人才招聘和客户体验的基本要素——事实上，任何对企业长期成功至关重要的能力——都不应外包。

20 世纪 90 年代初戴尔公司曾出现经营性亏损，股票价格也直线下跌，克莱顿·克里斯坦森认为部分原因是戴尔公司将企业的关键生产项目外包给了华硕。随着时间的推移，在华尔街资本推动下，戴尔将外包计划扩展到业务的更关键部分，包括供应链管理和计算机设计。到 2005 年，华硕在戴尔的很多业务上都做得很好，以至于它能够创造自己的电脑品牌。克里斯坦森说，戴尔"慢慢地将自己在消费者业务上的表现外包给平庸之辈"。

越来越多的组织创建人才网络，实施数字化人才发展战略，增强组织内部能力，通过新技术、远程工作、持续改进网络和基础设施（如全球范围内日益增加的共同空间），打造数字化人才发展系统，搭建新的商业模式。例如，亚马逊的机械特克（Mechanical Turk）和任务兔（Task Rabbit）等众包微任务服务平台加速了自由职业和承包合同的增长，同时也加速了远程工作的规模化扩大。

无论是通过越来越多的自由职业顾问出现，还是通过全球范围内的技术外包解决方案，以更灵活的方式利用专家的专业知识都会为组织带来巨大的商业价值。先进的人才网络构建包括三个主要来源：全职和固定员工，自由职业者专业的知识储备，签约合伙人或顾问。

每个组织都会根据自己独特的需求构建自己的人才网络，虽然需求不尽相同，但总体目标总是相似的，即构建具有极强的灵活性、可扩展性、敏捷性的人才网络体系，兼顾成本效益。

◆ 集中与分散、专家与通才

在数字化转型过程中，因为一些关键的动态因素，我们将不可避免地看到一个不断演变的平衡。例如，我们日益复杂的数字化业务环境要求技术和专业化水平的不断提高。我们需要在关键领域深入、垂直的专业知识，做好专业服务，优化特定能力。同时，具备多种才能的复合型人才将具有更大价值，这种角色将不同的专业知识聚集在一起，并将这种能力整合到一个共同的目标上。

同样地，中心拥有的资源和服务于本地化的需求或离散部门和受众资源之间的动态平衡也在不断变化，包括方法改进、标准和控制、更大的一致性、可伸缩性和效率，以及重点、清晰度等。但是，集中化所固有的风险是缺乏更宏观的战略规划，以及缺乏在更广泛的业务中的学习。通常，一个集中的数字团队在开始阶段将执行资源和责任下放到局部区域（在"中心辐射型"模型中），这可能最终涉及更多战略层面的决策。通常情况下，战略层面的制定处于中心位置，而计划和战术的制定位于局部位置。总体战略会集中设计，遵从性和特定规则会依据本地化处理。但最重要的是，仍然需要在这两个领域之间提高资源的流动性，以便有效地调整资源，帮助识别商机和利用商机实现价值。

◆ 小团队"撬动"产业大变革

> 从政治上的开国元勋，到科学上的英国皇家学会，再到飞兆半导体公司（Fairchild Semiconductor）的叛逆八人组，因使命感而凝聚的小团队让世界更美好。
>
> ——彼得·蒂尔

当我们试图增加组织内部的节奏和动力时，跨职能小组（我们可以称呼其为"豆荚"）以全新的、敏捷性、迭代性工作方式，以与自身不成比例的巨大的能量推动业务转型。

哈佛大学教授理查德·哈克曼（Richard Hackman）是团队领域的研究者和咨询者，他指出：大型团队试图加快步伐，但其中的挑战是团队规模越大，人们之间产生链接的数量和交流负担越加重。随着群体规模的增加，人与人产生链接的数量呈指数级增长。哈克曼发现，一个团队的人数应该在6人左右，人与人之间将创建15个链接。一个12人的团队将创建66个链接，而一个50人的团队将创建不少于1225个链接。人数增长意味着协调和沟通的成本呈指数级增加，而这一切是以牺牲生产力为代价的。

哈克曼说，领导者可能会误以为人数"越多越好"，或因情感因素（如分享责任），或出于政治原因（如确保所有利益相关方的权益）去影响更多的人。你可能会有一个规模庞大的团队，但很可能这是一个目标涣散、无法同步前行的团队。

哈克曼定义了在组织中创建有效团队的四个关键特征：

（1）共同的团队任务，努力实现引人注目的愿景；

（2）明确团队成员、信息流和与其他资源匹配，明确优先级、政策和团队的关系等；

（3）为自主工作设定界限；

（4）稳定性。

当敏捷组织具有快速行动的能力时，这些关键特征将发挥更大的作用。哈克曼描述"协同行动小组"和真正的团队之间的区别是：大量的组织通常被称为团队，但实际上更像是协同行动小组，虽然受相同领导的指挥，但是每个成员的工作各自独立，并不依赖团队里其他成员的工作。管理者希望能够在管理个体成员行为的同时，从团队合作中获益。但哈克曼说，这是一种错误的思想：如果你想从团队合作中获益，你就必须将工作派发给团队。在敏捷组织中，我们更强调小型的跨职能团队，团队成员之间相互依赖，工作和个人职责在共同的、共享的目标与工作过程中相互交织。

沃顿商学院教授詹妮弗·穆勒（Jennifer Mueller）曾说：随着团队体量增大，人们对所获支持的感受也愈发降低。在团队日渐庞大的同时，个体成员会感觉自己得到的关怀与帮助逐渐减少。这其中包括同事的情感支持与工作援助。更重要的是，他们无法把工作上的困难告诉团队领导，因为这会使他们（显得）不具备应有的工作能力。团队前进的动力来自让团队成为一个共同体的目标，随着时间的推移和迭代改进，团队会专注于明确的结果。正如英国政府数字服务局的口号："以团队作为交付单位。"

为了快速行动，团队必须有清晰的边界。我们并不需要所有团队成员在同一地点才能取得项目的进展，但是我们需要确定团队的领导者，决定项目的优先级并做出关键性决定。当团队试图建立新的工作方式，但关键成员只能将他们的部分时间分配给团队时，将出现很大的问题。团队需要获得明确的方向感和全面的参与感，划定清晰的边界，保持足够的开放度，以实现有益的合作与共创。敏捷团队比以往任何时候都更需要设定重点目标，通过明确的方法来实现目标，然后自由地定义他们应该如何开展工作。

> 一线案例

加雷思·凯，Chapter SF 联合创始人：新的工作单元

长时间以来，人们普遍认为，"团队"作为合作模式的最小单元，能够激发任何组织的潜力。我们并没有意识到，随着技术创造了更新、更好的工作方式，团队的本质也发生了巨大的变化。

当我们还在用过去的思维来定义今天的组织结构时，我们并没有释放团队的全部潜力。尽管我们一直在谈论通过敏捷的工作流程和"自下向上"的工作方式拓展基层民主，我们仍然将团队设定在一个严格的、后工业时代（以高新技术产业为支撑、为主体）的命令式、控制式层级结构中。

组织结构图仍然是我们塑造和展示团队合作的主要方式，反映、表达各部门间的真实关系。团队在诸多方面会受到组织的限制，更坏的情况是，团队会受到部门或规章制度的限制。

那些因为共同的愿景而凝聚在一起的团队将释放出团队的最大潜力。他们有着共同的目标，他们可能来自同一个部门，但更有可能来自不同的文化背景、不同的国家或不同的企业文化，为了同一个梦想而汇聚，他们共同努力才能取得最终的胜利。

哈佛商学院教授艾米·埃德蒙森的研究表明，世界向着多元化发展，团队的性质正在发生巨大变化。稳定的、有边界的、明确定义的团队将越来越少，我们会看到更多的"团队合作"模式，这是一种动态的合作，而不是静态的、有边界的实体。"合作"是动词而不是名词。如果我们选择组建一个世界级团队，就会出现各种不同的需求。

首先，我们需要采取更激进的方式，将不同的人才凝聚。我们应该

考虑如何才能真正让人才、技能和经验多元化。这意味着我们要从行业内部的"常见问题"中寻找灵感。我们应该考虑如何打破重复的工作方法和工作流程，在不同节奏下，以新的合作方式去取代它们（不是所有的项目都适合"冲刺"）。如果我们要找到新的解决方案，我们需要用不同的方法，选择不同的心态，组织不同的相关人员来处理不同的问题。

其次，企业必须承认，我们有可能从一开始，就要选择颠覆性的方式来处理问题，这可能与我们以往所做的一切背道而驰，但这样的方式将为企业创造出最大价值。今天，伟大的组织明白，它不只是一个团队网络。这改变了其管理方式。组织变得更加开放，更具渗透性，接受人才存在于组织之外，让战略合作走得更远。它不再那么执着于流程，而是更着重于创造环境和组织基础，让人们在不失去团队或部门内流通知识的情况下重组和变形。

团队可能是一个陈旧的概念，但团队化是一个新的工作单元。如果我们要蓬勃发展，我们就需要重新设计和建立我们的组织。

◆ "两个比萨"团队

亚马逊是一家科技公司。我们只是碰巧做零售而已。

——沃纳·威格尔（Werner Vogels）

亚马逊专注于在业务扩张过程中保持敏捷。亚马逊的首席技术官沃纳·威格尔概述了他们实现这一目标的关键方法——快速扩张一直是该公司的首要任务。他说道：这比保持一个连贯的体系结构更重要，后者导致他们开发基于 API 的服务，而不是直接的数据库访问。这反过来又有助于形成一个以小型团队为中心的组织结构，通常不超过 7 或 8 人。这些小型的、灵活的团队被称为"两个比萨团队"，如果两个比萨不足以喂饱一个项目团队，那么这个团队可能就人数太多了。亚马逊的业务中有数百个这样的团队，每个团队背后都有特定的服务，这些服务构成了亚马逊众多的服务和产品。例如，亚马逊主页就需要 200~300 个这样的服务来构建页面。创始人杰夫·贝索斯认为，小型、灵活、网络化、基于任务的团队是保持高度专注和敏捷的最佳方式。在小型团队中，人们更容易与其他团队成员保持联系；而在大多数大型团队中，需要定期开会来实现相同的目标。贝索斯认为，大部分会议会拖慢团队的步伐，他建议只有在绝对必要的时候才召开会议。

> 分散的结构化会更好地凝聚团队。在公司成立之初，贝索斯想要建立一家充分放权的，甚至缺乏组织的公司，从而让独立的思想充分发挥作用，让集体的意见靠边站。

亚马逊以这样的方式构建了两个比萨团队，通过目标和方向实现专注，在优先级和执行方面实现自主，通过绩效考核来问责。每个小团队都建立了一个"适应度函数"，这是高层领导和团队领导之间达成的一个关键的业务指标，可以让团队集中精力。这种自主性使企业具有更大的创业精神，提供了更大的所有权和增长机会。

这是一个为速度而建的结构。亚马逊能够在 10~15 天内将一项新服务或产品推向市场。威格尔描述了亚马逊是如何为灵活性、按客户需求以及在适当的情况下为自动化进行设计的。过程被简化为最简单的形式，因为亚马逊的文化就是不断求变（例如，威格尔描述他们的云计算部门，像是 15个或 20 个，甚至是 40 个初创公司）和不断地聚焦客户。任何从扩大规模中积累的利益都将传递给客户，而创新则专注于那些对客户永远重要的事情。

亚马逊不断推出新产品，通常最初只提供最小的功能集，然后通过与客户的密切合作和交互数据，不断开发额外功能。尽管亚马逊的业务规模量很大，但它仍然能够保持初创企业的灵活性和适应性。亚马逊将"两个比萨原则"发挥到极致，对我们所有人而言，这都是宝贵的经验。

◆ 自组织、多学科团队

> 最好的架构、需求和设计出于自组织团队。
>
> ——《敏捷宣言》

自组织团队是敏捷的基本原则之一，就像这种工作方式所包含的许多实践一样，它已经扩展到了敏捷实践领域之外。自组织团队的固有优势包括提高员工的积极性、生产率和所有权（毕竟，你选择了参与这个项目，自然就会投入其中，并对产出有更大的责任感）。

但是，只有当自组织团队被纳入更广泛采用的新工作方式（如敏捷或Scrum）中时，它才能促成更大的变革和持续学习。例如，当团队进行迭代式工作时，通常能定期优化工作模式、流程和行为。通过回顾和反思，自组织团队可以借助不断的检查和及时调整，提升学习效率。将同一团队中推动输出所需的多个学科相结合，可以实现并行和快速的工作。团队中的关键角色可以帮助团队发挥良好的作用。产品所有者或经理可能充当客户的代言人，与其他业务部门进行交互，并努力对积压工作进行优先级排序和重新排序。在Scrum等敏捷方法中，敏捷专家能够帮助监督，确保规则和边界得到尊重，消除阻碍进步的障碍，而不是微观管理。

理查德·哈克曼描述了组织单位必须完成的四项关键功能，包括：执行工作、监测和管理进展、设计执行单元（规划任务，设计资源应用和所需支持，建立行为规范）、为团队设定方向，从而完成必要的任务。他说，为了在管理层和团队中划分这些任务和责任，可以将不同级别的自我管理能力的团队分类：

● 自治团队：团队成员对四个方面都负有责任（如初创企业或合作式团队）；

● 自我设计团队：管理者设定方向，成员拥有其他方面的权力，可以修改团队的设计和/或组织环境的各个方面，他们在一个持续修正的基础上运行；

● 自我管理团队：团队成员负责执行，但也负责监督和管理项目进度；

● 经理领导的团队：经理做除任务执行以外的所有事情，任务执行留给团队成员。

团队中更高水平的自治和自组织团队的关键优势是持续适应不断变化的环境的能力。灵活的结构会为团队带来更强的适应力，可以授权团队快速行动，但正如我们看到的，自组织的团队责任有不同的梯度。合弄制（Holacracy）应用了自组织和扁平层次的概念，被认为是"组织中自我管理的完整、打包的系统"，用"一种新的点对点"管理系统来取代传统的管理层级，增加了透明度、问责性和组织敏捷性。

这种体系看起来可能缺乏领导或管理，但正如弗雷德里克·莱卢（Frederic Laloux）所言："没有主导型的等级制度与没有任何等级制度是两回事。"在合弄制中，集体智慧为决策提供了信息，从而减少了一个人不必要地阻碍进程或控制想法、预算的可能。透明度来自责任的可见性，而非权力。团队成员不仅要对需要完成的工作负责，而且还要监督和管理彼此以及整个团队的进度。困难是在团队层面做出决定，而不是提前做出这样的决定。它试图用专注于认可、影响和技能的"平级层次"取代传统的

"主宰者"体系。

虽然合弄制目前主要被小规模组织采用，但我们可以通过探索不同的方式和管理模式，将责任和所有权下放到组织中，而不总是由高层来做决定。让团队在资源分配中获得更大的自主权和灵活性，同时建立明确的方向、边界、治理和问责制。总体原则是保持小型的跨职能团队的工作。

◆ 组建多学科团队

在组建小型跨职能团队的过程中，需要将各领域具有不同知识、技能的员工组合起来，组合的标准是人员组合的技能，而非职位。团队人员应由那些对产出至关重要的、对项目有直接影响且持续投入的人员组成。最重要的是，在人数设置上应保持"两个比萨原则"。

埃里克·施密特认为：在组织内部产生最大潜在影响的人（他称之为"聪明的创意人员"）能够结合三种关键技能：技术知识、商业敏锐性和创造力。这三种技能不仅在个人层面上，而且在团队中也具有极大的商业潜力。虽然具体的角色或职位可能不同，但在一个小型跨职能团队中，这些关键能力组合模式会一次又一次重复。我们需要商业头脑（战略家、产品经理、产品所有者等）来配合业务需求，提供方向和商业视角，以及设置优先级。我们需要技术技能来编码、设计程序、开发产品等。我们需要创造性思维来构思、想象和设计满足用户需求的产品。这三种技能可以在每个阶段根据不同的需求，解决不同的问题，每一种能力都是对另一种能力的放大和扩展。正如产品创新机构 Made By Many 的创始人蒂姆·马尔邦（Tim Malbon）所言："这是一种力量乘法器……我们已经创造了一个机器，它几乎可以实时地将见解和想法转化为代码，并且可以连续不断地进行自我修正。"这便是多学科团队的蓝图。

◆ 小型团队和资源动态管理

爱因斯坦曾经说过,"我们不能用创造问题时的思维方式来解决现有问题",但我们可以用同样的思维方式为资源分配带来更多活力。在快速变化的环境中,组织需要快速重新分配资源(预算、人才、优先级),但大多数公司根本没有灵活分配资源的能力。

麦肯锡对 1990 年至 2010 年期间 1500 家美国企业进行了调查,显示:83% 的高管认为,战略性资源分配是实现增长的最高管理杠杆,甚至超过了并购或卓越的运营管理。然而在这 1500 家企业,平均每年资本再分配比例仅为 8%,有三分之一的企业每年资本再分配比例仅为 1%。研究发现,90% 的资本支出方案与上一年的资本支出方案高度相关。那些主动进行资源再分配的公司,平均为股东带来 10% 的回报率;而那些"行动迟缓"的公司则为股东带来 6% 的回报率。

正如我们在第 7 章中讨论过的,丽塔·冈瑟·麦格拉思将这一转变定义为:敏捷组织更擅长快速地将资源与机遇匹配,将机遇压缩到现有组织结构中。

简单地说,在应对机遇和挑战时,小型多学科团队的大规模应用可以促进资源的流动性和敏捷性。海尔集团为我们提供了一个完美案例。这是一个令人着迷的企业,他们采取独特的方法来进行敏捷组织设计,成功地将企业重组为 4000 家微型企业,其中大多数是由 10~15 名员工组成的团队。每个团队负责特定的服务,从制造特定的零部件到产品设计,从人力资源到销售管理,每个团队通过内部平台与其他团队进行交流、合作。

这种高度自治的结构允许更大程度的自主,也允许资源的流动性,同时在面对环境的改变时会有更强的适应能力。例如,在 2020 年新冠疫情暴发的早期阶段,尽管大多数中国制造商在 2 月底才开始重新生产,但海尔集团的工厂已经满负荷地运转。敏捷架构与敏捷供应链完美结合，海尔在 2020 年 2 月完成了 99.8% 的订单，这非常了不起。

  海尔的管理模式是所有品牌都应该学习和借鉴的。这里的经验不仅与应对市场波动和中断有关，还与组织的韧性、复苏和应对能力有关。小型多学科团队不仅可以帮助组织更快地行动，还可以大规模地支持更强的敏捷性。

第 12 章
规模化敏捷

大是小的集合。

——奈杰尔·博格尔（Nigel Bogle）

新的工作方式，如敏捷、精益、Scrum 和小规模多学科团队不仅是初创公司的领域。在快速变化的环境中，每家企业都需要变得更具有适应性、迭代性，并努力以更智能、更流畅的方式赋能企业创新，支持企业全面转型。正如硅谷企业家兼学者史蒂夫·布兰克指出的：初创公司，不应该是大公司的缩小版。

当企业规模扩大，职能组成为优化效率和工艺的绝佳方式。随着企业的规模进一步扩大和多样化，发展为多个产品线，部门（每个部门都有自己的职能组）可以继续提升效率和专业知识。但这就造成了企业内部结构是基于企业利益而非客户利益。客户是跨部门分布的。他们不在乎销售、服务或市场营销之间的差异。他们不关心公司部门的结构。他们只想得到期望的产品，只想轻松快速地找到问题的解决方案。因此，为了给客户提供更丝滑的体验，以及获得更大灵活性，企业需要去除内部的孤岛思维，树立整体意识。适当的数据收集和应用有助于实现这一点（例如，利用"单一客户视图"来连接客户，并使得与客户的互动更加个性化和直观）。但这需要深入流程、文化，当然还有结构中。

这意味着企业要找到更好的方法，将职能组（人力资源、财务、销售、营销、运营）的专业知识与小型多学科团队的敏捷性和自驱动相结合。组织体系和意识形态在很大程度上倾向于通过职能组来优化效率。我们需要找到一种新的平衡，重视学习，通过敏捷、迭代、多功能的团队来工作，做到敏捷、专注和灵活。

我们可以看到很多组织在探索中前行，在技术团队里采用迭代性开发和创新小组、集中的数字团队、创新或产品开发实验室和孵化器，或建立独立的品牌支持创新。但是，将这些工作方式局限于小的团体，会让企业错失在整个组织范围内扩展敏捷性的巨大机会。考虑一下我们前面提到的业务成熟的三个阶段（初创、扩展、成熟），以及敏捷方法的应用原则。

在通往敏捷的道路上，我们可以将企业划分为几个不同的阶段：

1. 分散的特立独行者： 在业务的分散领域中，不安分的变革代理人（变革推动者）认识到需要采用不同的方法，他们开始质疑现状，鼓动变革。他们可能会从启动试点项目或小范围的修整开始，但他们的努力并没有将组织联动起来，在缺乏高层支持和组织普遍存在自满情绪的情况下，实现实质性的改变较为困难。

2. 专注于敏捷： 随着高层深刻认识到变革的重要性和紧迫性，组织将资源配置到数字能力开发和创新上。新的敏捷工作方式在创新部门、技术团队、实验室和数字中心等特定领域建立起来。资源的集中为创新和数字化转型创造了优势，通过数据可视化、优先级划分，实现效率提升。在小型多学科团队中进行迭代式、冲刺式工作能够更快地满足客户需求，并且在组织中日益形成适应性与学习型组织文化。

3. 规模化敏捷： 随着对敏捷性扩展的需求变得更加迫切，小型、多功能的工作团队和迭代性工作得到扩展，从专注于创新、技术或数字领域扩展到更广泛的组织。组织的战略与执行紧密结合，高层的愿景设定、支持与协作，与公司层面和团队层面的战略、目标与执行连接在一起。随着时间的推移，敏捷性工作的比例会进一步增大，这有利于大型团队从事复杂项目。

4. 分散性敏捷： 随着敏捷性的自然扩展，需要提升人才流动比例，这意味着团队成员在具备一项擅长的专业化技能的同时，还需拥有多种技能。基于密切协作和自我组织，团队成员能够以敏捷方式迅速完成工作，从而提升效率并提升工艺。同时，企业对客户需求的类型、规模和范围保持敏感，关键是要具有应对环境变化的适应能力。

规模化敏捷这一过程非常具有挑战性。将新的方法、行为和文化扩展到创新领域，需要一种"高级授权、允许失败"的文化，通过持续性学习和实验，找到颠覆式创新，这对成功至关重要。最开始的重点可能是建立小型多功能团队，通过迭代和试验来解决关键业务挑战，或在部门内建立特殊的机构（类似于集中—发散模式）将这种新的工作方式在部门里推广开。

随着时间的推移，敏捷工作方式和敏捷文化可以在更广泛的范围内被应用。这可以通过员工、职能部门和团队来实现，他们会定期与敏捷工作团队进行交互（渗透）；或者通过有意识地让更广泛的员工体验敏捷工作方式，融入小型跨职能团队开展工作（将敏捷思维和方法扩散开），从而在组织内部实现更广泛的同化作用；或者鼓励更大的组织从催化剂品牌中去学习（母公司从初创企业那里学习）。

企业不可能在一夜之间从一个死板的、以功能为导向的组织变成一个高度流动的、拥有敏捷性的、以学习为导向的组织。我们需要分阶段地去建立支撑结构和文化，同时小型多功能团队在组织中的比例可能会上下起伏。

我们可以看看 Spotify 的成功转型案例，从而更深刻地理解如何将敏捷性在企业里扩展。

Spotify 的敏捷和精益教练亨里克·克尼伯格（Henrik Kniberg）和安德

斯·艾夫松（Anders Ivarsson），详细介绍了 Spotify 在整个组织中建立敏捷模式的全部过程。Spotify 的扩张速度比大多数公司都要快，正是因为它采用独特的组建方式来保持组织的敏捷性，并且该方式跨越了 30 个团队和 3 个城市。

Spotify 的基本开发单位是"小队"，这是灵活独立的跨学科自组织小组，类似于一个高度自治的、迷你的"初创公司"。团队位于同一地点，专注于产品或服务的特定领域，整合所需的工具和技能，从设计到测试，再到发行和生产。就像亚马逊的两个比萨团队一样，团队专注于特定的任务或者开发产品的某一个部分。

部落是在相关领域工作的多个小队的集合，就像小型团队初创公司的孵化器，规模不超过 100 人。部落特定的流程设计，将依赖关系降低效率的可能性降到最低。

分会和协会像胶水一样将公司凝聚在一起，各个小队、部落在不牺牲自主权的前提下实现规模性敏捷。同一个部落，又在相同技能领域、拥有相似技能的一些人组成分会，定期开会分享经验。分会领导是分会成员的直线经理，有传统的人员管理职能，同时也是某个小队的成员，参与小队日常工作。协会的组织模式更松散，可以覆盖整个公司（而不是像分会那样只限于一个部落成员）。协会和分会让知识和工具在更广泛的群体中共享。

正如亨里克·克尼伯格和安德斯·艾夫松所描述的那样，Spotify 的组织构架就像一个矩阵组织，偏重于交付。这是非典型结构类的组织，并不是将成员按职能部门划分，在这里垂直维度是客户和产品开发，由多学科、自组织的小队来实现，而水平维度则关于分享知识、实践、代码和工具。

将松散的组织结构集中在小型、灵活的团队上也会有一定风险，各自独立的开发设计，在垂直领域有可能缺乏专业性的发展，在水平维度也有可能出现有效分享学习的困难。Spotify策略的有趣之处在于，它找到了一些方法来避免这些潜在的陷阱，同时打造了以客户为中心的结构，这种结构更加灵活，高度授权，在规模上更具有适应性。

◆ 管理核心团队和依赖关系

当在组织中扩展敏捷性和小型多功能团队时，我们需要消除前进障碍，确保团队快速行动。正如我们所讨论的，我们需要将团队规模控制在"两个比萨"的范围，同时需要确保团队获得必要的支持，产生源源不断的动力（见图 12-1）。

来源：The Agile Team Onion © Copyright 2016 Emily Webber @ewebber

图 12-1 敏捷团队洋葱模型

敏捷团队洋葱模型，由敏捷工作者艾米丽·韦伯（Emily Webber）最早提出，这是一种依赖关系的构建。依赖关系是敏捷团队完成项目所需要的外部支持（包括业务、法律、金融等），围绕垂直的核心团队，以某种形式参与交付。这样的合作模式扩大了团队的影响力，也不影响核心团队的规模："这是利益相关者的结构图，当团队成员保持一致的目标时，个体和组织才能相互促进，实现价值共生。"

核心团队：

- 目的：提供数字服务；
- 沟通：每天（计划、每日站立会议、评审、回顾会议、介绍）；
- 同地协作：每日，全天；
- 人员类型：产品负责人、Scrum 管理员、开发人员、设计师等。

合作者（可能在多个团队中工作）：

- 目的：专家引领，团队协作，专家提供支持和保障，帮助团队消除障碍；
- 沟通：定期参加敏捷会议；
- 同地协作：定期（大约一周两天），取决于项目需求和项目进展的阶段，但时间上要能充分保证项目需求；
- 人员类型：在同一项目中的其他交付团队、安全联络员、政策联络员、项目组合经理、运营商、供应商等。

支持者：

- 目的：保持消息畅通，强化组织保障，发挥组织优势；
- 沟通：每一个冲刺/迭代（产品沟通会议以及特殊的沟通需求）；
- 同地协作：每月或根据需求；
- 人员类型：指导小组，更广泛地组织成员。

你需要设计团队的洋葱模型，邀请其他人加入，达成一致的目标和协议，为所有的工作奠定基础。最终，组织可能由多个重叠的洋葱模型组成（见图 12-2）。

通过这种方式，核心团队保持在适当的规模，协作者提供必要的输入以保持前进的动力，而支持者消除障碍并提供前进的方向，增强组织的敏捷性。

来源：The Agile Team Onion © Copyright 2016 Emily Webber @ewebber

图 12-2 重叠的洋葱模型

在理想的世界中，你可能为了目标设定来组建团队，这应该是一个长期的动态过程。但是，在现实世界里，核心团队对于外围的依赖关系可能会成为一个主要障碍，并在组织中迅速产生影响。它会让团队慢下来，破坏工作流程，并可能引起摩擦和矛盾。一个团队所做的更改可能会影响另一个团队的工作。团队可能依赖及时的输入、数据或反馈来推进或改进他们的度量标准，但他们发现自己依赖团队之外的人员、领域知识或能力。以核心团队、合作者和支持者建立敏捷团队洋葱模型，有助于缓解这样的情况。核心团队应该拥有实现其目标所需要的关键技能和能力，同时与合作者建立服务级别协议（SLA）来支持及时的输入。支持者（通常是高级监督）监督多个团队的工作，管理和减轻依赖关系的影响，确保团队以无障碍的方式向前发展。

我们还可以考虑其他的一些策略来减轻对外部团队的依赖：

● 将减少频繁发生或持续的依赖作为优先事项。预测在流程中定期发生的潜在依赖关系，提前计划并获得保证。

● 提前强调团队对正在使用的工具的依赖关系，及时关注和跟踪它们对更广泛指标的影响。

● 如果可能的话，找到标准化、自动化或组合输入的方法，通过适当的安全控制措施使重复的任务自动化。

- 在团队之间建立协调点，主动地参与管理。定期通过回顾会议与关键团队复盘，改进工作方式，确定围绕着共同的目标工作。

- 阻止依赖性内容进入下一个冲刺周期，直到确认它们不会耽误工作进程才放行。

- 在可能的地方寻找变通办法。

依赖关系是一个挑战，需要我们主动管理，如果未正确处理会导致任务执行受阻。支持团队快速行动是高层领导者的关键责任，我们应提前规划，通过有效的防范将依赖关系的影响降到最低。

◆ 整合多学科小组

扩大敏捷结构和工作方式本身就是一个学习过程。换句话说，领导者需要思考如何正确推进敏捷。与其期望从一开始就得到一个完全正确的蓝图，不如从小团队开始，不断学习、调整和适应。每个组织都有其独特性，领导者需要以一种开放和接纳的心态，持续学习、研究、分析和理解新情况和新业务问题。我们需要做出的关键决策之一（但可能会随着时间的推移而改变或发展）是协调小型多学科团队。在不可预测的商业环境中，平衡业务目标和用户需求有不同的方法，包括：

- **让团队专注于特定的业务挑战**。团队的任务是解决特定的问题，或者为业务设计新的解决方案，从而开发新的模型设计。这样做的优势是，将资源投入快速迭代的新策略或解决方案中。潜在的问题是，因为专注于特定的业务，团队有可能缺乏以客户为中心的服务理念。

- **让团队与客户需求或客户使用体验保持一致**。这种方法以客户为导向，通过研究、衡量、优化和协调资源为一体的设计实践，在客户体验方面产生实际的、切实的改进，以客户为中心的方式驱动重要的业务指标。

- **团队专注于产品线或渠道营销。**这种方法的关键优势是，它可以推动产品销售和/或渠道拓展，让团队成员专注于重要的指标。这种方式存在的潜在问题是，它可能导致团队未深入考虑客户使用体验。
- **让团队专注于创新、项目或新的想法。**企业以专业的方式组建团队，确保专项资源被分配到创新项目中，加速创新。但是，以这样的方式，创新有可能会局限于特定的部门，而不再是每个人的工作。

让敏捷规模化，不同的组合方式会发展出不同的结果（例如，与客户需求保持一致的团队与专注于创新的团队进行组合），领导层和组织需要根据企业所处的独特环境，选择最合理的组合方式，让正确的人专注于正确的方向，保持流动性，确保团队良性发展。随着业务需求的变化，以及客户和市场环境的发展，团队需要重新调整组合模式，也许还需要重新组合和/或解散。这里的关键点是保持足够的流动性，确保资源总是以最优方式组合。团队在解决问题时，通过不断迭代，提高关键性指标和结果，做好时间规划，提升执行效能。

布鲁斯·塔克曼（Bruce Tuckman）的团队发展阶段模型可以用来辨识团队构建与发展的关键性因素，并解释团队的历史发展。团队发展的四个阶段分别是：组建期（Forming）、激荡期（Storming）、规范期（Norming）和执行期（Performing）。每个阶段都有特定的特点、行为和任务。

例如，当团队形成时（即在组建期），他们需要建立明确的目标、过程和方向，在团队中建立起信任关系，他们可能会感到兴奋，但也会感到焦虑，有很多问题需要解决。随着团队进入激荡期，他们会看到团队可能会出现的矛盾和不满，并要求成员重新关注目标、管理冲突和消除障碍。在规范期，通过处理不同期望的差异，团队从生产力的提高、更好地沟通、经验共享和团队凝聚力中受益。最终，在执行期，团队在实现目标的过程中获得共同的满足感，团队成员懂得如何与他人合作，解决问题，获得共同的满足感，并朝着持续改进的方向努力。

举一个例子。英国《金融时报》（Financial Times）的产品和技术团队有大约 11 个跨学科小组，通常围绕特定项目（如将临时读者转化为订阅用户）或新举措（如播客的推出）而组建。随着时间的推移，他们发展为持久的团队，每个团队都专注于特定的产品领域以及与该领域相关的技术领域，比如《金融时报》的 App 软件，以及内容创新、内容发掘、广告和隐私等。一个所谓的"行动警察"团队专注于修复系统漏洞，解决短期或紧急支持问题。

最开始团队的配合，带来了一种优势，即各团队可以专注于一个明确的产品目标（例如从读者到订阅用户的转化率），并且可以快速、一致地关注该领域需要解决的问题，这在创建新的 FT.com 网站的早期阶段非常有效。然而，这也意味着团队未能具有足够的一致性而到达执行阶段，并且随着时间的流逝，团队成员对于任务层面的工作职责没有清晰的理解。采取更基于项目的工作方式，也意味着一个团队在很长一段时间内无法专注于改进度量标准，新的观点和创意往往来自团队之外，降低了团队自主性以及它们可能产生的影响。转向建立更持久的团队结构，使《金融时报》能够发展团队，让他们对关键产品领域的战略方向和快速发展承担更多责任，投入更多，以获得更大的潜在回报。与其将精力集中在建立新的团队上，不如优化现有团队，从而增强系统性能，促进新技术的普及和使用，提升团队效率，改进产品性能。这种灵活性使《金融时报》能够调整团队，提升产品的成熟度，更好地应对客户和业务不断变化的需求。

◆ 找到先锋、定居者、城市规划者的最恰当组合

大卫·史密斯（David Smith）曾在《全球未来与展望》（Global Futures

and Foresight）里讲述道：在恰当的时间，将恰当的人放在最恰当的位置上，将实现有效的变革。有趣的是，商界更看重领导者，而不是经理人和企业家，这三者对企业的有效运营都至关重要，然而有着不同的思维模式：

- **企业家**：有梦想，有想法，有远见；
- **领导者**：自我担当，目的驱动，系统规划；
- **经理人**：完成当日工作，执行力强，能力卓越。

企业家往往是那些发现商机，从繁杂多变的市场环境中找到富有潜在价值的商业机会，建立新的商业模式或新的业务部门的创始人。一旦这些新部门建立起来，就要求经理人充分挖掘其价值，创造可持续的销售或实现更高的效率。

企业家和经理人之间可能会发生冲突，因为前者对企业的未来进行设想，考虑问题从长期着眼，而后者更多地关注今天的业务。企业家努力想让经理人理解自己的创意想法，而经理人会评估项目的实际价值，通过清单和指标来规避风险。企业家可能会将经理人视为"变革的阻碍者"，一旦创建了新的业务或产品，企业家可能没有足够的时间或热情来优化该产品。因此，这项产品也失去了重新获取价值的机会。大卫说，很多企业家缺乏团队合作精神，企业也失去了做大做强的机会。

当然，企业家、领导者和经理人对于一家企业而言都是必不可少的。领导者需要企业家（识别并利用想法），企业家需要领导者，同时，两者都需要接受创新并将创意落地的经理人，而经理人也需要得到领导者和企业家的认可。企业家是开拓者，经理人是解决问题的人。每个人都或多或少地混合了这三种属性。在企业环境中，在高级团队的背景下，每个人都想成为领导者，而企业家和经理人的利益会因此失衡。

我们需要确保让优秀的人才面向机遇，而不仅仅是效率的提升。让优秀的人才从事不适合的工作可能会引发一场灾难。以微软为例，很多人认为，该公司在手机的关键技术开发方面严重落后于竞争对手。2014 年，微软公司前首席执行官兼总裁史蒂夫·鲍尔默（Steve Ballmer）曾在杂志《名利场》(Vanity Fair) 上发表过一篇关于微软的文章，谈到该公司人才错位的代价：

> 我做过的最糟糕的工作是在 2001 年至 2004 年。公司也为此付出了沉重的代价。我把一流团队的资源放在 Longhorn 上（微软公司操作系统的开发代号），而不是手机的浏览器上。我们所有的资源都用在了错误的事情上。

研究人员西蒙·沃德利描述了一种方法，将产品和服务生活化所需的资源特征结合起来。先锋、定居者和城市规划者各有其贡献，但表现出不同的属性（见图 12-3）：

- **先锋：** 有能力探索未知的领域，产生全新的概念："他们好奇心十足，但失败的可能性也很大。"
- **定居者：** 可以把不完整的想法变得具有价值，把原型变成产品，建立理解和信任："让可能的未来成真。"
- **城市规划者：** 能够将新产品工业化，促使产品大规模应用："你可以相信他们创造的东西。他们想方设法使事情变得更快、更好、更高效、更经济。"

先锋通过迭代性实验，使用敏捷方法和技术，设计原型产品。定居者可能会使用现有技术，利用生态系统，使用精益方法扩大规模。城市规划者会使用现有的工具来提高效率，可能采用外包形式，甚至可能使用更传统的瀑布式开发方式。在敏捷组织中，每一个阶段都至关重要，每一个角色都需要优秀的人员来创建正确的组合，产生新的想法，并且将它们商业

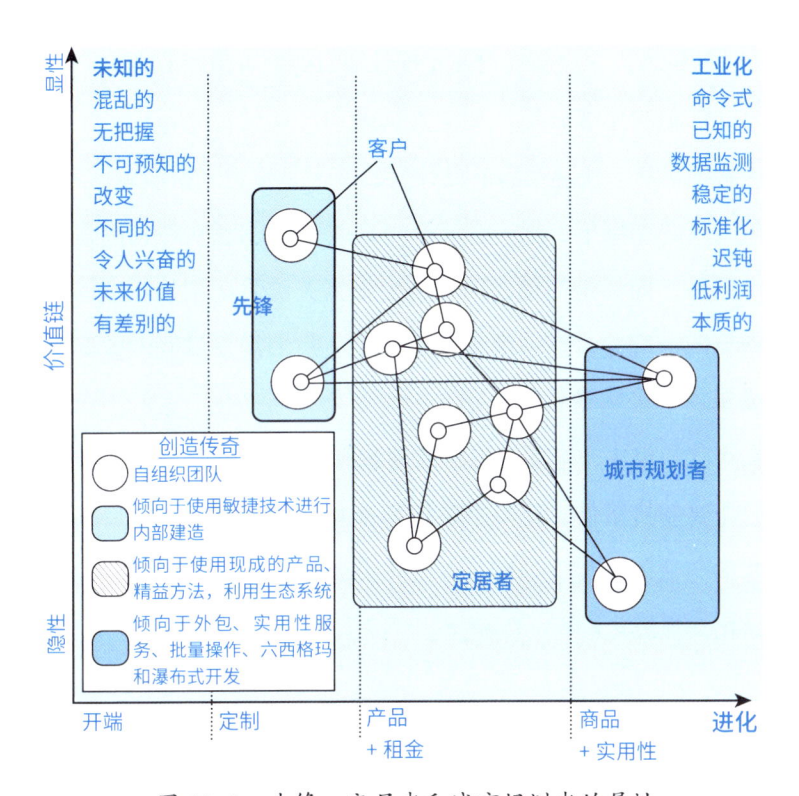

图 12-3　先锋、定居者和城市规划者的属性

化和规模化。

先锋在逻辑上可能属于创新领域或数字团队，城镇规划者属于职能团队，而定居者则是关键阶段。在这一阶段，概念或项目已具雏形，形成了早期的价值主张和产品与市场的匹配度，定居者需要将其适当商业化，开发商业模式和主张，使其可复制，为规模化生产做好准备。在这一点上，固有的危险是，概念脱离了创新领域，直接进入了正常运转的、背负着短期利润目标的职能部门，被交给了从一开始就没有关注这个想法的领导和员工。在这种条件下，这个想法（即使是一个伟大的想法）往往会枯萎和消亡。相反，有几个因素可以促进成功：

1. 更清晰的度量标准，显示在取得实际收益之前的早期价值（参考第二部分的"海盗指标"）；

2. 资深的赞助人，对新项目在实现长期目标上有清晰的理解；

3. 项目资源的连续分配，关键人员从一开始就在项目中，了解设计团队，平衡善于构思、快速实验的设计者，并不是被迫来扮演定居者角色；

4. 在适当的支持下，同一个团队可以将一个创意从最初的概念发展到商业化。但是，即使是初创公司，也会根据关键阶段调整相应的资源和支持。更常见的情况是，在一个大型组织中，我们需要具有专业知识的忠诚员工，或者一个多功能团队，专注于规模化和商品化。我们不仅需要系统的方法来测试新想法，也需要将早期创意商品化。

我们需要创造条件，让每个阶段都能相互促进。我们需要构建一套流程，让好的想法能被优先处理，并且不断地进行优化和创新实验，将这个想法商品化、规模化。

◆ 敏捷决策——更扁平的结构、更高效的决策

公司组织构架的主要目的是提高决策效率。

——本·霍洛维茨

让我们来设想一个场景，一家企业的首席执行官需要做一场总结会议报告，因此，他请了5位部门领导帮忙整理。这5位领导要求他们各自的5位经理汇编材料。这5位经理向他们各自的5位下属了解情况，询问具体数据。我们假设每个参与者需要2次会议（简报和回顾），收发5次电子邮件。一场总结报告需要156人、310场会议、775封电子邮件。过度的层级结构会加重组织成员的负担，它足以让企业瘫痪。

让我们来设想第二种情况，一个团队想要变革，从而支持目标的达成，但这样的变革会影响另一个团队的工作。在等级森严的企业中，提案会传

递给部门负责人，后者会与其他团队的负责人商议，试图为团队的提案赢得支持。另一个部门的主管会向他的团队了解实际情况。部门领导们来回协商彼此满意的解决方案，决策向上传递、横向传递、向下传递，然后再返回。拖延，让好决策、好方法变成了泡影。

为了快速行动，在大型组织中（尤其是在企业领导转型的背景下），我们必须改变组织的决策力和影响力，得到关键利益相关者和有影响力的领导的全力支持。在没有关键利益相关者或组织内部影响者支持的情况下，尝试实现带有依赖关系的更改，往好里说会减缓项目的进展，最坏的可能则是导致项目失败。

简单的框架，如 RACI，即谁负责（R = Responsible）、谁批准（A = Accountable）、咨询谁（C = Consulted）、通知谁（I = Informed），明确了组织变革过程中的各个角色及其相关责任，确定了必要的行动，让变革过程顺利进行，并确保提供持续的支持。

随着时间的推移，大型的、等级制的公司将出现机构臃肿、管理重叠、沟通不畅、组织成员的发展被忽略和压抑等情况。扁平化管理有助于减少不必要的沟通，加快决策速度。要想从扁平化的业务中获益，不仅需要改变结构，还需要充分授权，让人们能够轻松地获取相关数据，并保持一种不被内部政治扼杀的文化。在正确的节点毫不费力地访问正确的数据，可以为组织带来敏捷性，让团队做出更好决策。

同样，高级津贴和其他可见的地位象征会让少数员工产生自豪感和归属感，但这在很大程度上不利于开放的沟通，可能会成为工作的障碍。行政楼层、豪华气派的办公室以及其他明显的按资排辈的津贴真的有必要吗？菲尔·利宾（Phil Libin）在印象笔记公司（Evernote）担任首席执行官时曾说，这些信号"人为地制造了沟通障碍，创造了一种人为的东西引起关注，而不仅仅是为了工作目标的达成"。排除所有干扰，才可以专注于目标的达成，否则公司将吸引那些受成就激励的人。

我们应该满怀激情地提高决策效率，让责任和权力清晰，同时避免冗余或不必要的等级制度和程序。

◆ 敏捷管理和数字化董事会

如果组织外部的变化速度超过内部的变化速度，危险就会来临。

——杰克·韦尔奇

对于有效的数字化管理和数字化转型而言，缓慢的决策是一种诅咒。随着数字化节奏的加快和资源压力的加剧，对于组织而言，关键性挑战是如何有效地进行项目的优先级管理。对于高层管理者而言，有太多的工作要求需处理（甚至是相互竞争的关系），尤其当他们并不具备较高的数字化认知水平时，决策显得异常艰难。

这个问题通常与公司董事会对数字化发展的影响力无关，也与公司管理层员工的知名度无关。一家企业可能已经将数字发展作为其战略支柱，出于不同的依赖关系、风险因素、优先事项的考虑，决策者有可能会错失为企业带来长期影响的变革机会。有时，影响难以证明，甚至难以确定。有时，那些可能会具有短期影响力的改变被不公平地或被误导地优先考虑，而那些具有长远影响力的改变被搁置。有时，多个高级利益相关者的参与会降低决策的效率，并对项目的进展造成影响。

为了降低这种风险，公司可能会任命数字技术人才进入董事会，或指定董事会的一名成员作为技术顾问。这两种办法都是不错的选择，几乎没有什么可以替代博学、经验丰富、信息灵通的董事。这种能力的范围越广越好。每家公司都是在一个数字化授权的世界中运营的，这意味着几乎没有任何理由缺乏董事会的参与和监管。

在董事会之外，决策结构需要灵活，以支持被授权的董事会。越是在不确定的时代，越要强化信任与信用机制，明确责任划分。彼得·蒂尔说道：

> 我在贝宝担任经理时做过的最好的一件事就是让公司里的每个人只负责一件事。每个员工都有一件事是独一无二的，每个人都知道我只会根据这一件事来评价他。

这样的方法清晰、简单，可能会为初创公司和小型企业带来好处。但随着公司规模的扩大，这种方法应该用于小组而不是个人。按小组来分配任务，设定清晰合理的目标，让人才与工作更有效地匹配。这样的方式能帮助创业公司和小企业迅速扩大规模。

而更正式的决策和反馈结构，如创建一个"数字董事会"，在促进敏捷管理方面非常有价值，同时为公司最重要的决策机构提供关键支持。

"数字董事会"通常包括关键人员（数字化专家、财务总监、总经理和首席执行官）以及其他的利益相关者，利用实时数据驱动分析，定期举行会议，做出投资战略关键性决策。这确保了首席执行官、首席财务官、数字化专家和运营总监在内的高层管理人员承诺的兑现和持续改进，为数字化运营和董事会之间建立必要的联系，同时保证决策过程尽可能灵活。

第13章
建立高效的企业文化

◆ 敏捷不仅仅是一个过程，它还定义了一种文化

敏捷是一种工作过程，它彻底改变了技术团队的工作方式，但它远不止于此。敏捷提供了一个更广泛的机会来改变人们的心态和行为，当然，还有组织文化。

敏捷实践者迈克尔·萨霍塔（Michael Sahota）曾定义了实施敏捷方法和转型成为敏捷企业之间的关键区别。他说，变革推动者谈论采用敏捷方法，但很少谈论改变企业文化来支持敏捷性思维，而这些正是企业成败的关键。萨霍塔谈到了威廉·施耐德（William Schneider）提出的组织文化模型，该模型将四种不同的组织文化映射到 2×2 的矩阵上，将以人为本和以公司为导向定位在横轴，将以现实为导向和以可能性为导向定位在纵轴（见图13-1）。

例如，培养型文化的成功在于培养出符合企业愿景的人才，合作型企业是通过合作来取得成功，控制型文化通过获得并保持控制权来保持优越感，而能力型企业通过发挥才华和能力来追求卓越并获得成功。没有一种文化比另一种文化更好，虽然公司可能有多种文化类型的特征，但它们很可能植根于一种文化。当其他文化元素服务于主导型文化时，就会得到肯定和获得发展的空间。这也让我们看到不同文化类型之间的关系。例如，控制型文化与能力型和协作型文化更容易融合。

这个模型在确定企业的文化根源时非常有用，我们可以看到潜在的冲

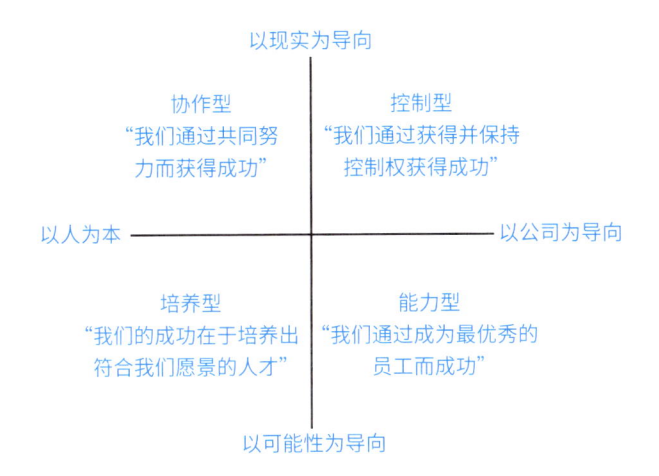

```
                    以现实为导向
                         │
       协作型          │      控制型
    "我们通过共同努    │   "我们通过获得并保持
      力而获得成功"    │    控制权获得成功"
                         │
 以人为本 ────────────┼──────────── 以公司为导向
                         │
       培养型          │      能力型
   "我们的成功在于培养出│  "我们通过成为最优秀的
    符合我们愿景的人才" │     员工而成功"
                         │
                    以可能性为导向
```

来源：改编自威廉·施耐德的《重塑变革之路：使你当前的文化发挥作用的计划》（*Re-engineering Alternative: A plan for making your current culture work*, Irwin Professional Publishing，1994）

图 13-1　施耐德组织文化模型

突。敏捷文化更多的是关注协作和培养，和控制型文化不相容。因此当单个团队或部门拥有不同于主流组织文化的亚文化时，冲突就会出现。文化不匹配可能会导致新的工作方式还没有机会证明其价值就被扼杀，或导致长期延续旧的工作体系。这就像当一种病毒进入我们身体的血液，白细胞将聚集在它周围，试图杀死异物，身体里的病毒就这样被白细胞慢慢吞噬。同样，一个组织也会拒绝外来文化的入侵，努力工作以维持现状。

在这里，"翻译者"或"口译员"的角色是关键。他们有助于让新的工作方式对其他业务产生意义（避免触发抗体）。像产品经理和项目经理这样的工作角色可以做翻译的工作，在产品早期阶段满足这样的需求。

◆ 什么是数字原生文化

你不能创造一种文化。企业文化是一贯行为的副产品……真正的文化是随着时间而建立起来的行动、反应和真理。它们是精致的、美丽的、真实的。虚假文化是在表面刷上一层油漆，而真正的文化是随着时间慢慢形成的铜绿。

——杰森·弗瑞德（Jason Fried）

对于企业的变革，组织文化可能是最大的促成因素之一，但也是最大的阻碍因素之一。我们不可能在一夜之间创造出文化，也不可能凭一时冲动，心血来潮地去改变公司文化。但我们可以认识到，有一些基本的特征和行为是敏捷组织的基础，我们可以因此来构建敏捷茁壮成长的环境。我们可以设定期望，通过认可和鼓励，放大有利因素，通过我们的选择和行为方式来营造适合数字原生文化生活的土壤。从这个意义上来说，我们不是要创造一种数字原生文化，而是要创造一种适合在数字世界里生存、繁荣的文化。

让我们归纳一些基本要素来描述这样的文化精髓：创业精神、创新进取、实验、持续学习、破除等级观念、持续合作、商业关注、数据驱动决策、问责制、公开透明、高度授权、员工自主。这是一个充满激情、渴望、保持开放、好奇的组织。

所有这些都很重要，我们如何到达的过程同样也很重要。诺兰·考迪尔（Nolan Caudill）是 Slack 的工程总监。他曾写过一篇文章，讲述每家公司是如何打造自己销售的产品，同时在公司内部构建企业文化的。前者往往是一项明确的事业，是有意识努力的结果。

> 文化——我们理解为一种系统，它规定了员工之间的关系，要完成的工作，以及客户关系的维护（通常在没有太多监督的情况下形成）。就像任何随机实验一样，放任文化形式不受任何约束，这并不公平，也可能会引发一场灾难。

在 Slack，文化被视为一种方式，不仅为员工创造优质的工作环境，还体现了公司的价值观，以一种明智决策的方式，避免群体思维、政治斗争和无益的权力集中。

这反映在我们如何完成工作，如何做出决策，选择聘用谁，选择奖励什么上，我们将文化概括为三个关键价值观：勤奋（努力工作以获得卓越）、好奇心（不满足于现状，多角度思考问题，在正确的时间向正确的人提出正确的问题）、同理心（从顾客的角度看待事物，多样性体验）。

类似地，社交技术公司 Buffer 专注于 9 条（公开发布的）价值观，包括积极、透明、自我提升、倾听和做一个"不自我"的实干家。基于公开透明的制度，它在博客上发布详细的月度业绩报告，甚至开始了一种"公开薪酬"的方法，让员工的薪酬完全透明。

Buffer 首席执行官乔尔·加斯科因曾说道："为什么开放对我们如此重要？因为透明能培育信任，而信任是伟大的团队合作的基础。"虽然不是每家公司都有这种程度的透明度，但关键在于，它公开、明确地践行着自己的价值观，这是一家企业有自信、有担当的表现。

当敏捷业务建立单一的、稳定的、有方向性的愿景、战略和价值观时，企业能通过工作流程、经营实践和企业文化来快速适应数字化转型。

一线案例

乔尔·康斯特布尔（Joel Constable），就职于拼趣人才开发部：通过快速和灵活，将敏捷性引入组织和个人

我在拼趣工作时，企业的战略与业务能灵活响应市场变化，提高组织的敏捷能力。在组织内部，我们提供明确的方向，清除发展障碍，让组织能快速前进。我们通过迭代性方案来加速这一进程，保持高效

的内部沟通来更新组织战略，确保每个人聚焦优先事项，以便做出更好的决策。除此之外，公司的每个目标都有明确的负责人。他们有自主权来做出与项目有关的关键性决策。我们会根据未来六个月的主要需求，成立跨职能工作小组，提出核心项目，制定策略和短期目标。

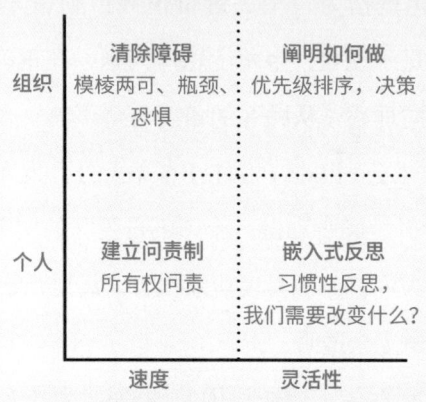

	速度	灵活性
组织	清除障碍 模棱两可、瓶颈、恐惧	阐明如何做 优先级排序，决策
个人	建立问责制 所有权问责	嵌入式反思 习惯性反思，我们需要改变什么？

图 13-2　通过对速度（快速）和灵活性的持续关注，在组织和个人层面实现敏捷性

为了实现组织的灵活性，我们需要拥有强大的共同价值观，并且让这样的价值观贯穿于整个组织之中，支持特定项目和领域、通过绩效评估和研讨会，与项目提案紧密联系，并在实际过程中高度可见。共同价值观对组织成员具有导向、凝聚、约束和激励的作用。我们的"文化面试官"，在招聘新人的时候，会选择与公司持有相同价值观的新员工。

为了实现个人层面的高效，我们需要调整心态，增强员工的主人翁意识和主动性，通过嵌入式反思和学习，在工作中提高灵活性。我们投入了大量资金来聘请外部教练。他们和公司的领导者（不局限于高管）密切合作，每隔几周，教练会给予反馈，安排时间来一起讨论，反思项目需要改进的地方，甚至有可能改变前进的方向。

我相信反思对所有的领导者来说都非常重要。随着公司的发展，

组织规模迅速扩大，我们的领导者需要重新评估如何更好地分配自己的时间和精力。六个月前的最佳方法，现在看来可能已经过时了，我们需要重新定义并激活企业的核心竞争力。通常，我们会提出两个问题来进行反思：

● 为了让团队和公司取得成功，这是我现在应该完成的最重要的工作吗？

● 联系当前的实际情况，我们之前使用的过程／方法／策略还是最有效的方法吗？

面对工作的压力和大量需要紧急处理的需求，你也许会忙得没有时间去思考。然而，如果不强迫自己花时间去反思，你可能会把精力投入到错误的事情上。

在墙上贴上醒目的标语是最简单有效的办法。要想真正把文化融入生活，我们就必须看到、感觉到它就在我们身边，影响着每个人的行动，影响着领导者做出决策，影响着团队的工作流程，指引我们去寻找成功的模式。这才是真正的敏捷性和竞争优势的来源。约翰·R.切尔德里斯（John R. Childress）曾说过："任何人都可以复制你的战略，但没有人可以复制你的文化。"

◆ 企业文化推动企业快速前进

在 2012 年结束 C 轮融资后，爱彼迎联合创始人布莱恩·切斯基描述了与彼得·蒂尔的会谈，蒂尔向这家初创企业投资了 1.5 亿美元。切斯基对蒂尔说："请给我们留下你最重要的一条建议。"蒂尔回答道："不要把公司文化搞砸了。"蒂尔认为，随着爱彼迎规模的扩大，早期的企业文化会很容易被忽略。切斯基和他的联合创始人认为，企业文化建设是他们工作的重点。切斯基说道：

> 企业文化越强，公司需要的流程就越少。当企业文化强大时，你需要相信每个人都会做出正确的选择。企业需要具有独立自主精神的员工，他们可以像企业家一样自觉行动。如果我们能保持创业的激情，我们将实现下一个"登月"计划。

当然，流程本身对业务来说并不是坏事，但有些流程可以帮助你加快进度，有些则会让你慢下来。奈飞就描述了好的流程可以让人们高效完成工作（频繁发布的时间表，定期的战略和背景更新，预算规定），而随着时间的推移出现的糟糕的流程会诱导人们犯错（如过于复杂的签字程序，可避免的支出微观管理，不必要的多层次批准）。

正如切斯基所定义的那样，文化是一种带着激情做某事的共享方式。在敏捷业务中要建立起一种企业文化，让决策更加直观和自主，去除不必要的流程和层级，并赋予企业快速发展业务的能力。

◆ 如何打造高绩效团队

如何打造高绩效团队？对企业来说，这似乎是一个圣杯问题，从古至今，无数人都想找到圣杯，谷歌在经历了漫长的探索后终于领悟了其中的奥秘。几年前，谷歌开始了一项名为"亚里士多德项目"的著名研究课题——为什么公司内部某些工作小组比其他工作小组更具创新性，更富有成效？谷歌对公司内部数百个团队进行了一项涵盖广泛的学术评估分析，试图确定哪些因素会产生影响。

在对许多不同的潜在影响变量进行了广泛的研究和数据分析之后，研究人员并没有发现高绩效团队明显的共同特征或因素。令人惊讶的是，所有我们可能认为具有影响力的因素，包括团队组成、寿命、等级及团队成员的个性、背景和技能，都不是创建高绩效团队的重要原因。

相反，团队运作所遵循的群体规范（传统、行为标准和不成文的规则，这些规则约束并控制着人们的行为准则）似乎对团队的成功起到了关键性作用。课题研究组通过一年多来对100多个团队的研究分析得出的结论是，正确的规范可以提高群体的集体智力，而错误的规范则会产生相反的效果（即使个体智力水平很高）。

尽管团队成员在性格上存在较大差异，但表现优异的团队都表现出了高水平的"心理安全感"。哈佛大学商学院艾米·埃德蒙森教授将这定义为：团队成员持有"共同信念"，对个人的冒险行为持宽容态度。她描述了一种以人际信任和相互尊重为特征的团队氛围，在这种氛围中，人们乐于做自己。在团队和工作环境中可以真正做自己，不需要扮演特定的角色，工作不仅仅是工作，这真的很重要。任何有损于这一点的东西，不仅会影响员工的幸福感，还会影响员工绩效。

与此类似，卡耐基梅隆大学、麻省理工学院和联合学院的研究也证明，合作良好的团队之间存在着集体智慧，这种智慧超越了团队中个体成员的认知能力。团队内部需要建立动态的沟通模式及反馈机制。在那些表现出更高水平的"社会敏感度"（指能够更好地感知其他人情绪）的团队中，团队成员能够实现更平等的发言和交流，而不是一个人在团队中占主导地位，这样的团队将有更好的业绩表现。有趣的是，与女性人数较少的团队相比，女性人数较多的团队表现出更强的社会敏感度和更高的集体智慧。正如一名研究人员所指出的那样：一群聪明人并不一定使这个群体更聪明。

心理安全感是创造高效、人性化和弹性工作场所的关键因素。如何能建立起为人们带来心理安全感的工作环境？艾米·埃德蒙森给予我们三条建议：

（1）学习问题，而不是执行问题——领导者通过描述团队的不确定因素，从而了解团队成员之间相互依存的关系，这意味着领导者需要去倾听每个成员的心声，"我不了解这里的情况，我需要每个人都参与到项目中来，倾听每个人的声音，发挥每个人的才能"。

（2）承认错误——简单地陈述或提出问题，领导者承认自己并不知道所有的答案，积极鼓励团队成员找到问题的答案。

（3）通过提出大量的问题来培养团队成员的好奇心——找到问题的答案，同时也了解员工的心理需求。

埃德蒙森认为，心理安全和问责制相互作用，在满足心理安全感的同时，允许自由提问和公开讨论，可以在不确定的环境中创建高绩效团队。相反，没有问责制可能会给团队带来焦虑和增加犯错的机会，而保持开放、安全、不用负责的文化则意味着员工不会受到任何挑战，而且过于安逸舒适。

在团队层面，如果将心理安全和问责制结合在一起，就能够在不确定的环境中创造出高绩效表现，并且让团队拥有比成员个人的认知能力更强的集体智慧。我们需要在整个组织中推广这种方法。1996年，罗布·戈菲（Rob Goffee）和加雷思·琼斯（Gareth Jones）构建了一个模型，以社交性（情感、友好、社会互动、未明确利益关系的互惠）为纵轴，以团结性（不管个人关系如何，基于共同任务或共同兴趣有效、快速地追求共同目标的能力）为横轴，划分了四种文化：

（1）网络型文化： 社交性高，团结性低。具有高度的信任和同情心，采取开放性政策，忠于社会群体而不是一个组织。

（2）图利型文化： 社交性低，团结性强。表现为社会关系薄弱，鼓励员工之间的竞争。高绩效，但员工只有在个人目标实现时才会选择留下。

（3）**散裂型文化**：社交性低，团结性低。组织意识淡漠，采取"闭关"政策，员工目标和公司目标经常不一致。

（4）**共有型文化**：社交性高，团结性强。具有很强的团队合作精神，能够分享组织的使命、价值，风险共担，利益共享。

戈菲和琼斯强调，这些文化都不是"最佳"选择，它们各有利弊，不同的文化适用于不同的商业环境。

在这四种企业文化的基础上，加上艾米·埃德蒙森提出的"心理安全感"，我们可以总结出：建设高绩效团队的重要方法之一就是建立团队成员的心理安全感，包括社交性、团结性，让员工能大胆说出自己的想法，同时让团队分担共同的责任，聚焦共同的目标（见图13-3）。两者的结合创造了高绩效团队的文化和支持系统，使其在真正敏捷的业务中茁壮成长。

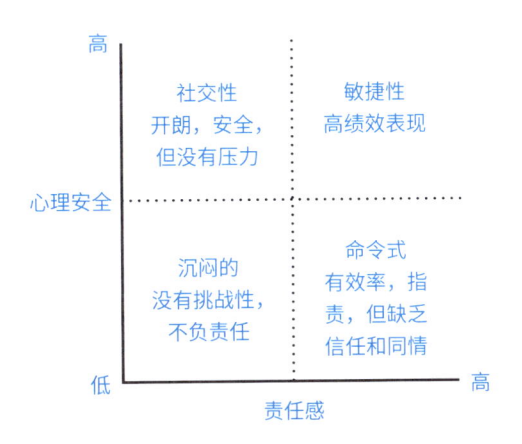

图 13-3 心理安全与责任感相结合

◆ 创建合作共赢的企业文化

在打造高绩效的团队文化时，我们需要了解，如何在团队之间与团队内部推动真正的协作，从而快速行动。当我们试图加快业务发展时，我们很容易过度关注流程，而忽视实现加速发展的环境。当企业文化以信任为基础时，它能实现更大程度的团结，并且发挥员工的自主能动性。当所有人齐心协力为实现共同的目标而努力，将会尽可能减少让进程变慢的因素，如人员和岗位不匹配、微观管理、不必要的解释、报告或监督等。

企业文化需要给员工提供心理安全感，让员工觉得他们可以真正地做自己。让员工努力地去尝试做一些不同的事情，即使失败，也不会因此被惩罚，遭受不公平的待遇或者是被解雇。允许自由的争论、质疑和异议，让员工无须将时间浪费在公司内部的斗争中，因而减慢企业前进的速度（见图13-4）。

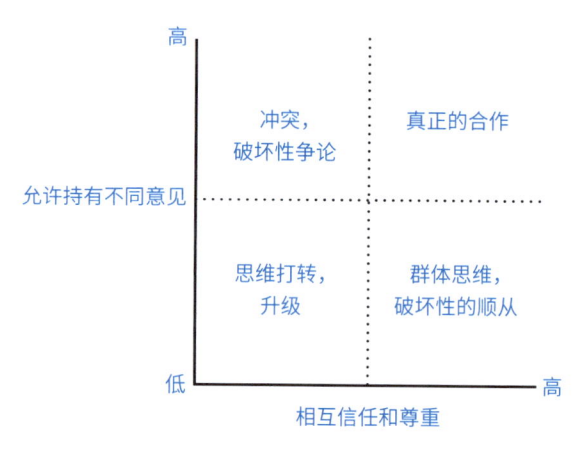

来源：改编自本·汤普森的《功能性组织的奥秘》（"The uncanny valley of a functional organization"，Stratechery, 16 July, 2013）

图 13-4 真正协作的构建模块

分析师本·汤普森将合作共赢的基础描述为相互信任、尊重和让人感到舒适的异议。汤普森说道，我们很难做到真正意义上的合作，尤其是跨职能部门的合作，然而，这才是企业真正的价值所在：

我们尊崇追求"孤独"的编码员或设计师，事实上，技术通过合作和迭代得以突破和创新，正是成千上万的分歧才成就了合作共赢。

由于所有的焦点都集中在技能和团队组成上，我们几乎没有对团队如何沟通和行动给予足够的关注。创造一种信任、探索、平等参与和健康对话的环境，对于团队快速前进和良好合作至关重要。缺乏必要的包容、协作可能会导致冲突、内部政治斗争或形成群体思维，因此，为了真正开始打破职能部门之间的壁垒，我们需要推动能够促进真正合作的行为和文化特征。

爱思唯尔（Elsevier）的理查德·麦克莱恩（Richard McLean）描述道，可以用艾米·埃德蒙森在其原始研究中使用的七个简单陈述，定期让团队评估心理安全感：

（1）如果我在团队里犯了错，人们就会指责我。

（2）团队的成员能够提出问题和难题。

（3）团队的成员有时会因为别人的与众不同而互相排斥。

（4）在团队里冒险是安全的。

（5）向团队的其他成员寻求帮助是困难的。

（6）团队中没有人会故意来破坏我的劳动成果。

（7）与团队成员一起工作，我独特的技能和才能可以得到重视和利用。

以上陈述，1分代表"非常不同意"，5分代表"非常同意"。团队可以通过简单的问卷调查形式，来监测团队的心理安全感水平，并采取积极的行动来缓解具体问题。

◆ 学习的机会

当一个组织需要快速行动时，领导者往往会试图为团队提供他认为正确的答案。然而，在敏捷环境中，领导者要抵制这种冲动，专注于向团队提出正确的问题，这一点很重要。在过去，我们习惯向领导询问意见，所有的答案都存在于组织高层，向下流动。然而，在快速变化的、复杂的环境中，我们需要从根本上转变，将挑战视为学习机会。无论是个人、团队还是组织，竞争的优势在于学习的速度。谦卑，承认自己不知道的事情，实际上是一种优势，而不是弱点。

精益专家约翰·舒克（John Shook）说道，领导者试图代表他们的员工解决所有问题，但这样的方式并不正确，他阐述了三个关键原因：

（1）它剥夺了员工思考问题的机会。

（2）它剥夺了员工的所有权。

（3）你可能错了。

我们需要把所有的重点放在解决方案上，而不是理解的过程。作为领导者（或外部顾问），当你提出一个问题，也许你知道问题的答案，但是你需要好好考虑，如果直接把答案告诉员工，他们就得不到成长的机会。领导者至少应该在传递答案的方式上帮助员工学习。

这有点类似于父母在教育子女时，每当孩子遇到困难，父母就会急于给孩子答案，这样的方式会阻止孩子思考。确切地告诉孩子该做什么，怎么做，会导致他们不会主动行动，不会承担责任。当父母换一个角度，建议他们如何更好地理解问题，并做出更好的决定来解决这个问题，对于孩子来说，这是一次宝贵的学习机会。

然而，在商业中，我们经常做相反的事情。

◆ 快速学习模式："看一遍、做一遍、教一遍"

为了创造一种真正的持续改进的文化，团队需要三维学习的方式。外科医生在上手术台前，会使用"看一遍、做一遍、教一遍"的学习方法。当培训生在学习新的医疗程序时，他们先看外科医生执行程序，然后自己执行程序（当然是在监督下），最后自己把这项新技能教给下一个培训生。这使得多维学习成为可能。第一阶段可能使用灵活多用的观察方法；第二阶段是在实践中学习，并有机会得到导师的支持；第三阶段帮助学员形成更深层次的理解，这一阶段尤为重要。诺贝尔物理学奖得主、物理学家理查德·费曼（Richard Feynman）发展了一种强化学习的技巧，能让我们更深刻地理解正在学习的知识。"理解某事"和"知道某事的名字"之间存在着本质区别。费曼技巧包括向一个以前从未听说过这个概念的年轻学生解释这一概念，只有当你深刻理解了这个概念时，你才有能力简化和表达这种概念，并将其传授给其他学生。

"看一遍、做一遍、教一遍"，这是如此强大的教学方法，让一些复杂的过程变得简单。当你用简单的语言从头至尾地向新学员演示时，你就会强迫自己进入更深层次的理解，并简化观点之间的关系，而非仅仅是识别其中的一个过程或步骤。

组织可以利用知识管理来获得、保持、提升竞争优势，通过快速获取并扩大知识的应用规模，推动团队学习与实践。多维的、广泛的、系统的学习对于团队而言是必不可少的。通过观察、实践、学习、分享、示范和持续进行正式和非正式的培训，能充分发挥员工的学习潜力。

◆ 信任和"生产中的非正式性"的重要性

当约翰·伯伊德将 OODA 循环理论引入军事战略时，他强调了信任对该循环有效运行的重要性。正如传记作者罗伯特·科拉姆所描述的那样，当指挥官和下属拥有一个相同的观点时，信任是将团队凝聚在一起的力量，能给予下属更大的行动自由：

> 他们彼此信任，这种信任是一种黏合剂，将看似无形的力量凝聚在一起。信任强调含蓄的交流，而非直白的命令。上级给予下属足够的信任的同时，也给予了下属行动自由。

虽然 OODA 循环起初应用于快节奏场景，但我们可以用同样的概念在日常生活中做出更深思熟虑的决定。信任对组织的快速发展至关重要。正式或明确的语言和行为会限制、阻碍和减缓前进的速度。当我们持有相同的观点，在前进的方向上达成共识，在信任的环境中，团队的默契配合能够加快前进的速度。

然而，这样的组合需要积极创造。麻省理工学院斯隆管理学院和伦敦商学院的研究（基于 400 多家公司的 1.1 万名高管的调查）表明，在公司中，战略与执行之间往往存在着薄弱的连接关系，要实现两者的紧密结合，就必须明确战略，让团队成员全面理解战略要求。当研究人员要求人们列出其公司最重要的三到五件事时，只有大约一半的人能列出同样的一件事（即使试了五次），只有三分之一的人能列出最重要的三件事。更令人惊讶的是，对于那些真正参与制定策略的人来说，结果只略微超过员工测试数据的 50%。

研究还发现，在大型组织中，员工与管理者之间缺乏信任，从而导致员工过度承诺。调查结果显示，高层管理者在同事之间建立信任的概率不到 10%，因为信任缺失、沟通不畅，高层管理者最终选择自己去做工作，从而给自己太大压力，也给了团队太大压力，让问题更加复杂。当这样的问题长期存在，会导致员工被动承诺、重复努力、效率低下，以及未能关注到公司的优先事项。伦敦商学院教学研究员丽贝卡·霍姆斯（Rebecca Homkes）描述了导致跨部门合作失败的原因，这往往不是出自员工的恶意：

> 人们承担了大量的工作，以确保让工作做好，人们倾向于说"是"，但有些工作永远也做不完，事情从一开始就不妙了。

基于信任的团队文化，不仅能促进组织发展，还能加速组织发展。马特·埃德加将其描述为"生产中的非正式性"。

在高绩效团队中，隐性沟通比显性沟通更有效，这样的沟通方式最节省时间，也最容易达到预期的效果。我们需要减少前瞻性规划，让员工平等协作，并赋予员工更大的行动自由。在以客户为中心的服务设计体系中，这样的工作方式尤为重要，因为要满足不断变化的差异化需求：

> 服务的变化形式无穷无尽。这意味着，优化可重复的、众所周知的、一成不变的流程，实际上是将机会拱手让人……只有通过持续不断的非正式沟通，我们才能识别和满足形形色色、不断变化的客户需求。

与之相反的是工作环境缺乏包容性，迟迟不让员工参与，随意制定时间表，要求细密而严苛。当事情出错时，领导者的本能反应是施加更严格的规定，但这只会让你离成功渐行渐远。另一方面，非正式源于信任，而信任是通过交付来赢得的。因此，这就产生了一个良性循环，通过生产服务建立起信任，信任产生了非正式的舒适状态，而这反过来又让人们能更快、更丰富和持续地学习，这对任何企业的高效生产都至关重要。

◆ 请阅读我的"用户手册"

有效的合作不仅来自融洽的氛围，也来自我们能与不同性格的人友好合作的能力。当我们在小型跨职能团队中工作时，无论团队的组合方式如何，我们都需要去了解让其他人舒适的工作方式。当我们第一次与别人合作或与公司新人共事时，我们可能需要花一定的时间来了解他，这可以帮助我们尽快地高效开展工作。Questback 创始人之一伊瓦尔·克罗格赫鲁德（Ivar Kroghrud）倡导创建单页"用户手册"，去帮助别人快速掌握如何与你合作并缩短学习曲线。他指出，在构建新团队时，如果你想获得非凡的结果，你需要发挥每个人的能力。

《纽约时报》（The New York Times）的副主编亚当·布莱恩特（Adam Bryant）基于克罗格赫鲁德的理论，设计了一套与高层领导（以及其他职场人士）相关的问题，以帮助他们建立自己的用户手册。这些问题聚焦于个人特征，例如：你有哪些真实的、不为人知的一面？什么会让你抓狂？你有什么怪癖？人们如何能获得你的好感？你特别看重团队成员的哪些品质？你有哪些别人可能会误解的地方需要澄清？问题也包括你与他人的互动，例如：你如何去指导团队成员，并发展他们的才能？和你沟通的最好方式是什么？说服你做某事的最好方法是什么？你喜欢如何给予反馈？你喜欢怎样得到反馈？

学习如何更好地与同事合作可能需要时间，但采用简单和透明的技巧（如一页用户手册）来促进快速工作，意味着这一切将进行得更快。

第 14 章
构建组织灵活性：自主、专精和目的

◆ 员工敬业度问题

员工敬业度似乎是一个巨大的问题，这是引起企业生产效率低下的主要原因之一，但相对而言它并没有引起人们广泛的关注和重视。盖洛普（Gallup）2013年的一项全球职场状况调查（针对142个国家的23万名员工），将受访者的敬业程度分为敬业、漠不关心和怠工。调查结果发现，只有13%的员工觉得自己对工作很投入（被描述为心理上忠于自己的工作，可能会做出积极贡献）。63%的人"不敬业"（缺乏动力，在实现组织目标上投入较少的努力，尤其是可自由支配的努力），24%的人处于最糟糕的怠工状态（不开心，效率低下，容易传播消极情绪）。根据盖洛普的数据，这相当于全球约有9亿人对工作漠不关心，3.4亿人处于消极怠工状态，这是一幅令人沮丧的画面。

从地区来看，美国和加拿大敬业员工的比例最高（29%）。在这些数据中，有一个有趣的细微差别，当按公司规模划分员工敬业度时，与大公司工作的员工相比，小公司（10人或更少）的员工敬业度更高。盖洛普估计，消极怠工的员工每年让美国损失4500亿到5500亿美元。研究表明：员工的敬业度与组织的目标达成（如营利能力、生产力甚至客户关系）密切相关。

《美国职场状况报告》（*State of the American Workplace Report*）数据显示：2010—2011年，员工敬业度较高的公司（积极敬业的员工与消极怠工的员工之比为 9.3 ∶ 1），在 2011—2012 年的平均每股收益（EPS）比竞争对手高出 147%。该研究发现，那些员工敬业度较低的公司（积极敬业的员工与消极怠工的员工之比为 2.6 ∶ 1），其每股收益低于平均水平 2%。

因此，我们可以总结出：员工更高的参与度将为企业带来呈指数级的收入增长，这是领导者不能忽视的竞争优势。

◆ 将战略、文化与"员工动机"相结合

我以前的老板吉姆·巴克斯代尔（Jim Barksdale）经常说："依次管理好人、产品和利润。"这句话很简单，但却意味深长。到目前为止，人员管理是这三件事中最难的，识人、懂人、用人是门很深的学问，不仅需要照顾到每个人的状态，还需要考虑到整个团队的系统性影响，统筹全局，思虑长远，才能带领创业公司走得更稳健、更长远。随着组织规模的扩大，最重要的工作、最努力的员工可能会被领导者忽视，官僚主义可能会扼杀创造力，搅乱员工的心神，使得员工的绩效管理和反馈机制一塌糊涂。

——本·霍洛维茨

大型组织冗余的结构会磨灭员工的积极性。如何创建真正的敏捷性？员工的积极性和参与绝对是其中的关键。著名未来学家、趋势专家丹·平克在《驱动力》（*Drive*）一书中，提出了一个既挑战传统又令人信服的观点：对于那些从事启发性、创造性工作的人，奖罚措施只会适得其反。真正激励他们的是自主（做出改变的能力），专精（人们因进步而获得奖励，从而在他们所做的事情上越来越好），目的（朝着重要的愿景或目标努力，超越自身的渴望）。

丹·平克的观点得到了大量学术研究的支持。虽然员工激励对组织绩效而言非常重要，但是在大多数公司中，很少有公司会围绕这样的原则来设计组织架构。它为我们提供了一种引人注目且有效的方法，我们可以将组织战略、流程、文化和结构映射到敏捷业务中，它涉及的不仅仅是技术和流程的改变，更多的是人员和文化的转变。

◆ 自主

> 知识型员工必须自我管理，他们必须有自主权。
>
> ——彼得·德鲁克

2016年度"埃德尔曼信任度晴雨表"（Edelman Trust Barometer）的调查结果表示，在受访的33000名参与者中，有三分之一的员工对雇主缺乏信任感，信任度随着在组织中层级的下降而下降（64%的行政级别高管，51%的经理，48%的普通职员对组织选择信任），而在公司信息方面，员工更信任同事而不是首席执行官。然而，正如我们前面讨论的，信任不仅对有效合作至关重要，对组织快速行动也至关重要。

真正的学习文化只有在员工能够使用正确的工具，依据正确的工作流程的情况下才能存在，它信任员工能够从失败和成功中学习。过于严格的程序和微观管理对企业都是致命的。

2002年，谷歌开始在公司内部推行完全扁平化的组织架构，但是很快，谷歌意识到，在公司中，一定程度的等级制度有助于确定优先级，确保行动与目标一致，并促进团队内部的良好沟通。因此，谷歌依然设立组织层级，包括：普通员工、经理、主管和高管。管理者关注的不是微观管理，而是为出色的工作和产出创造合适的环境。工作人员被赋予更大的自由来实现目标的达成。关注输出和结果而不是输入，有助于让团队保持在正轨上，并支持这种自由氛围。

亚马逊在建立两个比萨团队模式时，通过目标和方向实现了专注，在优先级和执行方面实现了自主，通过绩效衡量实现了问责。每个小团队都建立了一个"适应度函数"，这是高层领导和团队领导之间达成的一个关键的业务指标，可以让团队集中精力。这种自主性让企业具有更强的创业精神，为团队提供了更大的所有权和价值增长机会。一个组织的价值自然是指向业绩而不是演讲，指向优秀的想法和解决问题而不是向上管理，指向专业知识和能力而不是地位或职位。引用风险投资家本·霍洛维茨的话：

> 在运行良好的组织中，人们专注于他们的工作（而不是政治和官僚程序），对组织充满信心，团队充满活力和创造力。相比之下，在一个管理不善的组织中，人们会花费大量的时间对抗组织的内部矛盾。

奈飞认为，大多数公司在扩大规模的过程中，自然会缩减员工的自由和自主权。企业组织结构的复杂程度相应提高，人才密度降低，增加了对过度繁重流程的需求。在短期内，重视优化、过程驱动、高效率的公司可能会成功，但它无法迅速适应环境的变化。因为坚持过程是其价值所在，"好奇的创新者和特立独行者"将越来越少，随之而来的是越来越无关紧要的事情。奈飞首席执行官里德·黑斯廷斯曾说：

> 我们的模式是：公司成长的同时增进员工的自由，而非限制，持续吸引和培育有创新精神的员工，这样我们才有更大的机会获得长期、持续的成功。

黑斯廷斯主张消除分散员工注意力的流程和规则，形成一种重视简单的文化，并以比复杂性增长更快的速度增加人才密度，创造一种以非正式和自由发挥影响力为特征的环境，同时营造一种崇尚自律和高绩效的文化，既能保持敏捷性，又能吸引最优秀的人才。

这需要一个正确的框架，在其中赋予自治以活力。在第二部分中，我们谈到了闪电战特有的快速作战节奏让前线指挥官能够更迅速地对变化的场景做出反应。"潜在的目标或意图"给了前线人员明确的方向，"指尖感觉"让他们在面对多变的情况时能够灵活地做出快速、直观的决定。这就是自治赋予敏捷性的方式。奈飞将其描述为"高度共识、松散耦合"。"高度共识"意味着员工在战略目标设定上达成一致理解，团队注重战略和目标，而不仅仅是战术，同时保持团队内部信息透明，让成员明确了解阶段性和战略目标。"松散耦合"是在复杂的环境下，人们通过集权下放和授权来处理解决各种问题。这需要团队成员的高度信任，以促进快速行动。领导者积极主动参与协调或进行事后分析，以确保行动与目标一致。

只有当我们设定了正确的指导方针、界限、方向和度量标准，前线自治才能发挥作用。我们需要在管理中融入以人为本的理念，尊重员工的发展，以鼓励和培训员工的方法来实现员工与企业的统一发展。如果员工（尤其是数字原生人才）在工作场所经历了太多的限制和约束，他们很可能会离开，然后创建或加入一家颠覆性的初创公司，攻击你在市场上的主导地位。同时我们需要关注消费者行为变化趋势，这不仅是为了创造更好的用户体验，也是为了创造更好的员工环境。我们需要授权，聆听与客户关系最密切的人提出的建议，并实施对客户和员工都有利的改变。成为优秀领导者，你需要由外而内改变，而不是相反。

◆ 专精

在敏捷组织中，"授权"不仅是权力的赋予，也是让员工学习和成长的开始。精通意味着员工的自主学习和持续改进，同时让员工看到他们学习的结果，并提供持续的反馈，支持数据驱动的决策，跟踪个人和团队的进展。在第三部分中，我们讨论了如何使用OKRs将执行与战略紧密联系，这是跟踪目标和绩效的一个通用的框架。通过展示面板让性能实时可见，也是展示影响和激励改进的一种强大方式。例如，英国政府数字服务局让其服务公开化、透明化，803个服务交易实时显示（在撰写本文时，其中有541个服务每年完成24亿笔交易）。

谷歌人力资源高级副总裁拉兹洛·博克支持以数据驱动的方式来衡量员工绩效和幸福感。意识到人力资源领域数据的缺乏，他发起了一项长期研究，即每年进行两次名为"gDNA"的调查，这项研究涉及数千名谷歌员工。

博克还在谷歌建立了一个团队，在普拉萨德·塞蒂（Prasad Setty）的领导下，专注于数据驱动下的"员工分析"。这个团队的工作让谷歌的招聘方式发生了翻天覆地的变化，他们淡化了大学学位的重要性，转而强调"智识谦逊"和其他综合素质（这部分后面会谈到）。

哈佛大学商学院教授大卫·加文（David Garvin）描述了该团队启动的一系列研究项目，即"氧气计划"，这项计划慢慢发展为多方面评估公司关键管理行为，并在沟通及培训中培养员工的这些行为。通过员工效率相关数据分析（包括员工调查，绩效考核，离职面谈以及和高、低得分经理面谈），该研究表明，在管理效率上，即使是微小的渐进式改进，也会给团队带来重大影响。

谷歌已经将数据驱动从其传统应用领域（产品开发、营销）扩展到管理分析。不出所料，得分高的管理者与其团队员工的满意度之间存在着高度的相关性。该团队对数据进行了更深入的研究，以得分高的管理者所表现出的具体特征得出8个关键指标，并且把这8个指标作为对经理人每年的核心考核与评价指标。这8个指标分别是：

（1）成为一个好教练；

（2）要避免微观管理，并且进行充分的授权；

（3）经理人对团队成员的成就和心情保持着高度的兴趣；

（4）关注生产力，用结果证明一切；

（5）成为一个很好的沟通者；

（6）帮助团队成员去发展他们的职业生涯；

（7）为团队设置一个明确的愿景和战略；

（8）拥有关键的技术能力来帮助员工解决问题。

这些主要集中在中小型团队的领导者身上的关键行为，包含了被认为是经典的优秀管理技术的元素（包括沟通、团队和个人发展、自主和赋权），在现实中往往被人们忽视。同样值得注意的是，软素质，比如成为一名好教练、关注员工福利、团队愿景和战略沟通，比拥有特定的技术技能更重要。

随着时间的推移，该项目在管理效率得分方面取得了可量化和广泛的改善，帮助公司围绕管理发展了共同的愿景，并积极影响了员工对在谷歌工作的看法。

重要的是，我们要认识到掌控和自主是相辅相成的。在谷歌，拉兹洛·博克和他的团队从管理者手中夺走对员工的权力和权威，这意味着有关招聘、绩效评级、薪酬或奖励的决策并不是一个人的管辖范围，而是一群同事或一个专门的团队的。年轻的员工（通常被归类为"千禧一代"）越来越渴望能够自由地做出影响他们所负责领域的关键决策，并获得相关支持来实现目标。Intelligence Group 的一项调查发现，72% 的"千禧一代"希望在工作中成为自己的老板，79% 的人希望他们的上司充当教练或导师的角色。在这种情形下，老套的业绩审查（一年一次或一年两次）并不奏效。埃森哲、德勤、微软和奥多比（Adobe）等公司都逐渐摒弃了这种老式的评估方法，以更简单、更专注的评估流程，考核员工绩效。德勤审视其老式的业绩评估系统时，发现包括行政、会议和评级在内的评估周期每年耗费约 200 万小时（其中大部分时间用于讨论评级，而不是讨论实际的业绩）。在更具流畅性、迭代性并且有嵌入式反思时间的环境中，应该有多样化的反馈机制。如果没有，说明你的工作亟待完善。

与此相对的是，将向上管理的价值凌驾于真实的产出衡量标准之上。正如彼得·蒂尔所说：

> 在功能失调的公司里，工作的目的是为了职业晋升而非工作本身（如果你的公司是这样的，那你应该尽快辞职）。

除了信息透明和定期的反馈，简单的工具和技巧可以促进在扁平化的层次结构中更好地开展工作。"snippets"系统（起源于谷歌，现在越来越多地应用于其他行业）要求员工通过电子邮件写下过去一周取得的成就，以及下一周打算实现的目标。它以一种透明而简单的方式，确保员工花时间反思项目进展和计划，并将他们的工作更紧密地结合在一起。该系统（和其他类似的系统）创造了最小的时间干扰，最大的透明度，有助于推动项目进展和减少内部矛盾。

数据反馈、可视学习、嵌入式反思、员工自主性、绩效透明度，这些元素不仅影响着人们的工作方式，而且驱动着卓越的绩效表现。

◆ 目的

关于目标对商业和品牌的重要性，我们已经听到过很多理论，但最令人信服的观点可能来自西蒙·斯涅克和他提出的"黄金圈法则"。斯涅克认为，人们买的不是你做了什么，而是你为什么做这些。如果我们考虑大脑的工作方式，我们的新皮层处理理性和分析性的思维和语言，这对应着"做什么"。但如果我们忽视了"为什么"，这是危险的，因为这与边缘大脑有关，边缘大脑没有语言能力，但对我们的感觉、行为和决策至关重要。

这不仅可用于吸引顾客，也可用于吸引优秀的员工。一个令人信服的使命、事业或信念会提升忠诚度、团结度和动力。那些想要在世界上有所建树的人才会被雄心勃勃的组织愿景所吸引，共同的激情会让员工携手奋进，同时也创造了良好的工作环境。优秀人才对公司越来越挑剔，公司品牌变得越来越透明，没有目标的团队必将倒下。只有完善激励机制，才能让企业做强做大。

明确的目的需要贯穿整个组织，史上最成功的电影公司之一皮克斯，拥有一种创造性的文化，这种文化依赖于对根植于愿景和目的的领导力的诠释。埃德·卡特穆尔曾说过：

> 我们的团队由导演作为领导者，这意味最终由他们来做决定，如果人们说"我们并没有跟随他"，我们会知道导演并没有成为一个好的领导者。

作家亚当·格兰特（Adam Grant）证明了为何目标有如此强大的作用。他与一所大学筹款中心的员工合作，将他们分为三组：一组为对照组；一组阅读其他员工所提供的关于工作益处的材料；一组阅读奖学金获得者如何借此来改变生活的故事。前两组的表现没有差异。而第三组的每周认捐从 9 笔增加到 23 笔，每周筹款增加了 143%。进一步扩展这项研究，让这组筹款员真正接触到一些奖学金获得者，格兰特发现，他们的每周筹款增加了 400%。为工作创造一种超越金钱的意义，似乎会带来更高的绩效。目的带来意义，意义带来联系。

第 15 章
数字原生人才

◆ 聘请杰出人才

在《从优秀到卓越》一书中,吉姆·柯林斯强调,将最合适的人安排在最合适的工作岗位上,会对公司的业绩产生深远影响。这似乎是一件显而易见的事情,但实际上这是领导者所面临的最难的挑战之一。由于来自组织内部和外部的压力,当出现人员变动,我们要及时地去填补职位空缺。

柯林斯发现,"从优秀到卓越"的公司领导者的特征之一是,如果他们不能确定眼前的候选人是最佳人选,他们就会不断寻找,直至找到最合适的人选。他们还善于将最优秀的员工放置在业务增长最快的领域,而非让其大材小用,在日常业务中浪费才能。他们关注的是性格、理想、与企业相匹配的价值观、行为、职业道德、直接经验(有时职业道德的重要性甚至超过直接经验)。简言之,他们看重的是人才本身,而不仅仅是人才能为自己做什么;他们寻求着自己也不匮乏的特质,比如严格的职业道德与个人责任感,充满激情和创业精神。

前面我们讨论了埃里克·施密特提出的"智能创意者"概念,即能够将技术、商业知识和创造力结合起来,真正转化成组织能力的个人("当你把今天的技术工具交到他们手中,给他们很大的自由时,他们可以以惊人的速度做出惊人的事情")。数字技术的赋能正在极大地放大优秀人才的潜力,从而改变他们从事的行业。乔治·华盛顿大学的赫尔曼·阿吉尼斯

（Herman Aguinis）和艾奥瓦大学的欧内斯特·奥博伊尔（Ernest O'Boyle）对21世纪企业明星员工进行研究后发现，现代工作的性质导致了少数人对企业做出了不成比例的贡献："不是一大群普通员工通过数量优势完成大部分业绩，而是一小群精英员工通过杰出表现完成大部分业绩。"个体表现不是遵循正态分布，而是遵循潜在的幂律分布。

数字人才是数字经济发展的核心驱动要素，与其花时间和精力去寻找这样的优秀人才，不如提供让数字人才茁壮成长的沃土。谷歌成为知名企业的核心是"人才管理"，谷歌会提前对员工进行投资，在吸引、评估和培养新员工上花费异常高比例的金钱和时间，因为他们认为人才是企业发展的核心竞争力。拉兹洛·博克曾说过："一直以来，我们业务上最大的限制来自寻找优秀人才。"

在线支付服务商Stripe创始人帕特里克·克里森（Patrick Collison）明确表示，对他来说，花时间确保聘请到最好的人才极为重要。他花了六个月的时间才组建起二人团队，又花了六个月的时间才招募到另外几名团队成员。彼得·蒂尔谈到，招聘是任何公司的核心竞争力，永远不应该外包。拉兹洛·博克回顾谷歌的员工研究成果时指出，在学校的表现与员工绩效表现不能对等。谷歌发现，结构化的行为面试和一致性的评估标准，比来自不同经历的高度个性化的面试更有效。招聘经理鼓励应聘者给出他们过去解决过的难题的案例，评估候选人在真实情况下的反应，并指出他们认为困难的地方，从而挖掘每个候选人的实际工作能力。提升学历对于自身没有坏处，技能或技术对大部分职位也很重要，但软技能的重要性在这里得到了充分强调：

> 对于每一个候选人……我们最看重的是其通用认知能力，而不是智商。这是一种学习能力，一种快速处理事务的能力，一种将不同的信息拼凑在一起的能力。

决断和谦逊等是优先考虑的品质。谦逊是指在一定的知识背景下，会坚持某一条路线或论点，但当出现新的信息时，愿意改变自己的态度。

传统的面试往往低估软技能，而看重应聘者的直接经验。后者当然很重要，它可能比表述能力和说服力等软技能更容易量化。然而，能够有效地表达复杂的数字概念或想法（特别是对非数字专家），并能说服他人（特别是其他团队或部门的人），这样的员工将为组织创造非凡价值。

文化契合度，也就是候选人的素质与企业文化、宗旨和价值观的契合程度，很难量化。然而，这也是数字原生企业招聘中的一个重要环节。阿努拉格·古普塔（Anurag Gupta）展示了一些可用于招聘环节的机制。这些机制可有效减少招聘过程中的失误，并节省大量的时间。他谈到，"有一半的现场面试时间应集中在考察文化的契合程度"。这意味着你需要清楚地了解求职者身上哪些内容属于你公司的文化，而哪些不属于。亚马逊经过漫长的时间确定了其核心领导原则，并把它们展示在网站上。招聘者必须思考这些原则对每一个层次的每个岗位分别意味着什么，并通过面试，与现有员工一对一交谈和绩效评估来体现这一原则。

亚马逊领导力原则作为亚马逊独特的文化印记，包括：顾客至上、主人翁精神、创新简化、决策正确、好奇求知、选贤育能、最高标准、远见卓识、崇尚行动、勤俭节约、赢得信任、刨根问底、敢于谏言、服从大局和达成业绩。

在一个数字化授权的世界，优秀和卓越的人才之间的差异从未如此悬殊，对组织绩效也将产生空前影响。

◆ 孔雀、企鹅和烘焙师

世界上有两种人和组织：食客和烘焙师。食客想从现有的蛋糕中分得更大的一块，烘焙师想做一个更大的蛋糕。食客会认为如果他们赢了，对手就输了；如果对手赢了，他们就输了。烘焙师会认为每个人都能赢得更大的蛋糕。

——盖伊·川崎（Guy Kawasaki）

在这个世界上，我们需要更多的烘焙师。为了组织快速行动，我们需要有远见的人，他们将积极的变化视为机遇，积极乐观地冲破一切阻力去施展自己的抱负。同时我们也需要创造良好的环境，让多元化人才得以和谐共存。复杂的问题需要多元化方法来解决。斯科特·佩奇（Scott Page）是这样阐述的：多元化不仅有助于提高员工解决问题的能力，还有助于提高其预测能力。他定义了四个多元化维度：多元化视角（我们如何以不同的方式表现或设想）；不同的解释（我们如何分类）；不同的启发式（我们产生解决方案的方式）；不同的预测模型（我们如何推断分析）。

就像著名的寓言故事《企鹅王国里的孔雀》，我们需要将不同属性的人结合起来。企鹅是指那些维持秩序和保持系统运行的人，而孔雀是那些为创新思维和创造性飞跃创造机会的特立独行者。我们需要赞美颠覆式创新，就像我们尊重效率一样。我们如果要生存下去，就需要两者的结合。

◆ 重新定义数字时代的有效领导力

在本书的创作过程中，我们收到的最有趣的反馈是关于领导力的，特别是关于领导者软技能的价值的。传统的领导特征包括：进取心强、有远见、鼓舞人心、组织能力强、决断力强等，当然这些特征仍然非常重要，但是从收到的反馈来看，领导者软技能也受到了人们广泛的关注。这些"柔软"的品质，包括好奇心、同理心、合作、创造力和适应性。

这与沃顿大学的一项研究结果相吻合，该研究认为，随着商业模式的转变，新的价值来源以及数字化带来了商机，领导者与供应商、合作伙伴和客户的新型关系出现了转变，领导风格也需要转变。虽然传统的"命令和控制型"领导风格在某些情况下仍然有效，但领导者需要越来越多地扮演合作者或共创者的角色。也就是说，领导力风格应该根据环境、成员需求和组织挑战来定义。

越来越多的商业模式依赖于技术创造，或所谓的"网络编排"，其中的价值来自"关系"等更多无形资产，合作型或共创型领导风格变得越来越重要。

IDEO 的创始人蒂姆·布朗谈道：说到领导力，人们时常会认为它必须是自上而下的，觉得首席执行官理所当然知道所有问题的答案，他们的职责就是挥动指挥棒，然后把任务布置下去。然而，那些自以为知道所有答案的领导者，恰恰是公司拓展新业务的阻碍。布朗将领导者的角色定义为探索型——既能确定方向，又能提出最好的问题。他说，现代成功的领导就像在表演一场舞蹈：

> 领导者需要根据时机和环境有效地扮演多种不同的角色，并有能力在这些角色之间转换。

在数字时代，领导力不是说教和控制，领导者应通过有效地激励和鼓舞去发扬员工的自主性。与其说是指导，不如说是赋权、移情和培养，这与控制无关，更重要的是为出色的工作设置合适的环境。要有追求令人信服的愿景的决心和毅力，同时也需要保持谦逊，知道何时转变方向。这不是强迫，而是让人们和你一起踏上旅程。

◆ 关键点

在这一部分中，我们讨论了如何将以人为本的灵活性与企业文化、资源分配和员工行为建立联系，从而创建积极的条件，催化真正的变革和敏捷。关键点包括：

（1）在内包和外包，地方与中心，专家与通才之间实现动态平衡。保持较高的流动性，以便组织做出快速反应。

（2）使用小型、多功能团队，在迭代的"冲刺"中同时、同地工作，保持有序、有力、有效的推进势头。将业务、技术和创新技能结合起来，并利用自组织的力量来促进组织发展，保持两个比萨的团队规模。

（3）将小型多功能团队集中于关键的业务或创新领域，合作者和支持者支持核心团队，扩展敏捷。找到先锋、定居者和城市规划者的恰当组合。将早期创意从创新实验室带入市场时需要特别小心。建立适当的数字管理系统，例如成立数字董事会。

（4）通过促进相互信任、尊重，对不同意见保持宽容，建立起快速发展的文化。促进、认识、培育数字本土文化。在工作环境中鼓励"心理安全感"和"生产中的非正式性"，创建高效能团队。

（5）通过自主、专精和目的来提升员工动力和生产力。

（6）花更多的精力和时间去聘请那些能真正发挥作用的杰出人才。

（7）提升领导力素养，认识到软素质的价值，让人们与你一起踏上征程。

（8）尊重特立独行的人。

… 第五部分
开启转型之旅
PART 5

加快速度，不要后悔……如果你在行动之前必须确定方案的正确性，那么你永远不会赢。在应急管理中，"追求完美"将成为你最大的敌人。速度胜过完美。我们社会中存在的问题是每个人都害怕犯错。最大的错误就是原地不动。
——世界卫生组织的麦克·莱恩博士（Mike Ryan）

真正的敏捷转型是一个极其复杂的过程，它与各种依赖关系和错综复杂的因素交织在一起。因此，没有绝对正确的方法。我们在最后这一部分总结了转型之路的实用方法。我们称之为"从小处开始，快速扩大规模，开始转型之旅"，这正是它的本质——这是一段旅程。一段旅程从小处开始，但可以通过学习来加速和扩大。改变是一个过程，而不是一个事件。在你到达目的地的路上，试着享受每一次小小的旅程。

第 16 章
转型的五个维度

成为真正的敏捷企业是多方面的转变。我们可以将其转变划分为五个核心维度（见图 16-1），即五个 P：

个人（Personal）：个人旅程，挑战，起起落落，高潮和低谷。

原则（Principle）：围绕新的基本组织理念和愿景重新定位，并将价值观、行为和结果映射到该愿景。

过程（Process）：转型的结构和过程，转型的路线，关键阶段和旅程进展。

实践（Practice）：行为改变和系统化变革。

速度（Pace）：时间维度，每个部分的变化速度以及转化过程自身的节奏。

◆ 第一维度：个人

敏捷转型领导者和"英雄之旅"

> 你永远不能通过与现实对抗来改变一些事情。要改变某些东西，我们需要构建一个新的模型，让现有模型过时。
>
> ——巴克敏斯特·富勒

数字化转型，就像任何变革过程一样，是困难的，这需要时间。可能是很长一段时间，甚至是好几年。管理数字化转型，这可能是一项吃力不

个人	原则	过程	实践	速度
个人旅程，挑战，起起落落，高潮和低谷	围绕新的基本组织理念和愿景重新定位，并将价值观、行为和结果映射到该愿景	转型的结构和过程，转型的路线，关键阶段和旅程进展	行为改变和系统化变革	时间维度，每个部分的变化速度以及转化过程自身的节奏
1	2	3	4	5

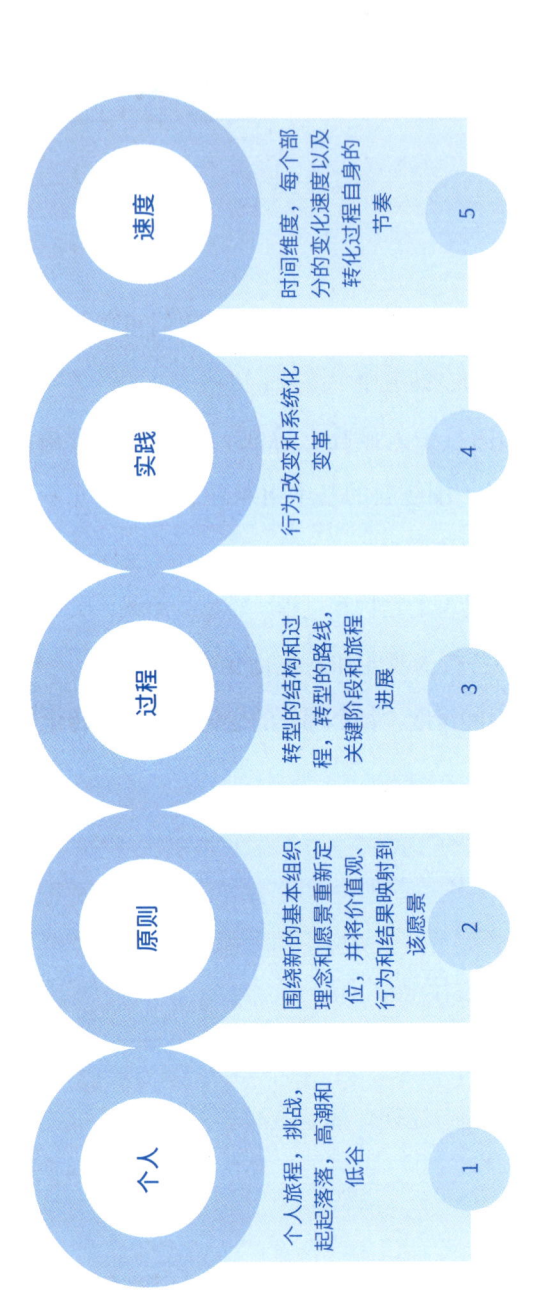

图 16-1 转型的五个维度

讨好、打击士气、消耗体力的工作。同时这也可能是你做过的最有价值的工作，因为你为公司带来了真正的变革机会。企业的工作方式将发生明显的变化。一个关键人才能够改变一个企业的命运，决定企业的生死存亡。

这是一个冒险，它并不适合所有人。变革型领导者需要乐观、坚定，最重要的是，需要韧性。人们过去常常用库伯勒—罗丝模型（Kübler-Ross model）的"悲伤的五个阶段"（否认和隔绝、愤怒、讨价还价、沮丧、接受事实）来谈论变革管理过程。数字化转型的领导者可能会发现，他们需要同时处理来自多方面的情绪和压力。

领导者可能会面临自己的"情绪发展规律周期"，类似于著名的高德纳技术成熟度曲线（Gartner Hype Cycle）。围绕着实现真正的、持久的变革，领导者会变得异常兴奋，并且很快地达到顶峰。但随着来自各方面的阻力增加，领导者会渐渐进入低谷。就在前路迷茫、一筹莫展的时候，一个小小的成功又给了变革者希望、能量和动力。动力不断积累，直到真正地"进入状态"（见图16-2）。

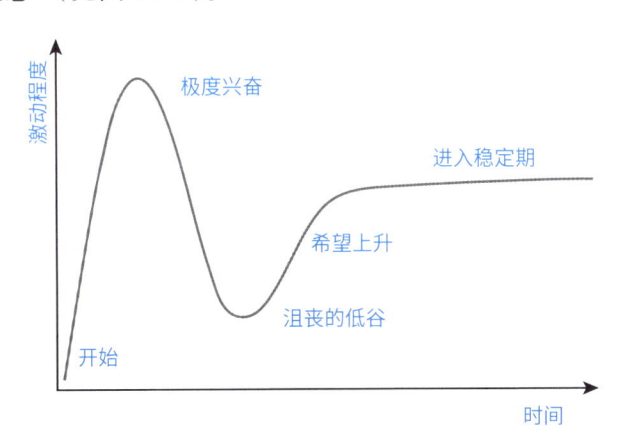

图16-2　数字转型领导者的"情绪发展规律周期"

那么谁将是引领数字转型的英雄呢？当然，数字化转型的动力和支持来自组织的最高层。常见的情况是，由一位首席数字官、转型主管或一位专门的董事会成员来负责领导变革过程。他们充满活力、热情和勇气，并且有百折不挠的韧性和让事情变得更好的激情。他们没有因为复杂的环境或内部阻碍而分散注意力，他们处于谦卑的状态，专注于潜在的需求使他们能够清晰地表达愿景，将感染力和激情带给他人，激励人们跟随自己踏上实现愿景的旅程。

如果企业能成功转型，他们的工作最终会随着新的实践、新的文化、新的组织形成而消失，并成为一种规范。他们的工作在本质上让自己变得多余，但他们将获得宝贵的知识和学习经验。

一线案例

伊娃·阿佩尔鲍姆（Eva Appelbaum），Digital Talent @Work 合伙人，英国广播公司（BBC）前数字营销转型主管：韧性的重要性

引领数字化转型并非易事。这是一份很有挑战性的工作，我们需要持续地投入激情，同时我们也会遇到各种问题和困难。摆在我们面前的事实是，大多数转型计划都失败了。即使是从一个已知的、固定的状态转移到另一个状态，也会让人束手无策。在数字化时代，我们承受着不断变化的压力，当前的状况也在不停地变化，要在纷繁复杂的变化里做出决策非常困难。

因此，引领数字化转型，你要么需要暂停所有的怀疑，抛弃组织，走向一个"你"能清楚看到的未来；要么向不确定屈服，尽最大努力引导企业在未知中探索。

这两种方法都需要一种超越技术知识或商业头脑的领导风格和能力。

关于数字化领导力和培养敏捷、好奇、富有合作精神的领导者的必要性，人们已经说了很多。数字化转型尤其要求领导者具备很高的情商，能够像对待数据和流程一样，坦然地接受不确定性和失败。

然而，变革领导者还有鲜为人知的一面，他们需要极强的适应力和韧性。引领数字化转型意味着接受一个艰难，甚至是不可能完成的任务。一开始，企业往往抱有不现实的期望，当你没有足够的资源、预算或资金时，计划将被全盘打乱。有时候，董事会会对转型抱有较高的期望，他们认为数字技术是某种神奇的子弹，可以让企业迅速脱离困境，可是现实却没这么简单。你没有可参考的路线图，因为你和竞争对手都在相同的起跑线上，一方面你需要依靠直觉，另一方面你需要根据数据来理性决策。

作为数字转型领导者，你需要有感染力，需要通过沟通和富有感染力的表达，唤起他人的激情。领导你的团队，运行敏捷项目来推动变革，说服利益相关者持续推动数字化改革。但说服他人并不能解决所有问题，一方面你要鼓励创新，另一方面也要试图阻止在引人注目但无效的事情上投入太多，同时你也会被雄心勃勃的同行们视为潜在的危险。

最后，你会发现你作为领导者的生命周期很短。大多数变革型领导者都是带着光环进入企业的。在大约六个月，也许一年的时间里，你会被认为是具有点石成金能力的变革斗士，每个人都对你充满了期待。但是到了第二年，你的光环渐渐褪去。到了第三年，人们对你感到厌倦，他们会开始质疑你到底在传递什么。

不幸的是，真正有影响力的数字化转型往往需要比三年更长的时间。为了让每个人都能参与到转型中来，你必须花费大量的精力，不断地讲述一个不断发展的故事，让每个人都向你靠拢。这可能会让你感到身心疲惫，因此，我们非常有必要在工作之外找到出口，在生活和工作中保持平衡，从而以更加饱满的热情再次启程。

> 我们可能会在某一阶段跌入低谷，你需要记住，低谷也是绝地反弹的时机。在这个点上，如果成功了，你就能够实现企业的数字化转型。而现实往往是残酷的——你的努力需要经过很长的时间才能看出成效，而转型成功的荣誉也会归于他人。
>
> 这就是真正优秀的数字转型领导者的魅力所在，他们能在挑战中茁壮成长，具有持续推进的韧劲，并能坦然地面对任何结果，尽管有时候面临着不可能完成的任务。

发起一场变革运动

我们如何让别人与我们同行？一旦我们提出了变革的理由，并营造出一种紧迫感来对抗组织的惰性，就需要人们的共同参与来实现变革。我们可以使用以下几个强大的工具：

1. **朝着共同的愿景努力**：这里的关键词是"共同的"。如果人们能感受到自己对目标的掌控感，那么他们就会更有动力朝着目标努力。我们需要给员工两个相互排斥的选项（比如"什么都不做"和"采取果断行动"），让员工做出选择，这有助于让员工感受到他们的选择和企业的未来息息相关。与自上而下的命令相比，"选择"和"放权"将带来行为的转变。如果我们能掀起一场真正的变革运动，那么"选择"将成为号召口号，它能燃起团队的雄心壮志，将不可能变为可能。

2. **运用同理心的力量**：让利益相关者能够从客户的角度看世界，看到当前流程或方法中真正的痛点（"客户旅程地图"或其他形式的沉浸式体验都是很好的方法）。设计公司 IDEO 谈到了"变革性同理心"以及企业的关键利益相关者是多么容易远离他们的客户。他们很难想象事情会有什么不同。沉浸在不同的视角中可以解放思维，并找到需要解决的问题方向。

3. 让员工看起来更棒，帮助他们更好地完成工作： 每个人都希望做好工作，希望因出色的工作而被认可，或者希望找到更好的工作来达成上述目标。在制定项目进度时，让人们了解进展，或者让他们知道该项目如何使他们受益，这是一种简单但非常强大的参与方式。

4. 利用倡导的力量： 通过组织建立一个不断扩大影响力的网络渠道来传播新思想，借助"冠军"和影响者的大力宣传，有助于建立社会认同、扩大影响力和放大行为改变。巴克莱银行（Barclays Bank）实施了一项名为"数字之鹰"（Digital Eagles）的计划，创造了 2 万名冠军员工。这些员工自愿抽出时间，向其他员工或客户提供技术指导。"鹰队"负有多项使命，包括：在基层倡导新技术的使用，举办"茶会和教学"会议，回答客户关于数字技术的若干问题等。上百个工作小组在该项目实施期间培训了数千人，在全公司范围内掀起持续学习数字技能的浪潮。巴克莱银行与英国青少年开发者社区（Young Rewired State）合作，在英国超过 1500 家分支机构推出了"技术加速器"。随着社区的发展，等待加入"数字之鹰"的名单在不断上涨。对巴克莱而言，它不仅赢得了一场推动数字化变革的草根运动，还获得了识别人才和孕育人才的新途径。

领导一个团队在大型组织中创造真正的变革，有时感觉就像是领导一场叛乱。我们有一种强烈的本能和归属感，渴望在群体中受到肯定和重视。如果以积极的方式，团队将会为我们带来源源不断的动力。正如部落成员相互支持，尊重和地位来自价值和产出，而不是职位或者管理的人数。忠诚、共同的价值观、强烈的联系、共同的责任和个人的责任都属于部落的特征。正如美国著名新闻记者、作家塞巴斯蒂安·荣格尔（Sebastian Junger）所言：

> 人类不在乎苦难，事实上他们靠苦难茁壮成长；他们所关心的是害怕自己没有价值。现代社会让人们越来越找不到存在感。

在他关于部落主义的书中，荣格尔谈论人类的三个基本需求（与我们在第四部分中讨论的自主、专精和目的产生共鸣）：能胜任自己所从事的工作，在生活中表达真实自我以及与他人建立联系。

人类学家克里斯托弗·博姆（Christopher Boehm）证明：当一个组织不受权威影响时，将是最富有创造力和生产力的时刻，人们会因为道德因素产生好的行为（比如为某人做某事）并因此得到肯定和鼓励，而坏的行为（如拒绝分享）会受到惩罚。正如荣格尔所说："现代世界的美与悲剧，在于它消除了人们对集体利益的许多承诺。"

我们天生就希望能互相帮助。因此，组织动力的基础在于企业能够利用我们的基本需求，即分享、联系和为了共同的目标与他人有效地协作，而技术是促成这一切的有利因素。

处理负面情绪

正如我们之前讨论到的，领导变革会不可避免地接收大量的负面信息。华盛顿大学心理学名誉教授约翰·戈特曼博士，将工作关系失败的四个关键原因称为"四骑士"：

1. **批评**：当抱怨集中在具体的行为上时，批评可能会攻击人的性格。
2. **蔑视**：一种公开的不尊重的表现，可能来自一种假定的或相对的权威地位。
3. **防御**：通常是一种自我保护的形式。
4. **冷战**：拒绝与他人交流。

在严重的情况下，这些行为可以相互放大，让矛盾加深。因此，尤其是在大型组织中，当有人对变革产生抵触情绪时，误解和冲突会不可避免地发生。我们需要去理解这些抵触情绪产生的根本原因，尽可能地避免使用指责的语言和行为，并采用明智的方法来处理这样的矛盾。

卡罗琳·韦伯在《如何拥有美好的一天》(*How to Have a Good Day*)一书中告诉我们,假设某人是一个好人,只是处境不佳或今天过得不好,这样的假设多么有帮助。

追求共同愿景的动力和从志同道合的合作者那里获得的支持,可以有效地帮助我们消除冲突引起的负面影响。团队需要尊重多元文化,让人们乐于提出和接受建设性反馈,而非消极的异议和争执。

识别障碍(文化和行为评估)

企业在数字化转型的过程中,应该优先考虑清除前进路上的障碍。但如果你并不知道自己在寻找什么,"识别障碍"就会变得更具有挑战性。我们可以将这些"障碍"进行分类,来帮助我们有效地识别。

迈克尔·克洛(Michael Crowe)和彼得·亚伯拉罕设计了一套实用方法来帮助人们识别障碍。它基于一系列可以快速部署的问题(定性和定量研究),提供了四个关键点:

1. **文化类型:** 作为一个团队或组织,你的敏捷程度是高还是低?(见图 16-3)

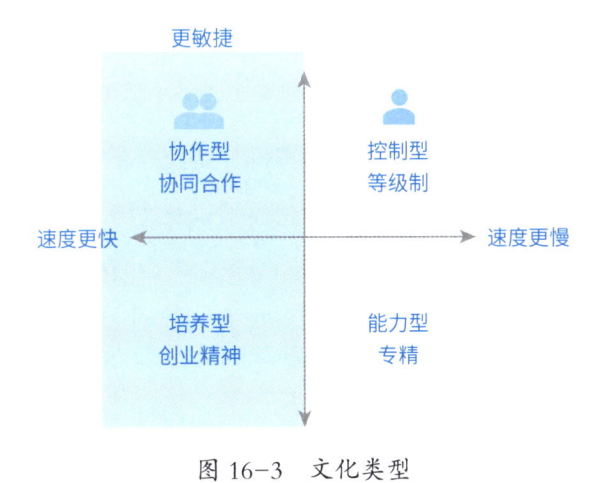

图 16-3 文化类型

2. 行为： 在团队和组织内部，员工行为与核心价值观是否一致？

3. 潜在阻碍： 错位程度如何？潜在的障碍是什么？需要注意什么或行动的区域是什么？

4. 从愿景到价值观： 员工是否相信每一件事？

该模型基于威廉·施耐德的四种文化类型，并且融入了业务敏捷性（见图 16-3）。每家企业都有自己独特的企业文化，文化类型不分对错，但要看业务类型是否与企业文化吻合。协作型和培养型文化适合敏捷业务发展。该模型有助于确定在企业中哪种文化占主导地位，从而帮助我们识别转型中的阻碍因素（见图 16-4）。

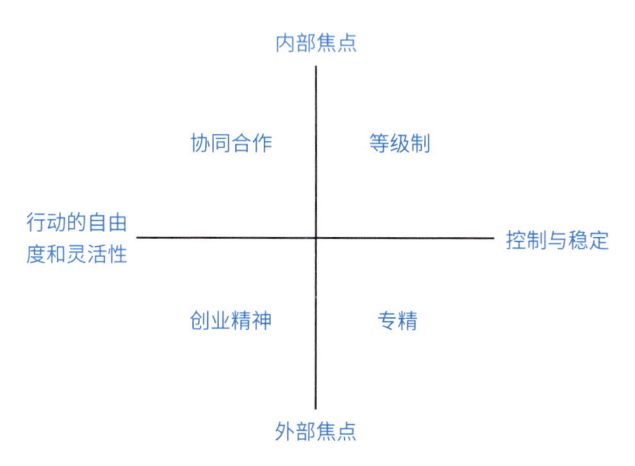

图 16-4　解读文化类型（第 1 级）

根据这一模型，迈克尔·克洛和彼得·亚伯拉罕创建了一套方法，来评估企业的文化类型、企业期望的文化类型以及企业内部的不一致性，以帮助人们找出障碍，并提出解决方案来消除障碍（见图 16-5）。

这种方法确定了敏捷团队的八种"核心"行为（见图 16-6），可以用来评估个人、团队和业务中的协调性，从而更好地理解导致团队或组织内部沟通协作障碍的问题。

缺乏一致性会导致内部混乱或沟通不畅，从而阻碍业务发展或目标达

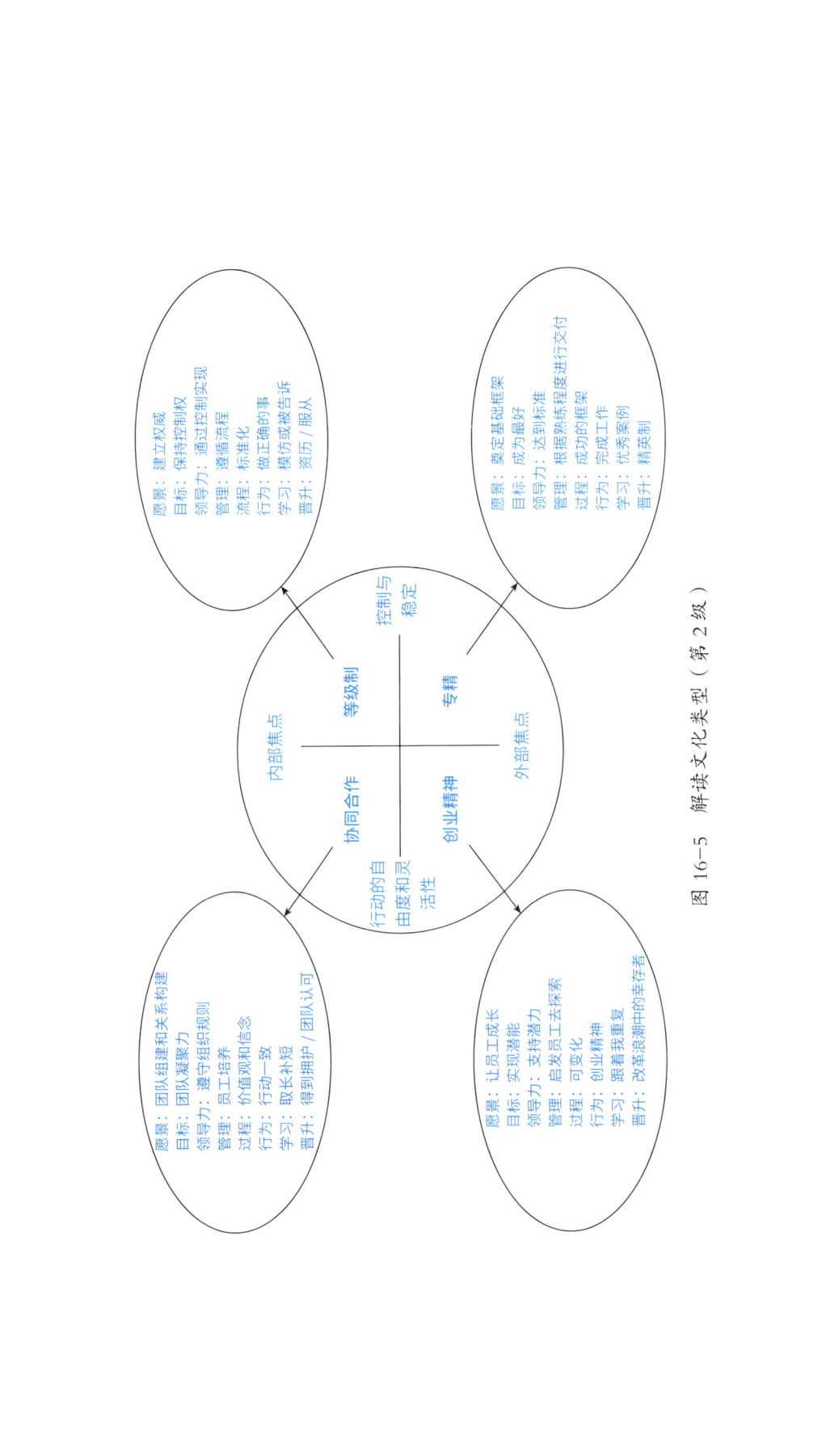

等级制象限：
愿景：建立权威
目标：保持控制权
领导力：通过控制实现
管理：遵循流程
流程：标准化
行为：做正确的事
学习：模仿或被告诉
晋升：资历/服从

专精象限：
愿景：奠定基础框架
目标：成功最好
领导力：达到标准
管理：根据熟程度进行交付
过程：成功的框架
行为：完成工作
学习：优秀案例
晋升：精英制

协同合作象限：
愿景：团队组建和关系构建
目标：团队凝聚力
领导力：遵守组织规则
管理：员工培养
过程：价值观和信念
行为：行动一致
学习：取长补短
晋升：得到拥护/团队认可

创业精神象限：
愿景：让员工成长
目标：实现潜能
领导力：支持潜力
管理：启发员工去探索
过程：可变化
行为：创业精神
学习：跟着我重复
晋升：改革浪潮中的幸存者

中心：
内部焦点 — 外部焦点
控制与稳定 — 行动的自由度和灵活性
等级制 | 专精
协同合作 | 创业精神

图 16-5　解读文化类型（第 2 级）

成。揭示这一点为领导层、团队或企业提供了指引，确保他们进行沟通，解决问题，消除高度不协调的因素（见图 16-7）。

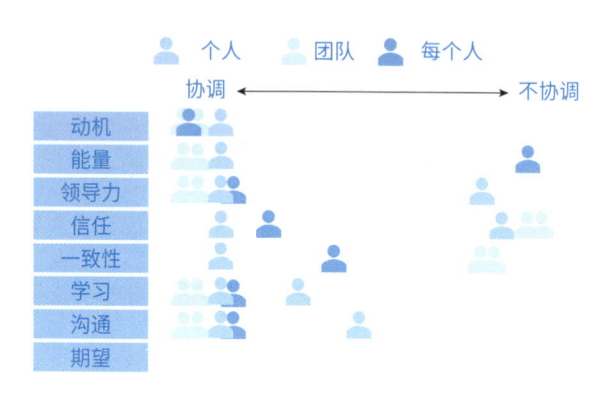

图 16-6　八种"核心"行为

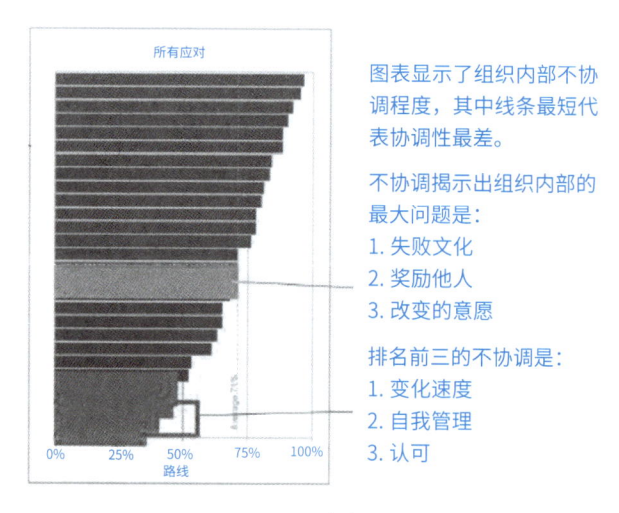

图 16-7　潜在阻碍

测量"愿景价值观"（见图 16-8）可以揭示团队或企业是否相信目标、愿景或价值观。这是为组织中具有远见的计划或项目赋能的关键。有时，人们需要经常沟通或更清晰地沟通此内容。

```
目的    相信 ←————→ 怀疑
愿景    嵌入 ←————→ 分散
价值观  息息相关 ←————→ 断开
```

图 16-8　从愿景到价值观

◆ 第二维度：原则

组织理念

我们的第二个维度来自转型需求，即确定转型的愿景和方向。围绕这些基本原则、价值和行为，我们需要重新定位业务方向。史蒂文·安德森和乔纳森·洛维特-杨构建了一页纸框架，概括了敏捷组织的战略关键要素（支柱）。对在多条战线上同时工作的不同团队来说，该方法可以在各个团队中建立有效连接，围绕着共同的理念和愿景，让分散的力量形成合力，在战略、执行和客户体验上构建清晰的连接关系（见图16-9）。

从框架的顶部向下分别是：

（1）**组织理念**：定义业务基本方向和原则，这是公司最基本的驱动力。

（2）**目的**：公司存在的理由和价值。

（3）**愿景**：对组织发展预期达成未来意象的想法。我们将通过下面的几点来实现组织战略，但也非常有必要在此明确组织战略。

以上三点作为组织架构的支撑，支持愿景、目的和组织思想的达成。这是组织的关键组成部分。

（4）**价值观**：组织基本信念。

组织理念组成模块

1. 组织理念
驱动我们的理念是……

2. 目的
我们存在的原因是……

3. 愿景
我们正在建造一个什么样的世界……

4. 价值观
我们相信的事情是……

5. 经验原则和行为
我们感觉应对这……

6. 设计模型
这意味着我们必须变成……

7. 客户利益
我们的客户将获取……

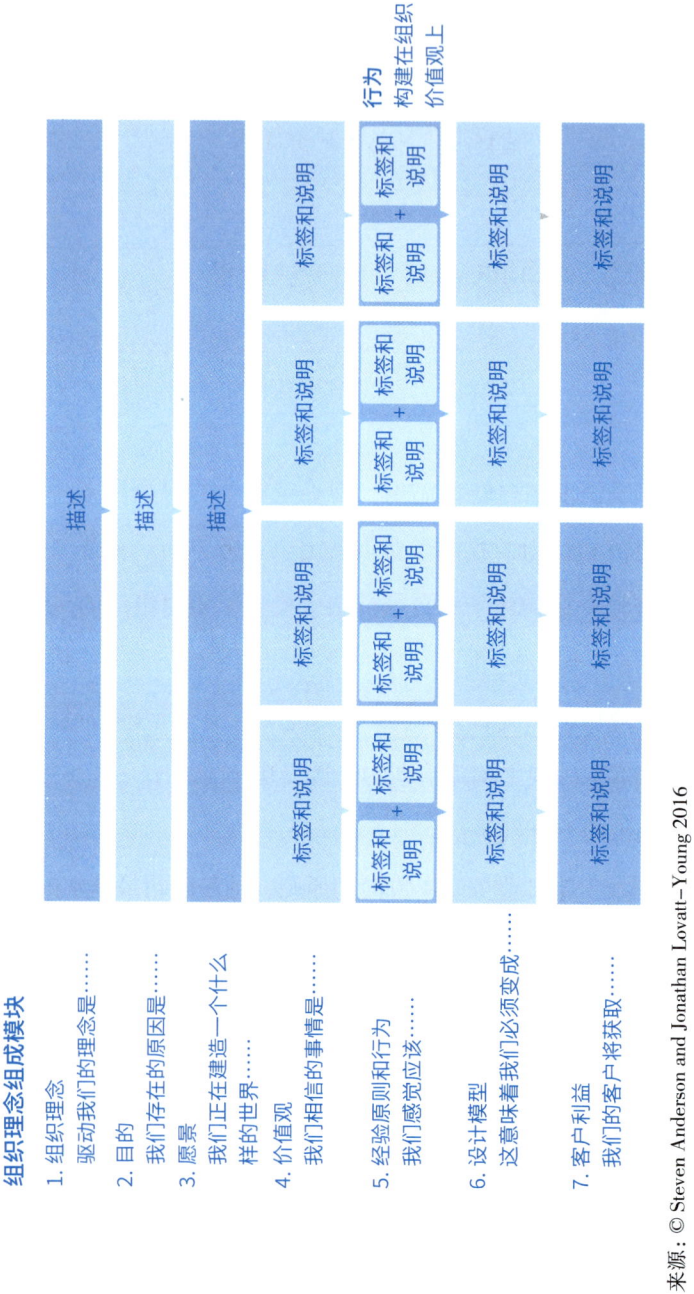

行为
构建在组织价值观上

图 16-9 组织理念驱动框架

来源：© Steven Anderson and Jonathan Lovatt-Young 2016

（5）经验原则和行为：客户的感觉经验和行为体验，可以将这些融入产品设计，带来实际价值。

（6）设计模型：描述客户体验和相关行为的变化状态。

（7）客户利益：定义最终用户的实际利益，再次确定我们所做的一切都是为了满足客户需求。

这个框架作为组织理念设计基础，解构了组织理念设计的关键途径。将所有设计理念展示在一页纸上的好处是，它以最简单但最强大的形式展示了组织的目标、价值观以及客户预期行为和利益。它将组织愿景以一种简单、透明的方式传递给新员工和现有员工，而不是将关键信息埋没在冗长的文件或晦涩难懂的手册里。它可以帮助小型多学科团队朝着同一方向前进，并且更大程度地实现员工自主权和所有权。

◆ 第三维度：过程

数字化转型和成为敏捷业务的过程和结构

领导力专家约翰·科特在 1996 年出版的《领导变革》（Leading Change）一书中，总结出了具有极强可操作性的组织变革的 8 个步骤。

1. **制造强烈的紧迫感：** 分析市场或竞争压力、重大机遇或潜在危机。
2. **建立一个强有力的指导团队：** 建立一个可以领导变革的高级团队。
3. **创建愿景：** 提供方向，并通过激活策略来支持愿景。
4. **沟通愿景：** 反复沟通，并通过指导联盟树立榜样。
5. **善于授权推动：** 消除障碍，改变制度和结构，防止改变受到破坏。
6. **取得短期成效，以稳固变革的信心：** 对看得见的业绩进行认可和奖励。
7. **促进变革深入：** 更多的系统变革、招聘、新项目的重新启动。

8. 将变革成果融入文化： 将新行为与企业成功、领导力发展和继承明显地联系起来。

科特在 2014 年的后续著作《快马加鞭：为这个更快节奏的世界打造战略敏捷性》(Accelerate: Building Strategic Agility for a Faster-Moving World)中，更新了 8 个步骤：

（1）在 1996 年的版本中，作者建议以相对严格的方式，按照顺序一步一步实现变革。新版本提出这些步骤应同时且连续地进行。

（2）类似地，旧版本专注于线性发展，即在每个阶段做好一件事，然后再继续前进；新版本推广不断寻找机会和激活新的机会。

（3）旧版本小规模、指导性联盟的理念被新版本庞大的、多样化的"志愿军"变革团队所取代。

（4）旧版本建议在现有的层次结构中进行变革，而新版本提出了一种类似于网络的功能，可以与传统的层次结构相结合，以更灵活敏捷的方式实现变革。

在我们所处的快速发展的时代，科特对其模型的更新非常具有现实意义。我们不能采用瀑布式方法来变得更加敏捷。数字化转型意味着我们需要根据变革的关键因素，创新和改造传统的管理模式、商业模式。数字化转型中有一些独特的属性，让我们可以用新的思维来增强现有思维。

我们应在现有的变革管理基础上，建立更具有数字化精神的变革框架——这个框架将利用我们在本书中所讨论的大部分内容。数字化转型的关键是产生速度（和势头），快速行动，聚焦（愿景、战略、执行），并且将多个元素与环境和文化相结合，从而实现数字化转型。正如科特更新变革模型所暗示的那样，现在，传统的瀑布式流程已被淘汰，我们需要在迭代和调整过程中，不断响应变化的环境，并且从传统的"开头、中间和结尾"的线性模式中走出来，建立新的模型，处于持续的变化和流动状态，

第五部分 开启转型之旅
295

这是一种新的组织形式的演变。

我们重构的模型为"敏捷螺旋模型"（见图16-10），它包括三个基本模块：

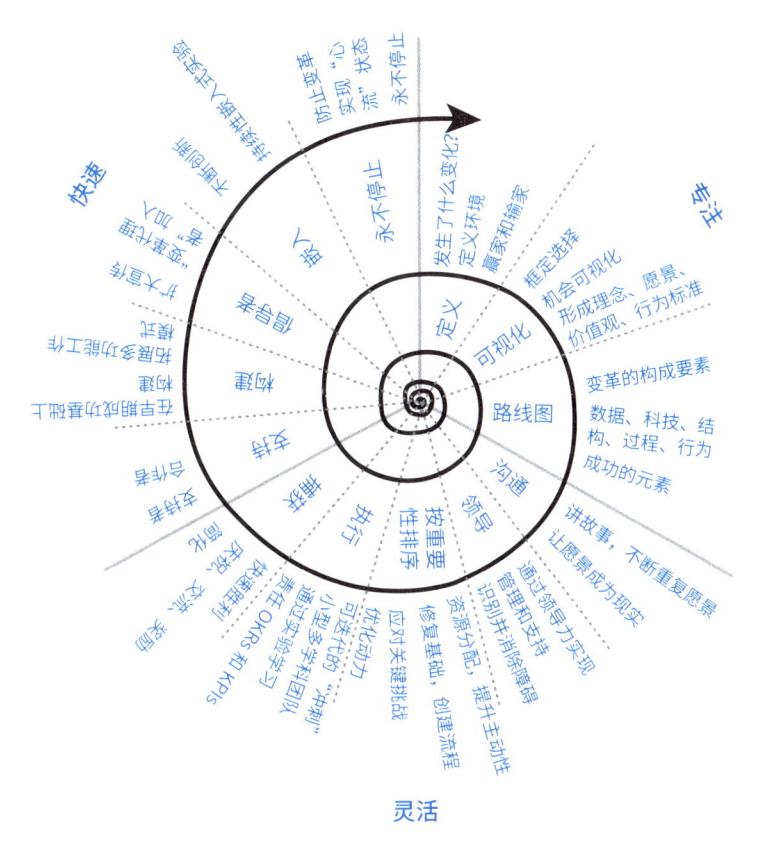

图 16-10 敏捷螺旋模型

1. 情境和故事

创造改变的原因和动力。我们需要充分了解我们现在所处的环境（竞争、客户和公司）并分析如何应对挑战。我们需要制定新的愿景和方向，确定实现愿景的重要元素。然后，我们需要设定我们的新愿景和方向，以及能让我们实现目标的基本要素。

传达愿景的过程至关重要，能吸引人们加入变革之旅。这也是我们孕育创意、提升工艺、重构产业价值的基础。传达愿景的关键点包括：

定义： 让人们理解为什么世界会持续改变。科技的颠覆力，在赢家和输家之间形成巨大鸿沟。如果我们什么都不做，将会发生什么？以此来说明变革的必要性。

可视化： 形象地勾勒出我们所面临的选择，定义组织理念、目的和愿景。

路线图： 列出变革的构成要素，阐明了解数据、科技、结构、过程、行为的方法。展示组织应如何克服前进的障碍，以及如何实现变革。路线图能让成功有迹可循。

2. 激励和赋能

在设计出愿景后，我们需要激励员工，调动资源，消除障碍，建立动力，放大积极因素。我们需要分清轻重缓急，集中精力，获得组织效能的提升。关键点包括：

沟通： 以最吸引人的方式讲故事，充满激情。设置有吸引力的目标，引导员工行为。

领导： 领导"叛乱"，变革的领导者以赋能式领导方式，获得团队支持，通过持续沟通，尊重员工合理要求，消除前进障碍。

按重要性排序： 聚集"起义者"——集中资源和变革参与者（成立数字中心、创新中心、创新品牌），带来专注和持续的变革。分清轻重缓急——修复基本问题，持续跟踪变革的进展，解决关键的业务挑战，并且不断寻找新的机会。

执行： 在小型多学科团队中进行迭代工作，通过持续的实验和学习，为变革赋能。培养新的文化和工作方式，增强员工自主权，鼓励心理安全，建立问责制。

捕捉： 以快速胜利创造成长空间，并放大这样的优势。

3. 弹性和流动性

支持：通过支持者和合作者提供支持（敏捷团队洋葱模型）。

构建：在早期成功基础上，将小型、多功能合作模式扩展到创新/数字领域以外，解决关键性业务挑战。

倡导者：为新的工作方式创造尽可能多的倡导者和拥护者，让他们成为变革的主力，为变革赋能。

嵌入：在工作中持续地嵌入创新和实验。

永不停止：抗击惰性和随意性，滋养敏捷性和协作文化，实现技术与业务的全面互动与融合创新。

◆ 第四维度：练习

通过行为改变

斯坦福大学行为设计实验室创始人 B. J. 福格（B. J. Fogg）博士将人们长期行为的改变定义为三个关键来源：顿悟、环境的改变和小习惯随时间累积。我们讨论了变革产生的背景、环境的影响和商业模式的改变，从而认识到转变的必要性。我们可以影响决策、过程、组织结构，同时需要为团队建立良好的规则、习惯和内部文化制度，支持和影响人们的日常行为，确保持久的、内在的改变。

福格说道，人的行为由"动机、能力和触发条件"这三要素组成，如果缺少任意一个要素，行为就不会发生。触发是行为的起点，就像是打火机的火花，有了这个火花，就可以触发行为的发生。换句话说，我们需要为人们创造出改变的理由，并让他们具备这样做的能力。

真正的转变来自日常方法、行为的转变，这是全体组织成员自主、无条件及持续努力的结果。我们需要创造一个令人信服的长期愿景，不仅有意识地改变我们所做的选择，还同时改变习惯性行为、决定和惯例。

重塑组织习惯

> 我们的一生，不过是无数"习惯"的总和。
>
> ——威廉·詹姆斯（William James）

俗话说，积习难改。我们重复的行为会在我们的神经通路中形成固有模式，我们称之为"无意识习惯"。我们重复的次数越多，情境和行为之间的联系就越紧密。不断重复，是建立和强化特定神经通路的重要方法，也是建立习惯的重要方式。组织是由人组成的，正如人们随着时间的推移会养成习惯一样，组织也会养成自己的习惯，包括思考的习惯或做事的习惯。如果习惯是一种后天习得的行为，一种非自愿或自动的模式，那么组织习惯就是行为对刺激的一种反应，这种刺激通常是被迫接受的、不经思考的、根深蒂固的。改造一个组织意味着，我们不仅要意识到这些组织习惯是什么，还要意识到它们在抵制和促进改变方面的力量有多大。

查尔斯·杜希格在《习惯的力量》（The Power of Habit）一书中谈到了习惯在塑造行为方面的强大作用。杜克大学的研究人员戴维·尼尔（David Neal）、温迪·伍德（Wendy Wood）和杰弗里·奎因（Jeffrey Quinn）估计：在人每天的活动中，有45%是习惯的产物，而不是自己主动的决定。杜希格说，改变一个习惯或摆脱一个坏习惯的最好方法是用另一个习惯取代它。我们需要认识到其中的三个因素：

（1）暗示，从而让你开展行动；

（2）你采取的行动；

（3）你从做这件事中得到的好处。

像这样来分解习惯的元素有助于我们理解习惯的构成。首先，存在某种触机，能让大脑进入某种自动行为模式，并决定使用哪种习惯。其次，存在一个惯常行为，这可以是身体、思维或情感方面的。最后则是奖赏，这让你的大脑辨别出是否应该记下这个回路，以备将来使用。触机引发行动，奖赏强化行动，从而形成常规。在个人习惯和组织习惯的背景下，我们需要理解这一点。在数字化转型的背景下，我们需要让习惯成为我们的朋友而不是敌人。

杜希格说，当我们想要改变习惯时，我们需问自己一些问题（例如，我们在哪里？刚才发生了什么？还有谁牵涉其中？我们刚才做了什么？），这将帮助我们识别改变习惯的触机。

对于奖赏，我们需要理解满足习惯的需求（例如，是我们对地位的向往吗？还是自我满足的需求？或者满足其他需求？），一旦确定了奖赏，我们就可以通过替换另一个奖励或用其他奖励做进一步测试，直到我们找到正确的奖赏。

在确定了触机和奖赏之后，我们需要用同样的暗示，提供同样的奖赏，改变中间的惯常行为。改变习惯看似比较复杂，但事实上，大脑是可以接收重新编排的，你需要做的仅仅是刻意为之。杜希格建议我们写一个改变的计划：当（触机），我将（增添新的例行程序），因为它提供给我（奖励）。

因此，当给公司带来改变时，我们不仅需要意识到组织中已形成了工作方式的习惯，还需要意识到与这种常规相关的触机和奖励是什么。我们必须找出旧的惯例不再合适甚至是崩溃的契机（也许是由于某种危机），并利用这个机会引入新的惯例。

我们还必须关注"核心习惯"（特别重要的行为），它们可以在公司创造一种文化。每个组织的文化都是从核心习惯发展而来的。某些习惯具有引起连锁反应的能力，当它们扩展到整个组织时，会引起其他习惯的改变。

杜希格告诉我们，核心习惯具有如下3个关键特征：

1. 核心习惯最大的特征是能够为人们提供"小成功"。一旦一个小成功完成了，就会推动下一个小成功的出现，最终带来改造性的变化，让人们相信更大的成功即将到来。

2. 核心习惯形成过程中还会创建一个新的平台或系统，能够促使其他习惯的形成。

3. 建立能融入新价值观的文化。核心习惯之所以能改变我们，是因为它们能创造出各种文化，在抉择困难或是感到茫然的时候，能够帮助我们找到支撑下去的精神与信念。

杜希格以美国铝业公司（Alcoa）为例。保罗·奥尼尔（Paul O'Neill）出任新任首席执行官时表示，他并不直接关注员工关系、效率提升、利润率和新市场。相反，奥尼尔出人意料地宣布，他的首要任务是保障工人的安全，让美国铝业公司成为全美最安全的公司。这位新任首席执行官不谈利润率或其他财务相关数据指标的做法让很多人十分困惑。他们看不出来奥尼尔"零伤害"目标与公司业绩之间的联系。尽管如此，在他上任一年之后，美国铝业公司的盈利便创了历史新高。这家公司也成为世界上最安全的公司之一。在接下来的13年里，在奥尼尔的任期内，美国铝业公司的市值增长了270亿美元，是奥尼尔接手时的5倍。

事实证明，对工人安全的关注带来了更包容开放的文化，员工信任度提升，员工交流更为开放，效率也显著提升。把员工安全作为一个重要的习惯，促使整个公司的文化产生了积极的变化。

那么，在你的组织中，什么是最重要的习惯呢？不同的组织会找到不同的答案。当我们想到数字化转型，核心习惯可能是企业日常运营的基础流程，也可能是推广新的跨职能工作方式，也许是组织在日常运营中使用数据的方式，或者是围绕开放性和透明度的行为，甚至是公司应对风险和实验的方法。无论核心习惯是什么，它要有足够强大的影响力，融入每天的工作中，改变企业的文化。

正如我们在本书前面所说的，改变是一个过程，而不是一件事情。这意味着，要实施长期和有影响力的变革，只设定目标是不够的，我们需要系统性的变革。著名职场漫画《迪尔伯特》(Dilbert) 的创作者斯科特·亚当斯（Scott Adams），在《我的人生样样稀松照样赢》(How to Fail at Almost Everything and Still Win Big) 一书中，将这种差异定义为：

> 如果你每天都做一件事，它就成为一个系统。如果你在等待未来某一天实现它，那么它就是你的一个目标。

如果目标是你设定在未来某个时刻要实现的愿望，那么系统就是行为的改变，以一种持续的方式不断去寻找更好的选择或养成正确的习惯，最终迈向成功。亚当斯说，系统比目标更强大：

> 以目标为导向的人总是被一种失败感包围，处在一种"准备成功"的失败状态中。一旦达成目标，他们会丧失方向；而如果无法达成目标，他们又将会处于失败的旋涡里无法自拔。而系统导向者每次行动都会从系统中收到反馈，他们可以做出积极的改进，如果对结果感到满意，他们会继续前行。他们会将个人精力保持在正确的方向上。

两种不同的方式对于保持前进的动力会有很大的不同。亚当斯举了几个例子来证明他的观点，例如，当我们设定减肥的目标时（这可能很难保持动力），如果我们学习一种系统的方法，比如养成良好的饮食习惯，能更好地保持减肥的动力。

企业喜欢设定目标。目标具体明确，能够提供明确的方向，清晰地指明应该达到的目标和活动的方向。经常上演的情形是，首席执行官宣布了新的战略方向，并制定了一套新的目标以促进新战略的实施。然而，企业往往不擅长开发能够促使变革发生的系统。设定孤立目标的问题在于，除非在行为、流程、技能和激励方面有更根本性的变革，否则这些目标很可能永远无法实现。在这种情况下，不仅变革会失败，而且员工可能会失去动力，甚至对高层引领变革的能力产生怀疑。改变日常行为、倾向和默认做法是系统化变革和创造持久转型的基本途径。因此，目标固然重要，但更好的方式是找到改变、认可和奖励行为以创建新系统的方法。

思考，感觉，知觉

> 疯狂就是一再重复相同的事情，却期望得到不同的结果。
>
> ——爱因斯坦

用思考来改变日常行为的一个关键方法，便是考虑影响它的因素。作家克莱夫·海兰德（Clive Hyland）对达伦·希劳（Darren Shirlaw）最初创建的指导框架予以扩展，写了一个简单的行为模型。该模型基于大脑的三个关键结构，以及它是如何运作，促成了我们在人际关系、团队工作和领导中的日常行为模式：

1. **思考**：来自大脑皮层（大脑的灰色外层）。这是负责逻辑、理性的区域，涵盖自我觉察、感觉处理、社会参与规则。

2. **感觉**：来自边缘区域（大脑中部）。这是负责感官、情感、关系、与他人联结的区域，与心灵联系最为紧密。它是个人的、主观的、渴望建立联结和形成团体的。

3. 知觉：来自大脑的基底区域（就在脊柱的上方），掌握着人类各种最基本的生理需要，这是本能、直觉的区域。俗称"爬行脑"。

大脑的每一个区域分别对我们的行为产生影响。随着时间的推移，特定类型的反应可能会占据主导地位。例如，"思考型"的人有清晰思维或逻辑推理能力。"感觉型"的人在做决定时可能更多地受到情感，或者更多地受到亲密伙伴的影响，他们可能更直接、更敏锐、更有创造力。"知觉型"更多地依靠直觉，利用"直觉"来做决定，并且热衷于在不分心的情况下完成工作。

每个人有每个人的不同，当我们理解了某些行为背后的原因时，就更能深刻地理解人们的行为模式。我们需要结合这三种类型的特征，让团队成员担任不同的角色，发挥每个人的优势，创造更有效的合作方式。

正如克莱夫·海兰德所说：人们如果在正确的文化环境中得以发展，他们将彼此激励，从而达到更高的成就。

任何一个团队都需要精神力量的指引与凝聚，这种方法可以让我们更好地理解他人，与他人建立联系，以便一起踏上变革的旅程。当了解了团队成员的不同类型后，我们会清楚采用什么样的手段来影响行为改变。

◆ 第五维度：速度

第五个维度描绘了时间的关键维度，我们需要理解变化的不同要素所固有的不同节奏，从而更好地管理变化过程本身的节奏。

管理转换的速度：速度分层

我们需要认识到，在转型的过程中，并不是所有的事情都在以相同的速度发生变化。作家斯图尔特·布兰德（Stewart Brand）在其著作（*The Clock of the Long Now*）中阐述了节奏分层的概念。节奏分层列出了在社会中以不同速度同时发挥作用的六个层次，从最快到最慢分别是：时尚、商业、基础设施、管理、文化和自然。2012 年，高德纳创建了速度分层应用战略，来描述组织技术和应用策略的不同层次。从最快到最慢分别是：创新系统（以实验为特征）、差异化系统（与竞争对手不同的支持系统）和记录系统（支持核心系统可能并不具备独特性）。

数字转型过程同样也有不同的层次和元素，它们以不同的时间尺度发展和演进，从广义上讲，也是以不同的速度发生转变。虽然基本的客户需求不会改变，但我们需要持续地对快速变化的客户交互做出响应；同样，虽然一些基本的办法和程序将保持一致，但我们可能需要调整战术、流程，快速响应不断变化的需求。正如我们在前面讨论过的，资源需要具有流动性和自适应性，它们可能会随时发生变化，同时我们需要以更快的速度来改变实践和执行过程。我们的总体战略和治理也具有适应性，但战术的反应需要更快的速度；我们的愿景可能会发生变化，但应该保持相对稳定；最后我们应该以文化变革为转型的起点，但这往往需要最长的时间。数字转型的速度分层方法如图 16-11 所示。

高效转型区——在舒适和紧急之间建立平衡

哈佛大学公共领导力中心的罗纳德·海菲兹（Ronald Heifetz）博士在其《适应性领导的实践》（*The Practice of Adaptive Leadership*）一书中，定义了"技术变革"和"适应性变革"的区别。从广义上讲，他将"技术变革"描述为针对更具体的事物（如产品、程序或流程）的变革类型，而"适应性变革"是意识形态的转变，如态度、思想、信仰、价值观和行为改变。

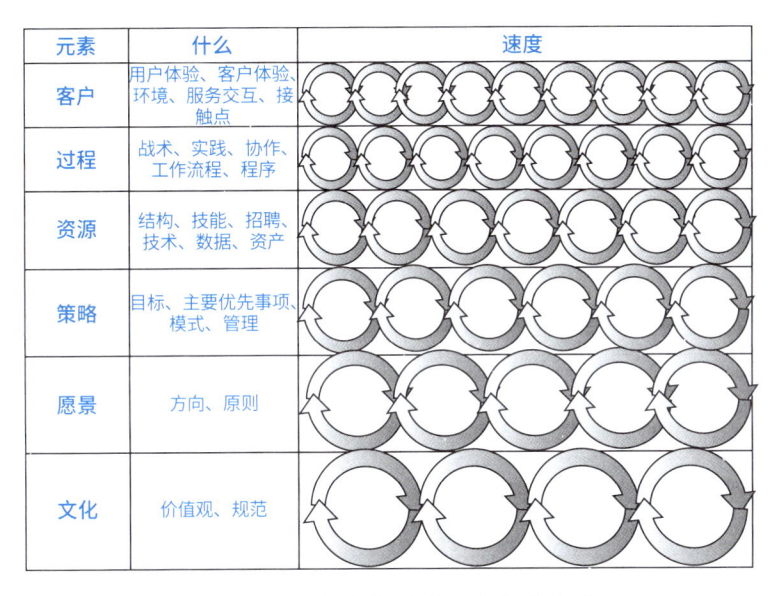

元素	什么	速度
客户	用户体验、客户体验、环境、服务交互、接触点	
过程	战术、实践、协作、工作流程、程序	
资源	结构、技能、招聘、技术、数据、资产	
策略	目标、主要优先事项、模式、管理	
愿景	方向、原则	
文化	价值观、规范	

图 16-11 数字转型的速度分层方法

他说,"适应性变革"和"技术变革"有不同的时间框架。虽然技术性问题大多具有挑战性,但只要运用组织既有的核心知识以及解决问题的流程,就能化解。而适应性问题不是能用现有的专业知识迅速解决的问题,需要组织中多个部门持续不断地实验、学习、改变行为和态度。海菲兹认为,我们往往不容易区分这两种类型的变革。"技术变革"关注修复更简单的问题,这些问题不需要对存在这些问题的系统进行更改。而"适应性变革"关乎公司运营的体系或环境的根本性转变,因此需要不同的思维、学习新技能和更具破坏性的创新形式。人们更愿意接受"技术变革",而不是"适应性变革",因为对系统进行更改是系统本身所抗拒的。

企业正面临日益复杂的、适应性的挑战,这些挑战需要我们更深刻的改变,而不是类似于"技术变革"那样的快速、简单的修复。在这种情况下,清晰的愿景和良好的沟通是关键,领导者应该更多地提出正确的问题,而不是提供最终的解决方案。

罗纳德·海菲兹称"适应性领导"的关键挑战是,帮助员工区分哪些是值得建立的，哪些是需要抛弃的。从这个意义上说，成功的变革"既保守又进步"。在帮助人们度过一段潜在的重大干扰期的过程中，适应性领导者需要有耐心、坚持不懈、坚定决心，并具有弹性，以防止系统滑入旧的方式。

海菲兹描述了"不平衡的高效转型区"，在这里需要对转型投入足够的关注，施与必要的压力，以创造前进的动力。但也不能施加过大的压力，否则局面会难以控制，导致员工沮丧、内部混乱和转型失败。

在海菲兹想法的基础上，有效管理转型的秘密就是在合理的范围内工作。我们需要引起足够的重视，创造积极的不安定因素和动力，以超越自满走出舒适区，并打破惯性的力量。如果达不到这一门槛，转型的机会有可能还未开始就被扼杀了。但是超出容忍限度可能会破坏积极因素，从而影响变革的顺利进行（见图 16-12）。

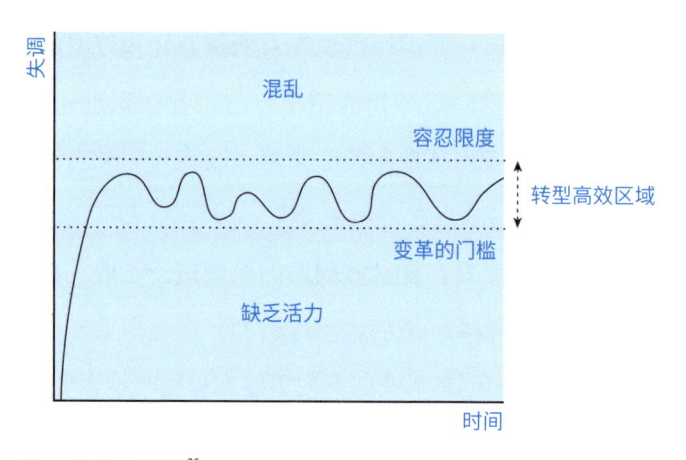

来源：Adapted from Heifetz (1999)[25]

图 16-12 不平衡的高效转型区

领导转型的工作就是要将转型保持在"富有成效的转型区域"之内。在这个区域的边界会出现一些信号，这些信号表明我们要么走得还不够远，不足以创造转型的动力；要么转型压力过大，带来了不好的影响。

表明你还没有走进变革的门槛的迹象包括：

1. **行为**——行为没有明显变化，所有权没有发生改变；

2. **惯性**——改变太慢，旧的资本关系仍占主导地位；

3. **漂移**——业务开始漂移向变革的方向，但会立即回到旧的方式上面；

4. **创新**——边际改进而不是突破性创新，创新/实验的效率没有发生改变。

5. **自满**——人们仍在自己的舒适区，没有表现出想要改变的行为或对优先事项的改变。

而转型压力过大，超过容忍限度的迹象包括：

1. **员工**——士气低落，对领导缺乏信心。

2. **绩效**——缺乏对核心业务的关注，产出受损，绩效迅速下降。

3. **行为**——压力过大、不可预测或走向并不看好的捷径。

4. **人才**——有才华的人开始离开，留住优秀的员工成为一个挑战。

5. **重点和治理**——创新计划缺乏重点或考虑不周，与重点脱节，治理过程和结构崩溃。

海菲兹提出了"舞池"与"阳台"的比喻。当我们置身舞池时，我们被其他舞者包围，视线所及，只有翩翩起舞的人群；这说明汇入人群，要想在舞池内纵观全局，是极其困难的。适应性领导者需要周期性地站到阳台上，这样就可以俯视舞厅，看到身在舞池无法看到的景象。这种全局观可以帮助我们洞悉舞池内外，决定自己的行动。数字化转型也是如此。我们需要不时地后退一步，看看我们是否仍处于"高效转型区域"，获得更广阔的画面，从而选择最优解决方案。

◆ 保持敏捷

漂流的危险

一旦我们开始为变革创造真正的动力,它当然不会就此停止。一家公司如果不断推动员工进行变革,员工反而会失去动力,就像一辆汽车用完汽油后会靠滑行停下来一样。正如本书第一部分中提到的,这不是一个有开头、中间和结尾的转变,这是一个通往一种新型组织的旅程,其特点是持续变化、流动和快速适应。在转型过程中失去动力意味着业绩下滑,失去在市场中的地位和优势。

波士顿咨询集团分析发现,75%的转型最终以失败告终(只有25%的企业在转型过程中表现出色)。他们的研究指出两种常见的轨迹,即短期复苏(通常是在最初的精简之后)之后,要么是长期的缓慢下降,要么是罕见的长期业绩的增长。公司的轨迹(遵循第1章的"效率驱动")取决于人们的愿景设定、战略部署和对创新的承诺,然后在多年的时间内持续完善愿景和战略。

成功取决于我们已经讨论过的诸多因素:有意识地超越效率,重新关注增长和创新;创造实验空间,将新业务模式与旧业务分离,同时进行新的、明确的战略转变;挑战旧假设,提出重大问题,渴望重塑商业模式;着眼未来,长期坚持,在内部阻力和挫折中坚持;通过测试和学习部署计划组合来推动增长,并不断适应灵活的计划来发展转型。

有趣的是,这项研究还揭示了一些关键性陷阱,这些陷阱来自那些试图转变但最终失败的变革,包括:

"早赢陷阱":在效率取得初步进展后,过早地宣布胜利,而没有进入"第2章",创造持久的改变。

"效率陷阱"：过于冗长和热情的成本削减效率驱动。

"遗留陷阱"：没有脱离遗留的假设和工作方式。

"比例陷阱"：转型规模太小（如小规模系列试点），而没有实现基本的、大规模的变革。

"错误确定性陷阱"：坚持一个死板的转型计划，而不是根据新的知识或环境不断地迭代和调整。

"接近陷阱"：让新业务与旧业务过于接近，从而削弱了新业务的生存机会。

"坚持陷阱"：过早放弃，低估实现目标所需的时间。

为了避免跌入这些陷阱，我们需要长期致力于一个愿景，不断适应环境的变化，并采用正确的方法来实施持久的变革。不坚决或缺乏激情的执行将造成负面影响。例如，半心半意地引入新的工作方式来实施敏捷，只会导致用敏捷的方式执行瀑布模型，是行不通的。

大型组织很容易屈服于拉塞尔·戴维斯所说的"原则漂移"，即让互联网符合你所理解的商业模式：

> 数字化转型的最大挑战并不在于最初的战略制定。对组织而言，需要抵制漂回旧的理念，或者更糟的是，漂向那些看起来新颖的目标，但实际上我们应该坚持最初的选择。

数字化转型不是快速的转变。成为敏捷的组织是一个根本性的、长期的转变，因此我们需要在追求愿景上有坚定的决心和毅力。

最小限度可行的组织架构

一旦我们在新的工作方式建立起日益增长的势头，不必要的官僚主义将会减慢工作速度，使我们回归传统模式。我们需要保持专注，保持速度。避免在"浪费时间"和"无价值"的事情上投入太多精力。

有两种类型的会议：以行动为导向的会议和浪费时间的会议。保罗·格雷厄姆将时间划分为"创客日程安排"和"管理者日程安排"。创客（有创造力的人、作家、程序员、实干家）更喜欢把时间安排为"至少半天"以上，因为你不可能在较短的时间完成一个项目或写好程序。

管理者以不同的方式利用时间，通常把时间按"小时"划分。他们可以用几个小时来完成一项特定的任务，但默认情况是按小时来安排工作。对那些按照管理者日程安排工作的人来说，会议只是一个简单的问题，找到一个空闲的时间就可以完成。但是，当你按照创客的时间表来工作时，会议可能会是一场灾难，因为一个会议可能会把整个下午的时间破坏掉，把整个下午分成小块，以至于不能做任何真正有成效的事情。

格雷厄姆说，不同类型的时间表可以单独工作，但当它们相遇时，问题就出现了。而且，由于大多数老板都是按照管理者日程安排行事的，如果他们愿意，他们能够用自己的方式找到适合每个人的工作安排。重要的是，领导者要为关键员工留出一定的时间，让他们在工作中取得进展。

然而，会议是公司必不可少的一部分。人们需要团结起来，以便发布内容和接收更新内容，做出决定，推进项目。当我们确实需要举行会议时，我们应该以正确的方式来组织会议，让其成为交流广场、问题解决之所、思想之源和变革的熔炉。

诺亚·布利尔描述了会议如何让效率越来越低：

> 例如，一开始我们只是为了讨论某件事而召开一次性会议，后来变成了每周15分钟的会议，让更多的人参与其中。最后15个人花了1个小时在一起，却不知道他们在谈论什么。

再加上形式主义，表现为更加复杂的预先准备性报告，最终导致会议前阅读的材料堆积如山，这对敏捷性和实际完成工作造成了严重的阻碍。

诺亚的公司为会议制定了6条规定：

（1）你真的需要开会吗？

（2）会议默认为15分钟。

（3）没有观众。

（4）要有明确的目标。

（5）制定任务，分配给他人。

（6）不要带电脑或手机。

是否需要开会？我们应该在开会前先询问这样的问题，同时设置默认的时间来推动团队做出决定。重新设定代表管理者日程的时间分配（会议应保留一个习惯，即调整时间分配，即使这并非必要条件）。明确目标和会议产出似乎是显而易见的，但往往会带来各种问题。手机或电脑也会分散人们的注意力，让人们从当前的工作分心。

在领英，人们设定了会议的成功标准，即RAPID框架（确保关键人员参加会议），包括推荐人（R）、关键人员（A）、执行者（P）、记笔记人员（I）和决策者（D），会议以默读的场面开始，大家重温材料（提前24小时分发），观看为数不多的几张幻灯片，定义会议目标，开展有价值的讨论，总结行动项目。这些听起来似乎是显而易见的最佳方法，但在企业中，会议通常以形形色色的、无组织的方式进行（取决于谁主持会议），如果大部分管理时间都浪费在无休止的会议上，那么会消耗大量资源。

在亚马逊，会议有一条"禁止使用PPT"的规定。杰夫·贝索斯说：

传统的公司会议都是从演讲开始的。有人站在会议室里做了一个PPT演示。在我们看来，你得到的信息会很少。这对演讲者来说很容易，但对观众来说就难了。

亚马逊的所有会议都会在开场时要求与会者阅读6页数据丰富的文档，而且要认真思考。与会者在会议开始时安静地坐下来阅读，会议刚开始时大家保持沉默，这使得数据和推理的表达更加清晰，消除了不必要的质疑，确保了能做出更好的决策。

找到自己的规则和规范来保持时间效率非常重要，建立更好的默认设置和共同的期望将是一个良好的开端。

当我们全身心地投入某件事情时，就进入了一种全神贯注、不受打扰的状态，甚至忘记了时间的流逝，等到结束才发现已经过了很长时间。俗话可能叫"进入状态"，积极心理学家米哈里·契克森米哈赖（Mihaly Csikszentmihalyi）称为"心流状态"，这一概念已被广泛应用于工作、教育、音乐、艺术、体育和游戏等领域。

成为一个真正的敏捷组织是指过渡到高度可调动的持续适应状态，我们也可以称之为实现"组织心流"的状态。契克森米哈赖描述了如何在工作场所实现"心流"，即需要明确的目标，结合即时的反馈，以及在机会和能力之间取得平衡。

敏捷组织的最终目标是实现高效的"组织心流"状态，其特征可以描述为：

- 完全专注于实现明确的目标，不分心；
- 利用紧密的反馈循环提供持续的反馈和行动支持；
- 无缝调整，不断适应实现目标的改进方式；
- 对迅速变化的环境有非凡的机动性和流动性；

- 永不停息，不断创新，不断尝试，寻找机会；
- 根深蒂固的学习文化；
- 一个充满活力、引人入胜、令人振奋的工作环境；
- 由一种自我延续的动力推动，这种动力永远不会减缓；
- 独特、大胆、自信的企业表现。

只有当我们达到"组织心流"的状态时，我们才能真正说我们创建了真正敏捷的业务。

◆ 现在该做什么

去实现这样的目标！